KB186381

아도르노의 문화철학

아도르노의 문화철학

아도르노와 함께, 아도르노를 넘어서

【이종하 지음】

철학과현실사

차 례

차 례

차 례

차 례

머리말

내가 아도르노 철학을 만나게 된 것은 유학 시절 문화 사회학 강독 시간이었다. 그때 힘겹게 읽던『계몽의 변증법』이 인연이 되어 아도르노를 품에 안고 씨름한 지가 근 10년이 되었다. 이 책은 아도르노 철학의 전체상을 그려내기 위해 그가 제안하는 내재적 방법론에 따라 텍스트를 해석하고 호흡을 불어넣는 과정의 중간 결과물이다. 시의 철학, 산문의 철학을 의도적으로 지향하는 아도르노 철학의 진정한 면모를 개념적으로 풀어내는 것은 쉬운 일이 아니다. 난해함, 이해 불가능성, 비체계성이라는 비난이 따라다니는 아도르노 철학은 그 이유로 인해서 해석의 다양성과 함께 오독의 가능성을 수반한다. 이 책은 한편으로는 '아도르노 모습 그대로', 다른 한편으로는 '아도르노를 넘어서'라는 관점에서 기획되었다. 특별히, 나는 아도르노에게 가는 수많은 길

중에서도 '문화'를 주제로 하여 그에게 다가가고자 한다.

아도르노에게 문화는 매우 다양한 의미 층위를 갖는다. 문화가 어떤 규정적 의미를 지니든 변하지 않는 것은 사회의 사태와 현실, 현재적 역사상을 읽어내는 단서가 문화라는 사실이다. 아도르노에게 문화 비판은 문화가 약속한 해방적 삶이 실현되지 않고 억압적 삶의 질서를 문화의 발생학적 차원에서 비판하는 동시에 현재적 문화의 이데올로기적 기능을 해부하는 것을 의미한다. 아도르노는 이를 통해 문화의 약속인 '이성적인 사회의 건설'을 기억해내고자 한다. 아도르노는 의도된 과장, 의미의 압축, 파편적 글쓰기, 체계 없는 체계를 구성함으로써 현대적 문화의 병리학을 내용과 형식의 차원에서 드러낸다. 이것을 나는 변증법적 문화 이론의 기획과 방법론의 틀 안에서, 「문화의 사회적 인상학」이라는 제하의 학위 논문에서 주제화해보았다. '아도르노의 문화철학'이라고 이름붙인 이 책은 그 작업의 연장선에서 새로운 개별 주제적 접근을 시도한 것이다.

제1장은 아도르노와 마르쿠제가 제기한 산업 노동 사회에서 노동과 여가의 문제를 살펴보고, '노동 종말' 시대의 '노동과 여가' 논의에서 아도르노와 마르쿠제 테제의 한계와 의미를 따져보는 데 있다. 아도르노와 마르쿠제는 여가를 노동의 연장으로 이해하며 여가 문화 산업, 여가 이데올로기의 분석을 통해 이데올로기적 여가 비판을 수행한다. 이것이 여가의 긍정적 성격을 부정하거나 창조적이고 자기 실현적인 여가의 가능성을 부정하는 것을 의미하지는 않는다. 아도르노와 마르쿠제는 여가의 긍정적 가능성을 인정하지만 노동 사회의 지배 메커니즘 안에서 그것의 실현 가능성에 회의적이다. 따라서 이들은 사회 구조의

변혁과 심미적 극복의 가능성을 요청한다. 노동의 종말 시대에 노동과 여가에 대한 담론에서도 새로운 기술적 조건과 이로 인한 노동 현실의 변화가 진정한 여가, 진정한 문화 사회의 가능성을 함축하고 있다는 점에서 아도르노와 마르쿠제의 그것과 동일한 시각을 확인할 수 있다. 또한 이들 논의에서 아도르노나 마르쿠제가 발전시키지 못한 '진정한 여가', '즐거운 노동'을 위한 미래 노동 사회의 중요한 개념과 구체적 사회 대안 모델을 발견할 수 있다. 그러나 노동의 종말 시대의 노동과 여가의 새로운 패러다임은 기존 노동 현실을 대체할 수 없으며 단지 보완적 성격을 갖는다. 논의의 출발과 개념, 분석 틀의 차이를 넘어서 산업 노동 사회나 노동의 종말로 표현되는 탈산업 노동 사회 혹은 문화 사회에서 노동과 여가의 패러다임을 관통하는 사유의 중심에는 '진정한 노동과 여가'의 가능성에 대한 '해방적 관심'이 있다.

제2장은 아도르노 연구사나 기술철학사에서 활발히 연구되지 않은 아도르노의 기술 이해를 소개하고 비판적으로 검토하는 데 목적이 있다. 기존의 아도르노 기술 이해에 대한 연구는 지배 기술로서의 기술 개념, 기술적대주의라는 단편적인 해석에 그치고 있다. 이 글에서는 아도르노 기술 개념을 다섯 가지로 범주화하고 평가할 것이다. 이를 통해 아도르노 기술 개념의 다의성이 파악된다. 아도르노 기술 이해에 대한 기술적대주의적인 해석이 오해임을 지적하기 위해 기술의 해방적 잠재력, 기술 중립성 테제, 기술 운용의 중요성에 대한 아도르노의 주장들이 재구성될 것이다. 아도르노의 기술 비판은 기술의 물신성 비판, 수단-목적 관계의 전도, 기술 접근과 운용의 우월적 지위 비판에 집중되어

있다. '어떻게 기술이 형성되는가' 하는 문제에 관한 아도르노의 입장은 부드러운 사회결정론이다. 기술과 사회의 상호 관계에 바탕을 둔 아도르노 사회결정론의 이론적 난점과 사회결정론과 양립하기 어려운 기술의 자의식에 대한 주장을 전체 기술 비판의 문맥에서 재해석한다. 또한 기술과 책임의 문제에 관해 아도르노는 개인주의적 입장을 거부하고 기술의 사회적 운용에 관계하는 집단에 책임을 묻는다는 사실을 확인한다. 아도르노의 기술에 대한 철학적 반성은 그것의 이론적 한계에도 불구하고 기술 시대의 기술 문제 비판에 새롭게 재조명될 충분한 가치가 있다.

제3장은 비체계적이며 단편적인 아도르노의 여성과 여성 문제에 대한 서술들을 계몽의 남성성 테제 아래 포섭시키면서 계몽의 남성성 테제에 나타난 여성 문제의 성격, 계몽의 남성적 테제의 남성 중심적 시각과 여성주의적 시각, 동시 변증법의 성격과 여성 해방의 가능성을 논의한다. 이러한 논의를 통해 기존의 연구 경향인 아도르노 여성 인식의 남성주의적 독해의 편향성을 지양하고 아도르노의 여성 (문제) 이해에 대한 균형 잡힌 시각을 보여주고자 한다. 최초의 성적 지배에 대한 아도르노의 본질주의적인 해석과 『계몽의 변증법』에서 전개하는 여성 상징성에 대한 그의 해석은 일정 부분 비여성주의적 시각을 드러낸다. 그러나 다양한 입장의 차이에도 불구하고 성적 지배와 여성 억압에 대한 비판을 여성주의의 공통 분모라고 이해하는 한 아도르노의 여성 (문제의) 이해는 여성주의(철학)를 대변한다고 말해도 과언이 아니다. 자연적 성별 분업에 의한 성적 지배의 사회화 과정, 남성 사회에 의해 강요되고 왜곡된 여성성, 남성 사회의 위기적

남성-여성 관계가 작동하는 동시 변증법의 부정적 영향, 여성 해방의 규범적 이념을 제시하는 아도르노의 시도는 여성 문제에 대한 그의 해방적 관심을 잘 보여준다. 아도르노의 여성 (문제) 이해에도 한계는 분명하다. 아도르노는 대립되는 여성 문제 인식의 이중적 시각을 매개시키지 못했다. 또한 성적 지배의 원인을 남성 사회의 강요된 사회적 노동 분업의 결과로 파악하면서도 이에 대한 정치경제학적 대안을 설계하지 않고 구조적 차원의 '사회 혁명'과 인식론적 태도 차원의 '차이의 반성'이라는 추상적 요구에 머물러 있다. 이러한 아도르노의 요청은 '차이'의 반성에서 한 발 더 나아가 사회 안에서 차이의 합리적 조정과 적용에 대한 현실적 관심의 비판적 기술과 성적 관계와 사회의 내적 연관에 대한 비판적 사회 이론 구성을 통해 실현될 것이다.

제4장은 세계화 시대에 문화적 세계화의 의미, 문화적 세계화를 둘러싼 문화 획일화 비판과 반비판을 아도르노의 철학적 관점을 통해 비판적으로 검토한다. 문화적 세계화는 전 지구적 차원에서 일어나는 미국 문화 상품의 생산·소비·유통과 그 영향 관계를 의미한다. 이 맥락에서 문화 획일화 비판이 제기된다. 이 비판은 문화 소비와 문화정체성 간의 내적 설명력을 결여하고 있으며 현상적 기술에 그치고 있다. 문화 획일화 비판에 대한 반비판의 논거는 미국 문화 소비자의 비판적 문화 해석 능력, 문화 운반 능력, 문화 창조 능력을 가지고 있다는 확증되지 않은 가설에 기초하고 있다. 아도르노의 비동일성 개념의 문화철학적 독해는 이러한 논의 지형에 문화적 차이의 인정과 화해적 공존이라는 하나의 철학적 단서와 반성적 계기를 제공한다.

제5장은 지금까지 일반적으로 이해된 아도르노의 부정적 매체 비판의 일면성을 지적하는 데 있다. 일반적 이해와 달리 아도르노는 매체의 이데올로기적 기능만을 주장하지 않았다. 아도르노는 1940년 중반 이후 매체의 계몽적, 긍정적, 중립적 측면들을 분명히 지적한다. 나는 아도르노의 부정적 매체 비판, 매체에 대한 긍정적 언급, 매체 중립성에 대한 주장을 각각 검은 매체, 하얀 매체, 회색 매체로 범주화하면서 텍스트적 사실에 입각해 재평가할 것이다. 이를 통해 아도르노의 부정적 매체 비판에 대한 비판이 제한적 타당성만을 가진다는 것을 확인할 것이다. 또한 1960년대 이후 아도르노 자신의 매체에 대한 평가가 긍정적으로 선회했다는 주장도 텍스트적 사실과 일치하지 않는다는 점을 증명할 것이다. 그러나 영화의 예술성, 텔레비전을 통한 계몽의 가능성에 대한 아도르노의 언급이 자신의 기존 매체 철학에 대한 인식론적 단절을 의미하는 것은 아니다.

제6장은 아도르노와 카시러의 나치 분석이 지니는 문화철학적 의미를 고찰하는 데 목적이 있다. 아도르노는 나치즘을 이성 자체의 비합리성에 근거해 이성 비판적 분석을 시도한다. 이와 달리 카시러는 이성과 신화의 대립 구도에 바탕을 두고 이성의 신뢰 위에서 비이성적 정치 신화에 대한 비판으로서 나치즘을 분석한다. 아도르노가 폭력적 '반유대주의의 철학적 원역사'를 지향한다면, 카시러는 나치의 사상사적 발생학과 더불어 '20세기 정치 신화의 기술학'에 우선적인 관심을 갖는다. 양자의 나치 기술 개념에 대한 분석은 억압 체제 일반으로서의 기술과 기능주의적 기술이라는 개념적 차이를 보여준다. 아도르노와 카시러

의 나치 분석에서 발견되는 문화철학적 함의는 두 철학자의 철학적 성격의 차이, 방법론적 차이가 있음에도 불구하고 나치의 폭력성을 '차이에 대한 무반성적 태도'나 '가치 파괴의 기도'로 개념화하면서 '차이의 유지와 화해'를 강조한다는 점이다. 나치 발생의 철학적 원역사를 구성하려는 아도르노는 축소된 이성 개념의 일반화에 기초함으로써 이론적 난점을 드러낸다. '이중적, 중립적인 분석 태도'에 의해 수행되는 카시러의 문화철학적 나치 분석은 불충분한 내재적 독해를 수행함으로써 한계에 부딪힌다.

제7장은 '오늘날 보편적 현상이 되어버린 절반의 교육' 현실에 대한 분석과 비판, 해방된 사회의 건설을 위한 교육의 자기 계몽을 요구하는 아도르노의 교육 이념과 내용을 재구성하고 비판하는 데 있다. 아도르노는 교육 현실 비판을 사회 이론적 문맥 안에서 전개한다. 이는 기존 사회의 재생산을 위한 체제 적응과 통합의 기재로서 사회화된 교육(Bildung) 개념의 비판, 절반의 교육의 주요 원인으로 간주되는 문화 산업 비판, 해방의 교육 이념과 사회의 상호 관계 분석에서 잘 드러난다. 교육 현실에 대한 아도르노의 사회 이론적 분석은 전통적 의미의 교육 이론적 대안을 제시하지 못한다. 그는 '절반의 교육이 어떻게 계몽된 교육을 통해 해방의 교육에 도달할 수 있는가' 하는 해방의 가치와 이념만을 제시한다. 그러나 아도르노의 불충분한 교육 대안의 분석에도 불구하고 그가 비판한 교육 현실이 극복되지 않는 한, 또한 그것을 가능하게 하는 사회 구조가 존재하는 한, 자기 규정적 주체 형성을 문제 삼는 그의 교육 이념과 비판은 여전히 유효한 것이다.

아도르노는 '분량에 관계없이 완성된 작업에 아주 사소한 이의라도 제기된다면, 그 이의 제기가 적절한가라는 문제 이외에 이의 제기 자체를 아주 진지하게 수용'할 것을 권고한다. 이 책은 그동안 여러 학회에서 실린 글들을 '아도르노의 문화철학'이라는 이름으로 묶은 것이다. 여기에서 '덜 숙고되고, 더 풍부해져야만 하는 문제들'은 전적으로 저자의 책임이며, 이에 대한 독자들의 비판을 기대해마지 않는다.

이 책이 나오기까지 많은 사람들의 도움이 있었다. 중고등학교 시절에 철학의 아우라에 다가가도록 유도한 많은 책들, 학부시절 철학적 훈련을 시켜준 김용환, 김득룡, 민찬홍, 김왕연, 류칠노, 김수철, 김병우 선생님, 늘 관심을 갖고 지켜봐주시는 최신한, 윤병태, 황종환 선생님, 강의할 수 있도록 배려해주신 조상식, 조관성, 정영근, 허남결, 이민희, 이미림, 황순환 선생님, 많은 자극을 주신 헤겔학회, 현상학회의 여러 선생님께 감사를 드립니다. 베를린에서 변증법적 사유의 깊이를 맛보게 한 아른트 선생님께도 감사를 드린다. 순수 인문학 출판의 어려운 여건 속에서도 출판을 쾌히 허락해주신 <철학과현실사> 사장님께 감사의 말씀을 전한다. 늘 염려와 인내로 함께한 가족들에게 미안한 마음과 함께 고마움을 전한다. 특히 나의 기쁨인 소은, 준에게 이 책을 선물하고 싶다.

2007년 3월

이 종 하

제1장

문화 사회에서의 노동과 여가*

1. 들어가는 말

산업혁명기에 공장제 기계 공업의 정착과 함께 사회에 확산된 노동 이데올로기는 이전 농업 사회의 노동과 여가의 관계에 새로운 전기를 마련했다. "게으름과 방탕, 낭만적인 자유의 몽상"을 제거하고 "빈곤의 감소, 산업 정신의 촉진"[1]이라는 이름으로 유포된 노동 이데올로기는 산업화 시대에도 노동 대중을 사회적 통제의 틀 속에 가두는, 여전히 유효한 사회경제적 장치였다. 그러나 산업화가 고도로 진전됨에 따라 노동자 권리 의식의 성장과 사회적 욕구의 증대를 가져왔으며 노동 시간 단축 문제와 여가

* 이 글은 『철학과･현상학 연구』 제29집, 한국현상학회, 147-171쪽에 게재됨.
1) K. Marx, *Kapital I, MEW*, Bd. 23, Berlin, 1964, 292쪽.

문제를 새롭게 제기하게 만들었다. 1963년에 국제노동기구의 권고에 따라 서구에서 먼저 실시된 주 5일 근무제, 주 40시간 노동 시간의 정착은 여가와 삶의 질에 대한 담론을 촉발시켰고, 사회적으로는 여가 이데올로기를 확산시키는 계기가 되었다.

우리나라도 1980년대 후반에 해외 여행 시대가 열리면서 여가 사회가 시작되었다고 볼 수 있다. 2004년 7월 이후 시작된 부분적인 주 5일제 근무는 노동과 여가에 대한 시민 의식과 정책적, 산업적 접근에 대한 사회적 논의를 이루는 계기가 되었다. 그러나 IMF 이후 현재까지의 신자유주의 경제 정책, 정보 사회로의 산업 구조 변화에 따른 노동 시장의 유연화는 완전 고용 신화의 붕괴, 청년 실업의 증가, 비정규직의 비대화라는 노동 현실의 새로운 변화를 야기하였다. 노동 현실의 새로운 흐름과 달리 2000년 이후 상업적 차원의 '웰빙' 상품 판매 전략에서 비롯된 웰빙에 대한 사회적 관심은 노동과 여가의 상호 조응 단계의 파열과 불일치, 이질적 병존 현상을 낳고 있다.

이러한 시대적 상황 변화에 발맞추어 한국 사회의 노동 현실 변화와 점증하는 여가 욕구에 대한 논의와 연구는 지금까지 사회학, 관광학, 경제학, 여가학 등 사회과학 영역에서 논의가 전개되어 왔으나, 인문학이나 철학 영역에서 변화된 조건 아래에서 '노동과 여가'에 대한 담론과 연구는 극히 미미한 정도다.[2] 이

---

2) 노동과 여가, 웰빙에 대한 논의로는 다음과 같은 것이 있다. 이훈, 「노동과 여가」, 『철학연구』 제22집, 1987, 83-96쪽 ; 소병철, 「'노동 종말' 시대의 노동」, 『철학』 제73집, 2002, 213-234쪽 ; 김선욱, 「웰빙 라이프의 정치적 구조」, 『철학연구』 제95집, 2005, 1-20쪽 ; 문성원, 「웰빙에서 윤리로」, 『철학연구』 제95집, 2005, 93-110쪽.

논문은 이러한 사정에 착안해 산업화 노동 사회 시대의 노동과 여가에 대한 철학적 논의를 살펴보고, 노동 사회의 질적인 변화가 일어나고 있는 현 시대에서 노동과 여가에 대한 논의를 고찰해보고자 한다.

이를 위해 첫째로, 산업 노동 시대에서 기술합리성이 노동과 여가에 미친 영향을 비판적으로 검토한 아도르노와 마르쿠제의 논의를 살펴볼 것이다. 여기에서는 기술적 합리성이 갖는 양가적 계기성, 노동의 연장으로서 여가에 대한 이데올로기적 비판의 성격, 관리되는 여가의 조작 메커니즘, 창조적이며 생산적인 여가의 가능성과 이를 가능하게 하는 사회 구조 변화에 대한 반성 요청의 내용이 다루어진다. 둘째, 노동의 종말 사회 혹은 문화사회로 일컬어지는 현 시대에서 산업 사회의 노동과 여가 패러다임인 아도르노와 마르쿠제의 담론이 갖는 한계와 의의를 리프킨, 울리히 벡, 앙드레 고르의 논의 문맥에서 검토해볼 것이다. 리프킨 등의 논의에서도 아도르노와 마르쿠제에게서 언급된 기술적 합리성이 갖는 양가성에 대한 인식, 진정한 여가 이념과 내용을 확인할 수 있다. 또한 아도르노와 마르쿠제가 요청한 사회구조 변화와 이를 실현하는 사회경제적 대안의 내용을 검토할 것이다.

2. 아도르노에게서의 노동과 여가

아도르노의 여가 개념은 자유 시간과 고대의 유한 계급이 누렸던 한가함(Muße)을 구분하는 데서 출발한다.[3] '한가함'과 '자유 시간'의 질적 차이는 '노동'과 '외부적 규정성'에 있다. '한가함'이 무(無)노동의 행복에 기초한다면 자유 시간은 사회적 노동을 전제로 한다. 한가함과 달리 자유 시간이 갖는 외부 규정적 속성이란 사회적 전체 상태(Gesamtzustand)에 의해 자유 시간이 영향을 받는다는 것을 의미한다. 아도르노에 따르면 인간 자체와 인간의 사회적 역할을 구분하여 생각할 수 없으며, 유래 없는 사회적 통합이 성취된 산업 사회에서 '기능 규정적' 특성을 떠나 인간을 말할 수 없게 되었다. 산업 사회의 인간은 이러한 '굴레'에서 빠져나올 수 없게 되었다.[4]

문화보수주의가 천박하게 때론 두둔하고 때론 비방하는 휴식과 이를 위한 사회적 제도는 그들에 의해 노동 시간의 긴장을 조장하는 데 필요한 것으로 요구되기도 한다. 그러나 문화보수

---

3) 이 점에서 아도르노는 아리스토텔레스의 고전적 여가 개념과 대립한다. 아리스토텔레스는 '존재의 상태'로서의 여가 개념을 주장한다. 아리스토텔레스에게 여가란 생활과 노동의 염려로부터 해방된 상태에서 '그 자체에 목적을 가진 어떤 활동에서 오는 심적 상태'나 그러한 활동으로 인한 '마음의 변화'를 의미한다. 아리스토텔레스는 삶을 활동과 여가(휴식)로 구분한다. 그는 오늘날 우리가 여가 활동으로 취급하는 '함께 마시고, 함께 주사위 놀이를 하며, 운동이나 사냥을 같이' 즐기는 것을 여가 활동으로 보지 않는다. 이러한 활동은 아리스토텔레스에 의하면 '유흥과 오락'의 범주에 속하지 '여가'가 아니다. 윤리학에서 아리스토텔레스는, 아나카리시스(Anacharisis)의 말을 인용해 유흥과 오락을 '일을 하기 위한 것(Spielen, um zu arbeiten)'으로 간주한다. 아리스토텔레스는 유흥과 오락을 '노동의 연장'으로 이해한다. 동시에 아리스토텔레스는 "여가를 유흥으로 채워서는 안 되며" 유흥과 "여가는 다른 문제다"라고 주장한다(*Politik*, 8, 3). 아리스토텔레스에게는 철학함과 관조적 활동이 진정한 여가다. 이것은 '좋은 삶'과 인간의 최고선인 '행복'의 조건이기도 하다.

4) T. W. Adorno, *Kulturkritik und Gegellschaft II*, Gesammelte Schriften, Bd. 10.2, Frankfurt a. M., 1997, 645쪽 참조(이하 GS10.2로 약칭).

주의자들의 요구는 여가인으로 하여금 그들의 여가를 통해 그들의 노동과 사회 체계에 붙들어매기 위해 주장된다.[5] 여가에 대한 아도르노 성찰의 특징은 여가를 사회 전체의 메커니즘에서 파악하면서 그것이 갖는 정치사회학적 의미와 인간학적 의미를 밝혀내는 데 있다.

아도르노는 자본주의 체제 아래에서 '여가'가 어떤 성격을 갖는가를 해명함으로써 여가의 정치사회적 의미를 분명히 하고, 여기에서 여가 속의 부자유 테제를 도출해낸다. 아도르노에게 여가는 후기 자본주의 체제를 유지하고 강화하는 하나의 조정 기제로서 이해된다. 다시 말하면 여가는 후기 자본주의 체계의 조정과 관리 차원에서 설명된다. 조정과 관리 기제로서 여가의 기능은 (여가) 문화 산업을 통해 수행된다.

여가 문화 산업은 "저녁 때 공장을 떠난 후 다음날 아침 정확히 일터로 복귀할 때까지의 시간 동안 사람들의 감각을 낮 동안 행하는 노동 과정의 연장선상 위에 묶어둠으로써",[6] 여가를 즐기려는 사람들로 하여금 "노동 과정 자체의 잔상 이상을 경험"[7] 하지 못하게 만든다. 아도르노에게 '낮 동안 행하는 노동 과정'은 "지배가 사회에 뿌리를 내리면서 만들어낸 노동 분업" 체계에 개인이 편입됨으로써 "매번 새롭게 (사회) 전체의 실현"과 "지배받는 전체(사회)의 자기 유지"에 기여하고 "(사회) 전체의 합리성"[8]

---

5) 같은 책, 651.

6) T. W. Adorno / M. Horkheimer, *Dialektik der Aufklärung*. Phlosophische Fragmente, Gesammelte Schriften, Bd. 3, Frankfurt a. M., 1997, 153쪽(이하 GS3으로 약칭).

7) 같은 책, 159쪽.

을 배가하는 것으로 이해된다. 사회 지배는 노동 분업이라는 "사회 구성원들에 의한 기능 수행의 통일"[9]에 달려 있으며 동시에 "사회 구성원들은 그들의 기능 수행 속에서 다시금 사회(지배) 전체에 종속"[10]되어 있다. 노동 분업을 통한 사회 지배의 확립이라는 아도르노의 시각은 노동과 대비되는 여가의 고유 의미보다는 사회 지배 맥락에서 여가의 성격을 묻는다. 이와 같은 문맥에서 아도르노는 '노동의 연장으로서 여가' 개념을 발전시킨다.

> "여가는 이제 노동과 대립되는 것만은 아니다. 완전 취업 활동(Vollbeschäftigung) 자체가 이상화된 체제에서 여가는 노동을 그림자와 같이 직접적으로 따라다닌다."[11]

후기 자본주의 지배 형식인 노동 분업을 통한 사회 지배는 이

---

8) 같은 책, 38쪽.

9) T. W. Adorno, *Soziologische Schriften I*, Bd. 8, Frankfurt a. M., 1997, 10쪽(이하 GS8로 약칭).

10) 같은 책, 549. 아도르노에게 사회는 실체 개념(Substanzbegriff)이 아닌 기능 개념(Funktionsbegriff)으로 규정된다. 아도르노의 기능적 사회론은 개별 사회 부분 요소의 합리적 총체로서 사회를 인식하는 기존의 기능주의 사회 이론과 구분된다. 사회적 총체성은 구성원의 기능 수행을 통한 사회 체제의 유지와 기능 수행시의 사회 종속성의 상호 매개를 전제로 한다. 보편적 기능 연관 체계로서 사회적 총체성이 갖는 문제는 사회적 기능 수행자인 개인에게 어떠한 고유한 삶(Eigenleben)을 허용하지 않으며, 자체의 개별적인 계기들을 통해 사회적 총체성을 지속적으로 생산 및 재생산하는 데 있다(GS8, 349, 549). 『최소 도덕』에서 아도르노는 사회 체계의 기능으로 편입된 개인의 '병적 분열'에 대해 말한다. 개인 속에까지 관철된 노동 분업에 의한 개인의 객관화는 가벼움, 공허한 흥분, 끝없는 순종, 분노 등과 같은 심리적 특성을 갖게 만든다. 여기에 대해서는 GS4, 263. 참조.

11) GS10.2, 652쪽.

것을 가능하게 만드는 보조 기제를 필요로 한다. '노동의 연장으로서 여가'는 노동을 지속적으로 제공하고 노동에서 나타나는 사회 지배의 논리가 '여가'에도 관철된다는 것을 의미한다. 사회 지배의 연장으로서 '관리되는 여가'의 기능을 수행하는 것이 문화 산업이 제공하는 유흥이다. 이런 의미에서 유흥은 노동의 연장이 된다.

> "후기 자본주의 사회에서 유흥(Amusement)은 노동의 연장이다. 유흥을 찾는 사람들은 기계화된 노동 과정을 다시금 감당하기 위해 그로부터 벗어나려는 사람들이다."[12]

문화 산업은 노동으로부터 일시적으로 거리를 두려는 사람들에게 직접적인 유흥을 제공할 뿐만 아니라 동시에 문화 산업의 하위 체계인 여가 산업(Freizeitgeschäft)을 통해 취미 이데올로기(Hobby-ideologie)를 광범위하게 유포시킨다. 노동력이 상품이 되고, 이에 따라 노동이 사물화된 사회에서 취미 생활은, "사물화의 안티 테제로서, 완전히 매개된 전체 체계에서 매개되지 않은 직접적인 삶의 피난처"[13]로 이해된다.

아도르노에 따르면 여가 산업에 의한 여가 이데올로기가 확산된 상황에서 취미가 무엇인가라는 질문은 취미를 반드시 가져야 한다는 뉘앙스를 분명하게 풍긴다고 지적한다. 한 예로, 회사 직원이 휴가에서 돌아올 때 통례적으로 기대되는 피부색을 갖지 못했다면, 그는 동료들로부터 "당신은 아예 휴가를 다녀오지 않았죠?"

---

12) GS3, 158쪽.

13) GS10.2, 647쪽.

라는 날카로운 질문을 받게 된다고 말한다. 취미-이데올로기는 아무런 취미나 여가 활동을 하지 않는 사람을 시대에 뒤쳐진 사람(ein altmodischer Mensch), 야심가나 희귀종으로 취급하며 이들을 웃음거리로 만든다.[14)]

노동의 고단함을 일시적으로 잊게 함으로써 지속적인 노동 체계에 편입시키는 유흥의 직접적 제공과 취미 이데올로기의 조정에 따른 여가 상품의 소비는 '관리되는 여가'의 범주를 넘어서지 못한다. 아도르노에게 문화 산업은 단순한 유흥 산업이 아니며, 여가 문화 산업이 제공하는 '유흥'을 매개로 자본주의 체제의 공고화에 기여하는 정치적 기능을 수행한다.[15)]

기만적인 사회 통합을 가능하게 하는 여가 문화 산업의 정치적 기능은 먼저 거짓 휴식과 피난처를 제공하는 데 있다. 그 대표적인 예가 영화다. 영화라는 유흥 장치는 가정 주부나 대도시의 실업자, 거주 희망 신청자들에게 (거짓) 휴식과 피난처를 제공한다.[16)] 둘째, 매개의 가장 단순한 형태인 대중 욕구의 충족 방식이다. 문화 산업은 깜짝쇼, 의미에 대한 조롱, 익살극의 수법, 전자

---

14) 같은 책, 648-649쪽.

15) GS3, 158쪽.

16) 같은 책, 161쪽. 영화의 부정적 기능으로서의 의식 조작적 기능과 거짓 휴식 제공의 함의에 대해서는 이종하, 「검은 매체, 하얀 매체 혹은 회색 매체 — 아도르노 매체 비판의 재평가」, 『철학연구』 제95집, 2005, 288쪽 이하 참조. 아도르노의 사이비 휴식처로서의 영화의 심리적 기능에 대한 짧은 분석은 펠릭스 가타리에 의해 수용되고 발전되었다. 그는 1975년에 영화와 마약의 비교 분석을 통해 일반적이고 상호 작용적 의사 소통 행위와 대립되는 주류 영화의 탈개인화와 탈주체화의 양상이 마약과 유사한 효과를 발생시킨다고 주장한다. 여기에 대해서는 Holert, T., *Bewegung der Suspension. Zum Verältnis von Welt und Film bei Gilles Deleuze*, in : Vogl, J. / Balke, F.(Hg.), Gilles Deleuze - Fluchtlinien der Philosophie, München, 1996, 270쪽 참조.

기술에 의한 다양한 트릭, 음란물, 섹스 상품, 로맨스 등을 통해 여가 시간의 대중에게 재미(Spaß)와 기분 전환의 기능(Funktion der Ablenkung)을 담당한다.[17] 문화 산업은 항상 '참신한 아이디어', '신선한 무엇', '경이로운 것'이라는 포장을 통해 새로움을 찾는 대중 여가인의 욕구를 만족시키려 한다.

위에서 언급한 여가 문화 산업이 제공하는 휴식과 욕구 만족이 왜 아도르노에게는 긍정적으로나 적어도 중립적으로 표현되지 않은가? 아도르노는 여가 문화 산업에 대한 지나친 이데올로기적 비판을 전개하는 것이 아닌가? 이 같은 질문은 여가 문화 산업의 기본 논리인 이익 극대화 원칙(Prinzip der Profitmaximierung)과 여가 문화 산업의 부정적 영향에 대한 내용적 분석을 통해 해소될 수 있다. 아도르노에 따르면, 여가 문화 산업의 순기능으로 간주할 만한 위의 두 가지 기능은 여가 문화 산업 이익 동기의 자기 실현에 불과하다. 아도르노가 현재의 자본주의 문화를 대중 문화(Massenkultur)라고 일컫지 않고 문화 산업으로 지칭하는 이유도 여기에 있다.[18]

여가 문화 산업의 부정적 영향은 관리되는 여가를 벗어날 출발점으로서 "내면성(Innerlichkeit)을 공공연한 거짓말로 만들어 버리고, 유흥 그 자체를 이상화"[19]하면서 "사람들의 여가 시간을 문화 산업이 제공하는 획일적인 생산물"[20]로 채우는 데 있다.

---

17) 같은 책, 160쪽 이하 참조.

18) T. W. Adorno, *Kulturkritik und Gegellschaft I*, Gesammelte Schriften, Bd. 10.1, Frankfurt a. M., 1997, 337쪽 참조(이하 GS10.1로 약칭).

19) GS3, 166쪽.

20) 같은 책, 145쪽.

여가 문화 산업은 유흥을 이상화하고 획일화된 생산물을 제공하는 과정에서 노동 과정으로부터 벗어나려는 대중 여가인들의 욕구를 "조종하고 교육시키며 심지어는 재미를 몰수"[21]한다. 이를 통해 여가 문화 산업은 표준화된 삶을 살아가는 평균적인 개인을 만들어내고 이들로 하여금 평균적인 가치, "평균적인 것의 영웅화",[22] 지배적인 문화 취향을 즐기게 만든다. 평균적인 것의 영웅화는 판타지의 상실을 야기한다. 아도르노에게 판타지의 상실이 내면에서 진정한 '자신의' 여가를 즐길 수 없게 만드는 이유다.

"(사회에) 적응하려고 하는 자는 상당한 정도로 판타지를 포기해야만 한다. … 사회적으로 뿌리내리고 (사회에 의해) 강제된(anbefohlen) 판타지의 소멸은 여가 속의 인간을 무기력하게 만든다."[23]

오늘날 여가인은 판타지의 소멸과 함께 실제로 그들의 여가 시간에 결코 많은 것을 시작할 수 없다. 왜냐하면 여가인은 여가를 의욕적으로 활용하려는 것, 여가 시간에 어떤 생산적인 것을 산출하는 능력을 이미 빼앗긴 상태이기 때문이다. 아도르노는 이러한 조건 아래에서 어떤 '생산적인 여가'를 기대하고 요구하는 것은 어리석은 일이라고 단정한다. 여가 시간에 만들어내는 생산적이라는 것도 시나 그림의 흉내내기와 같은 불온한 취미보다 나은 것이 없다. 아도르노는 현재적 조건에서 여가 시간이 생산적으로 향유된다 하더라도 불필요한 것(Überflüsiges)에 지나

21) 같은 책, 166쪽.

22) 같은 책, 179쪽.

23) GS10.2, 651쪽.

지 않는다고 말한다. 왜냐하면 아도르노 시각에서 여가 시간에 만들어낸 어떤 생산적인 것의 낮은 질적 수준은 여가인으로 하여금 자신이 만들어낸 것으로부터의 기쁨을 다시금 허무하게 만들기 때문이다.[24]

아도르노는 획일화된 문화 상품의 제공과 소비의 순환 구조에서 대중 여가인이 만끽하는 "포만감과 둔감"[25] 속에 은폐된 정치사회적 의미에 주목한다. 무비판적이며 수동적으로 "향유하고 있다는 것은 동의하고 있음을 의미한다. 이것은 사회 전체 과정에 무감각해짐으로써 가능하다. … 향유(Vergnügen)하는 것이 의미하는 것은 항상 무엇인가에 대해 더 이상 생각하지 않는 것, 고통을 목격했을 때조차 고통을 잊어버리는 것이다."[26] 이것이 아도르노가 말하는 여가 문화 산업의 은폐된 정치사회적 기능(이데올로기적 기능)이다. 사회 통제 기제로서 여가 문화 산업은 사회 현실에 대한 동의 체계를 구하는 역할을 수행하는 것이다. 여가 문화 산업에 의한 동의 체계의 구축에 무비판적으로 매몰된 '향유'의 근저는 부정적 사유, 저항에 대한 무기력(Ohnmacht)이다.

> "향유의 근저에 있는 것은 무기력이다. 향유는 사실 도피다. 그러나 그 도피는 일반적으로 주장되듯 잘못된 현실로부터의 도피가 아니라 마지막 남아 있는 저항 의식으로부터 도피하는 것이다. 유흥이 약속해주고 있는 해방이란 부정성을 의미하는 사유로부터의 해방이다."[27]

---

24) 같은 책, 651쪽.
25) GS3, 185쪽.
26) 같은 책, 167쪽.
27) 같은 쪽.

위에서 살펴본 여가 문화 산업의 부정적인 정치사회적 기능으로부터 아도르노는 '조직화된 자유', '여가 속의 부자유'라는 인간학적 테제를 이끌어낸다. 그는 노동 생산성 증가와 함께 여가 역시 확대되었음을 확신한다. 노동 생산성을 증가시키는 것은 기술이다. 아도르노에게 기술은 '인간의 확장된 팔'이며 기술은 인간의 노동의 고단함을 약화시킴으로써 인간다운 삶과 삶의 질을 개선하는 데 기여해야 한다고 주장한다.[28] 하지만 생산 기술의 발전에 따른 확대된 여가와 함께 인간의 부자유(Unfreiheit)도 확대되었음을 간파한다. 여가 문화 산업이 대중 여가인에게 부여한 자유란 탈개인화된 대중 여가인으로서 "모든 분야에서 항상 동일한 것을 선택하는 자유"[29] 이상이 아니다. "여가를 즐기는 사람의 행복"도 "철저히 기계적이 되어"[30]버렸다.

아도르노의 부자유 테제는 여가 산업의 취미-이데올로기에 의한 여가의 조직화와 이에 따른 조직화된 자유(Organisierte Freiheit)의 비판에도 나타난다. 여기에서 아도르노는 취미-이데올로기의 작동에 나타나는 억압적 성격을 강조한다. 취미와 여가 활동이 강요하는 억압적 성격은 단지 외부로부터 주어지는 것만은 아니다. 문제는 이러한 억압(Zwang)이 기능화된 사회 체

---

28) GS8, 363쪽, GS7, 51쪽 참조. 아도르노의 기술에 대한 이해를 기술적대주의로 이해하는 일부의 아도르노 연구자나 일반적 인식은 잘못된 것이다. 아도르노는 한편으로는 기술의 사물화를 비판하지만, 다른 한편으로는 기술이 갖는 중립적 성격과 함께 '기술의 인간화' 테제를 내세운다. 여기에 대한 자세한 논의는 Jong-Ha Lee, *Die gesellschaftliche Physiognomie der Kultur*, Berlin, 173쪽 이하 참조.

29) GS3, 190쪽.

30) 같은 책, 159쪽.

계 아래에서 인간의 욕구와 관련을 맺는 데 있다. 아도르노에 따르면 청소년 운동이 일어났던 시기에 캠핑은 "시민(사회)적 권태와 관습에 대한 저항"의 성격을 가졌다. '자유로운 하늘 아래 밤을 새우는 것'은 청소년들에게 집(가정)으로부터 떨어져 자유로운 나를 보증하는 것이었다. 이러한 욕구는 청소년 운동이 종말을 고한 후 캠핑 산업에 의해 주도되었으며 제도화되고 말았다. 캠핑 산업은 사람들로 하여금 텐트나 캠핑용 차량, 그 밖에 캠핑에 필요한 각종 보조 기구들을 구매할 필요를 없게 하는 대신, 그들의 상업 논리에 따라 사람들이 원하는 것을 다시 한 번 강요함으로써 자유에 대한 욕구를 확대 재생산시켰다. 바로 이와 같은 방식을 통해 아무런 마찰 없이 여가의 통합(Integration der Freizeit)이 이루어지는 것으로 파악한다. 여가에서 사회적 통합은 사람들로 하여금 "그들이 가장 자유롭다고 느끼는 그곳에서 그들이 얼마만큼 부자유하게 존재하는지 전혀 파악하지 못하게" 함을 통해서 성취된다. 달리 말하면 캠핑 산업이 사람들로 하여금 "부자유의 규율"들을 간과하게 만듦으로써 가능하게 된다.[31] 아도르노는 여가 산업에 의한 여가의 조직화와 여가 시간의 부자유를 해명함으로써 사회적 통제 아래 관리되는 여가의 현실을 보여주었다.

지금까지의 아도르노의 여가 논의를 종합해보면, 여가 문화산업이 대중 여가인에게 끊임없이 약속하고 있는 노동이라는 일상으로부터의 탈출은 이루어지지 않았다고 보아야 한다.

---

31) GS10.2, 648쪽 이하.

"문화 산업 전체가 약속해주고 있는 일상성으로부터의 탈출은 미국 만화 영화에서 볼 수 있는 유혹당하는 딸과 비교될 수 있다. 아버지는 어둠 속에서 사다리를 붙들고 있는 것이다. 문화 산업이 제공하는 낙원은 똑같은 일상 생활이다. 탈출이나 가출은 처음부터 출발점으로 다시 돌아오도록 설계되어 있다."[32)]

그렇다고 아도르노가 창조적이고 생산적인 여가의 가능성을 완전히 배제한 것은 아니다. 아도르노가 생산적 여가의 구체적 가능성을 명시하고 있지는 않지만 희망을 버리지 않는다. 왜냐하면 아도르노는 "생산적 여가(활동)가 비로소 성숙한 인간을 가능"[33)]하게 만들 것으로 믿고 있기 때문이다. 성숙의 가능성은 "여가가 자유의 상태로 변화"[34)]함으로써 확보된다. 그렇다면 여가의 자유 상태로의 변화는 어떻게 가능한가? 아도르노는 이것에 대한 전략과 구체적인 방법론을 전개시키지 않는다. 창조적이고 생산적인 여가의 가능성의 첫 출발은 반응적이고 소극적인 차원에서

---

32) GS3, 164쪽.

33) GS10.2, 652쪽.

34) 같은 책, 655쪽. '여가의 자유 상태로의 변화'에 대한 전략과 방법론에 대한 아도르노의 대답은, "사회적 해방 없이는 그 어떤 해방도 있을 수 없다"(GS4, 197쪽)에서 찾을 수 있다. 여가를 사회적 지배의 한 기제로 분석하는 아도르노에게 사회 전체의 해방 없이 자유로운 여가, 창조적인 여가는 불가능하다. '사회적 해방 없이는 그 어떤 해방도 있을 수 없다'는 아도르노의 명제는 이 맥락에서 사회 해방과 '자유 여가'의 논리적 인과 관계를 의미하지 않고 이것의 상호 유기적 관계를 강조하는 것으로 이해해야 한다. 아도르노는 이 표현을 개별 사회 문제의 사회적 처방을 제시할 때 즐겨 사용한다. 가족의 종말 테제에서도 아도르노는 동일한 결론(Es gibt keine Emanzipation der Familie ohne die Emanzipation des Ganzes)을 도출한다(Adorno, *Soziologische Exkurse*, Frankfurt a. M., 1956, 129쪽).

발견된다. 다시 말하면 여가를 조정하고 관리하는 문화 산업이 제공하는 다양한 형태의 문화 상품을 "소비하고 받아들이기는 하지만 유보적인 것(Art von Vorbehalt)"으로 파악하고, "온전한 실재로 받아들이지 않으며" "완전히 믿지도 않는"[35] 것이다.

3. 마르쿠제에게서의 노동과 여가

마르쿠제는 여가를 자유 시간으로 규정한다. 여기서 자유 시간은 노동으로부터 자유로운 시간과 생물학적 욕구 해소를 제외한 나머지 시간을 의미한다. 마르쿠제에 따르면, 산업 사회의 기술적 합리성에 의해 실현된 생산에서의 기계화와 표준화는 "노동 세계로부터의 해방"과 "자유 시간의 확대"[36]를 가져올 수 있다. 노동 과정의 자동화는 노동의 성격을 변화시킬 뿐만 아니라 전 사회에 혁명을 일으킨다. 이 혁명의 내용은 "자유 시간의 차원"과 그것으로 인한 "인간의 개인적, 사회적 실현"[37]이다. 마르

---

35) 같은 책, 655쪽.

36) H. Marcuse, *Der eindimensionale Mensch*, Herbert Marcuse Schriften 7, Frankfurt a. M., 1987, 23쪽(이하 EM으로 표기). 마르쿠제의 이러한 인식은 마르크스의 사유에 빚지고 있다. 마르크스, "노동 시간의 절약은 자유 시간의 증대, 즉 개인의 완전한 발전을 위한 시간의 증대"(칼 마르크스, 김호균 역, 『정치경제학 비판 요강』, 백의, 2000, 388쪽)로 이해한다. 기술과 기술합리성의 부정적 영향에 대한 마르쿠제의 입장 역시 마르크스의 기술(기계)로 인한 노동의 소외 분석을 수용하고 있다. 크게 보면 이 점에 관한 한 아도르노도 큰 차이가 없다.

37) 같은 책, 57쪽. 마르쿠제는 *Triebstruktur und Gesellschaft* 에서도 노동의 합리화가 자유 능력의 향상을 가져올 것으로 기대한다. "노동의 합리화와 기계화는 노고(소외된 노동)에 할애하는 본능 에너르기의 양을 점차 감소시킨다. 이

쿠제는 이런 의미에서 "기계화는 … 새로운 자유의 잠재적 기반"[38]이며 동시에 "자유를 위한 최초의 전제 조건"[39]이 된다고 주장한다. 기계화와 표준화의 결과로서 필연적 노동의 감소와 사회적 노동의 합리적 조직화는 '인간화의 조건'이다.

> "생활 필수품(Notwendige)의 소유와 공급은 자유로운 사회의 내용이 아니라 전제다. … 사회의 모든 구성원들이 생활 필수품의 취득에 접근할 수 있도록 하기 위해 최소의 시간을 들이는 방식으로 생산과 분배를 조직하는 것이다. 필연적인 노동은 본질적으로 비인간적인, 기계적인, 일정한 일상 활동들의 체계다. 그러한 체계 안에서는 개인성은 가치나 목적 자체가 될 수 없다. 사회적 노동은 억압적일 수밖에 없는 작업 세계 밖에서, 개성(Einzelpersönlichkeit)의 발전을 위해 시간과 공간을 절약하도록 하는 관점에서 합리적 방식으로 조직될 것이다."[40]

이와 같이 마르쿠제는 기계화와 표준화로 인한 필요 노동의 감소와 자유 시간의 확대를 고도 산업 사회의 기술적 합리성이 야기한 '새로운 문명을 향한 역사적 초월'로 이해한다. 그러나 노동 세계로부터의 해방과 자유 시간의 차원을 열어놓은 기술적

를 통해 개인의 능력을 자유롭게 발휘하여 목표들에 도달할 수 있는 에네르기를 해방시킨다. 에네르기의 억압적인 이용에 맞서 기술은 생활 필수품의 생산 과정에 필요한 시간을 최소로 하는 한, 필연적이고 불가피한 영역을 넘어 욕구의 발전을 위한 시간을 확보할 수 있다"(H. Marcuse, *Triebstruktur und Gesellschaft*. Herbert Marcuse Schriften 7, Frankfurt a. M., 1987, 84쪽, 이하 TG로 약칭).

38) 같은 책, 23쪽.

39) TG, 133쪽.

40) 같은 책, 168쪽.

합리성은 '해방적 성격'만을 갖는 것은 아니다. 기술적 합리성은 한편으로는 '사회 통제 형태들의 기술적 실현'을 달성했다. 사회의 기술적 관리는 더욱 "합리화, 생산화, 기술화, 전면화"되며 "풍요와 자유"를 가장하여 "해방을 요구하는 욕구를 질식"시키고, "기만적인 자유", "허위에 면역된 거짓된 의식"을 증진시킨다.[41] 기술적 합리성에 의해 확립된 생산 과정의 기계화와 표준화는 노동의 성격을 육체 노동에서 정신적, 기술적 노동으로 변화시키며 생산력의 개념도 개인에 의한 산출에서 기계에 의해 산출로 변화시킨다. 새로운 기술적 생산 과정에서 노동의 질적인 변화는 인간을 기계적 생산 과정에 통합시킴으로써 "기계에 봉사하는 인간", "기계화된 노예", "작업하는 원자"로 전락시킨다.[42]

인간은 기계화된 작업에서 '죽은 노동'을 수행하게 되며 노동에서 소외를 경험한다. 마르쿠제는 기술과 테크놀로지에 내재한 해방적 잠재력을 인정하지만, 생산 과정에 편입된 노동자가 그것을 합리적으로 사용하거나 집단적으로 통제 가능하다고 해서 기술합리성에 바탕을 둔 지배와 통제에서 벗어나지 못하며 억압 상태가 지속될 것으로 진단한다.[43] 왜냐하면 "기술이란 장막이 불평등과 노예 상태의 재생산을 은폐"시키기 때문이다. 은폐의 방식은 기술에 의한 "거짓된 자유와 안락의 지속과 확장"[44]이다.

고도 산업 사회의 지배와 통제는 '여가'의 영역에까지 미친다. 자유 시간으로서의 여가는 '능동적, 창조적 자기 규정적 성격으

41) EM, 25, 32, 38쪽 참조.

42) 같은 책, 48-52쪽 참조.

43) 헤르바르트 마르쿠제, 김택 역, 『해방론』, 울력, 2004, 14쪽.

44) EM, 52쪽.

로서의 자유 시간'이 아니다. 왜냐하면 사회적 노동 지배가 실현된 기술 사회에서 소외와 규제는 "노동 시간에서부터 자유 시간까지" 확대되기 때문이다. 여가는 자본주의 "체제의 합리성과 그 체제의 양적 팽창에 의해서 재규정"[45]된다. 여가 재규정의 내용은 체제 유지와 재생산의 기제로서의 작동 원리며, 이때 여가는 '노동을 위한 휴식' 이상이 아니다.

여가에 대한 근본적인 통제는 노동 자체의 길이와 지루하고 기계적인 소외된 노동 때문에 이루어진다. 이러한 조건은 수동적인 휴식과 노동을 위한 에너지 재창조의 역할로서의 여가만을 요구한다. 산업 문명의 후기 단계에 와서야 비로소 대중 조작 기술은 여가 시간을 직접적으로 통제하는 오락 산업(Unterhaltungsindustrie)을 발전시켰고 국가는 그러한 통제를 직접적으로 수행하기에 이르렀다.[46] 여기서 오락 산업이란 아도르노와 호르크하이머가 말하는 (여가) 문화 산업을 의미하며 협의의 오락 산업을 의미하지 않는다.

마르쿠제에 의하면 오락 산업은 욕구의 제한과 조작, 거짓 욕구를 생산해낸다. 이해를 위해 마르쿠제가 주목하는 인간 욕구의 역사적 측면과 오락 산업의 사회적 성격이 규명되어야 한다. 마르쿠제는 인간의 욕구를 '역사적 욕구'로 규정한다. 왜냐하면 욕구의 강도, 만족, 특징은 조건화되는데, 이 조건화의 범위는 현행 사회 제도와의 이해 관계에 따라 결정되기 때문이다. 현행 사회 제도는 '개인 욕구가 기존 체제의 가치에 바람직하고 필요한가'를 문제 삼으며, 개인의 욕구나 사회적 욕구는 기존 체제의

---

45) TG, 48쪽.

46) 같은쪽 참조.

효율적인 통제가 가능한 범위에서만 허용된다.

여가의 통제 수단으로서 오락 산업에 의한 거짓 욕구의 생산, 욕구의 조작과 제한도 이 맥락에서 이해할 수 있다. 거짓 욕구는 "특정한 사회적 이해관계가 억압된 상태에 놓인 개인에게 부과하는 고통, 공격성, 비참, 불의를 영속시키는 욕구"다. 마르쿠제는 거짓 욕구의 예로서 "광고에 맞추어 긴장을 풀고 장난을 하며 행동하고 소비하고자 하는 욕구, 다른 사람들이 사랑하고 미워하는 대로 사랑하고 미워하는 욕구"[47]와 "소유와 소비 그리고 상행위에 대한 욕구, 기구, 장치, 기계, 엔진 등을 끊임없이 새것으로 바꾸려는 욕구, 자기 파괴에 위험에 직면해서도 그러한 상품들을 사용하려는 욕구"[48] 등을 언급한다. 오락 산업에 의해 생산되는 거짓 욕구는 고도 산업 사회의 소비와 풍요 이데올로기와 맞물려 자본주의가 조장하는 "생물학적 욕구"의 차원으로까지 내려가서 "제2의 인간 본성"을 구성한다. 여가의 통제 기제로서 오락 산업이 만들어내는 새로운 욕구는 "안정 지향적인 보수적 욕구"며, 기존 체제의 재생산에 기여하는 "무의식적 동화"와 "자발적 예속"을 만들어낸다. 오락 산업에 의한 통제는 여가 이용과 여가 활동에서도 획일화를 야기하며, 누구에 의해서든, 어디에서든, 어떠한 활동이든 동일화된 '일차원적 여가'만이 존재하게 만든다.[49]

마르쿠제에 따르면 자본주의 체제의 유지와 재생산의 목적 아

47) EM, 25쪽.

48) 헤르바르트 마르쿠제, 김택 역, 『해방론』, 울력, 2004, 26쪽.

49) EM, 39, 50쪽 참조.

래 체제 합리성에 의해 관리되고 통제되는 여가는 진정한 자유 시간이 아니며 억압된 상태의 지속을 의미한다. 진정한 의미의 여가는 '새로운 양태의 문명'에서만 가능하다. 새로운 양태의 문명은 비인간적이고 부자유의 영역인 필연적 노동과 억압 체계인 사회적 노동이 사라진 풍요의 질서가 있는 문명이며, 동시에 노동이 놀이(Spiel)로서 변형된 문명의 상태를 의미한다. 놀이는 강제적인 신체적 도덕적 현실을 능가하는 것으로서, "자유의 실현"이자 "해방의 담지자"다. 놀이를 통해서 "인간은 본래적인 존재가 되는 자유 속으로 복귀"하게 된다.[50] 놀이로서의 삶 자체가 실현되는 사회는 인간의 자유 실현에 봉사하는 "즐거운 과학"[51]을 요청한다. 마르쿠제의 시각에서 보면 진정한 여가의 실현이 자유 사회의 실현과 궤를 같이한다. 마르쿠제의 자유 사회는 비록 그가 새로운 감성으로서 실천(Praxis)을 말하지만 미학적 차원에 바탕을 둔 심미주의를 벗어나지 못하고 있다.

마르쿠제의 여가 개념은 여가에 대한 이데올로기적 비판의 성격이 강하다. 그는 노동과 여가의 이분법적 도식 아래 여가를 자본주의 체제 관리 방법의 한 수단으로 오락 산업의 논리가 전횡하는 시간 개념으로 이해한다. 마르크스의 여가 개념을 토대로 한 마르쿠제의 여가 개념은 여가를 지나치게 소극적으로 파악하고 체제의 억압 논리 속에 복속시킴으로써 여가의 긍정적 측면, 다시 말하면 여가의 해방적 잠재력을 인식하지 못한 채 손쉽게 '놀이 심미주의'에 빠지고 만다.

---

50) TG, 162-164쪽 참조.

51) 헤르바르트 마르쿠제, 김택 역, 『해방론』, 울력, 2004, 52쪽.

노동 외 자유 시간으로서 여가에 대한 마르쿠제의 이분법적 도식은 노동 이데올로기의 유포, 확장과 더불어 자본주의 체제의 발전 그리고 산업 사회에 적합한 근대적 의미의 '노동과 여가' 패러다임이다.

마르쿠제의 노동과 여가의 도식이 상정하고 있는 활동적 시간 개념을 먼저 검토해볼 필요가 있다. 인간이 삶을 영위하는 데 노동은 필연적이며 여가 역시 마찬가지다. 그런데 일상적 자아의 생활 세계적 시간 개념은 단순히 노동과 노동 외 시간으로서 여가로 도식화될 수 없으며 세분화가 가능하다. 인간의 일상적 삶을 시간 개념으로 구분한다면 사회적 존재로서의 노동 시간, 신진 대사를 촉진시키는 생물학적 존재로서 필수적인 활동을 하는 생필 시간이라 할 수 있다. 노동 시간과 생필 시간은 사회적, 생물학적 생존을 위한 구속 시간으로 파악할 수 있다. 노동 외 시간을 여가로 규정하더라도 여가에 대한 한 개인의 태도와 활동 내용 및 여가의 환경적 요인을 고려한 '소극적 여가'로서 단순 노동 외 시간과 개인의 자기 계발과 취미 활동, 자발적 사회 비판 활동 등의 '적극적 여가' 개념으로 구분해야 한다. 그저 낭비하는 시간, 오락 산업의 논리에 매몰되어 지내는 '소극적 여가'와 달리 '적극적 여가'는 해방적 잠재력을 지닌다. 창조적 자기 계발과 비판적인 사회 활동에 참여함으로써 개인은 오락 산업이 조작하는 거짓 욕구와 제2의 본성에 비판적이며 오락 산업과 그 배후의 자본주의 체제의 억압 논리를 비판적으로 이해 가능하다.

마르쿠제는 '소외된 여가', '소극적 여가'의 지양 가능성을 아무런 변증법적 매개 개념 없이 '유희와 노동의 일치'라는 이상적 규범으로 달아날 이유가 없다. 마르쿠제는 노동으로부터의 해방을 가능하게 한 자동화, 기술 문명이 해방의 잠재력과 억압의 지배 논리라는 양가적 속성을 진지하게 검토하듯이 여가가 지니는 양가적 속성을 분명하게 이해했어야 한다.

4. '노동 종말' 시대의 노동과 여가

지금까지 살펴본 아도르노와 마르쿠제의 여가 개념은 '노동에 의한 노동을 위한' 여가며 여가 시간은 자유와 자아 실현을 위한 창조적 시간이 아니라 자본주의의 체제 통합력이 작용하는 장으로 이해되어 왔다. 아도르노와 마르쿠제의 노동과 여가의 논의는 ① 노동 연장으로서의 여가 개념 ② 여가에 대한 이데올로기적 비판 ③ 여가 통제 기제로서 오락 산업과 여가 문화 산업의 기능 분석 ④ 소극적 여가와 적극적 여가의 개념적 미구분 ⑤ 진정한 여가 실현과 사회적 해방의 연관성 강조 ⑥ 노동과 여가의 경계에 대한 이분법적 도식 ⑦ 산업 사회 패러다임(노동 사회) 안에서 여가 분석이라는 공통점을 가진다. 아도르노와 마르쿠제의 노동과 여가에 대한 분석은 그들 스스로의 여가 분석에서 '역사성'을 강조하듯 산업 노동 사회를 전제로 한 분석이라는 점에서 오늘날의 변화된 노동 현실 속에서 새로운 도전과 재해석의 여지를 가지고 있다.

노동 사회든 노동 종말을 논의하는 시대든 여가의 의미는 노동과의 관련 속에서 파악될 수밖에 없다. 변화된 '노동' 현실 속에서 노동과 여가의 의미와 지위를 살펴보아야 한다. 산업화 시대가 노동(이데올로기)의 시대였다면 오늘날 많은 논자들은 '노동의 종말'을 주장한다. 그렇다면 노동 세계와 노동 사회에 어떠한 변화가 발생했는가? 노동과 여가의 관계 양상을 고찰하는 논자들은 마르쿠제가 이미 기계화와 표준화에 따른 노동 성격의 질적 변화(Qualitative Änderung)[52]를 분석한 것처럼 1980년대 중반 이후 변화하는 노동의 성격에 주목해왔다.

제레미 리프킨은 노동 시장의 구조적 변화에 대한 다양한 경험 연구를 통해 "기술 향상과 생산성 증가가 전통적인 일자리를 파괴하기는 하지만 동시에 이에 상응하는 새로운 일자리들을 창출한다는 구시대의 논리는 더 이상 받아들여지지"[53] 않으며 산업화 시기의 노동의 본질은 급격한 변화를 가져왔다고 단언한다. 생산성의 급격한 증가와 노동력을 절감할 수 있는 새로운 기술 도입에 따른 신규 고용 저해, '고용 없는 성장'은 종국적으로 산업 사회 시대 통용된 (취업) 노동의 종말을 야기한다. 아도르노 식으로 표현하면, "완전 취업 활동 자체가 이상화된 (산업 사회) 체계"[54]가 무너진 것이다.

> "산업화 사회는 노예 노동의 종말을 이끌었다. 접속의 시대는 대량 임금 노동을 끝낼 것이다."[55]

52) EM, 37, 49쪽.

53) 제레미 리프킨, 이영호 역, 『노동의 종말』, 민음사, 2005, 18쪽.

54) GS10.2, 652쪽.

55) 같은 책, 22쪽.

울리히 벡 역시 "완전 취업 활동이 없어져 가는 서구 후기 노동 사회의 발전 추세"에 주목하면서 '서구의 브라질화' 테제를 내세운다. 서구의 브라질화란, '현대 이전'의 국가인 브라질의 일반적 노동 현실이 이른바 '후기 현대'에 들어선 서구의 핵심 국가들의 미래 노동 사회에 나타나는 현상으로서, 완전 고용 신화의 퇴조에 따른 노동 유목민화, 불연속적 노동, 노동의 잡다성, 노동 사회의 전반적 조망 불가능성, 노동 불안정성의 일반화를 의미한다.[56] 생산성의 증가, 노동 관계의 탈규제화, 유연화, 불안정 고용을 개념화한 '서구의 브라질화' 테제는 서구 노동 사회의 완전 취업 활동이라는 보편적 가설과의 결별을 의미한다.[57] 표현은 다르지만 '노동의 종말'과 '서구의 브라질화'라는 노동 성격의 질적 변화를 야기하는 핵심 요인 중 하나가 생산과 분배, 소비에서의 산업 사회와 차원이 다른 기술 발전, 기술합리성의 증가와 이것의 전 지구적 차원으로의 영향력 확대다.

이 글에서의 논의의 관점과 관련하여 문제시되는 것은 아도르노와 마르쿠제가 분석한 산업화 시대의 노동과 여가의 성격과 양상이 사회경제적 조건의 변화에 따라 질적인 변화를 가져오고 있다는 사실이다. 새로운 정보 기술의 도입에 따라 산업생산성

56) 울리히 벡, 홍윤기 역, 『아름답고 새로운 노동 세계』, 생각의나무, 1999, 24, 168, 187쪽.

57) 울리히 벡에 따르면 세계 도처에서 나타나는 추가 성장률은 유연한 노동과 불안정한 고용을 대변하는 맥 점포 식의 일자리(MaCjob)에 의해 뒷받침되며 불안정, 비공식 분야에서 여성의 비율이 압도적이라고 지적한다. 서구의 브라질화 테제는 전 지구적 자본주의 시대에 제1세계와 제3세계의 취업 노동의 유사성에서 출발한다. 벡이 지적하는 서구의 노동 형태와 노동 사회의 근본적 변화는 남미에서는 이미 오랜 전통을 가지고 있는 것이다. 남미의 오랜 전통의 내용은 소수만이 노동자로서 공식화된 상태에서 안정된 임금 노동을 경험한다는 사실이다.

의 급격한 증가뿐만 아니라 산업화 시대보다 노동 외 시간, 여가 시간의 증가를 가지고 왔다. 리프킨의 분석은 아도르노나 마르쿠제가 보여준 노동의 연장으로서 여가, 노동을 위한 재충전의 사회적 관리 대상으로서의 여가, 소극적 여가 성격과 결별한다. 그는 아도르노가 말하는 여가 이데올로기로부터 상대적으로 자유로운 대중 여가인의 의식과 여가에서의 자발성을 강조한다.

리프킨은 노동과 여가의 관계에 대한 경험 연구에 기초해 증대되는 여가 욕구와 자발적인 노동 시간 단축 요구가 21세기 초에 전 세계적으로 실행될 것으로 전망한다.[58] 노동과 여가의 새로운 양상이 리프킨에게 '유토피아적인 미래 노동 사회'의 한 단면으로 이해되지는 않는다. 이 점에서 리프킨은 아도르노의 '여가 속의 부자유 테제'보다 마르쿠제의 노동 과정에서 새로운 기술 도입이 갖는 양가성의 의미 분석에 근접해 있다. 그러나 사회경제학자로서 리프킨은 마르쿠제처럼 심미적 탈출구를 찾기보다는 구체적인 사회적 대안을 제시하려 한다.

리프킨에게 중요한 것은 "장시간 노동으로부터 해방됨에 따라 인류는 두 번째 르네상스 시대로 진입하게 되거나 엄청난 사회적 변화"를 경험하게 된다는 사실이다. 점진적으로 자동화되는 세계 경제가 가져온 기회와 도전은 노동 해방(여가적 삶)과 대량 실업의 양날이다. 따라서 리프킨에게 여가적 삶의 조건을 갖지 못하고 이러한 추세에 "쓰임이 적거나 아니면 전혀 쓸모가 없는 수백만의 젊은이들을 어떻게 할 것인가?"[59]가 중요한 문제로 대

58) 제레미 리프킨, 이영호 역, 『노동의 종말』, 민음사, 2005, 336-338쪽 참조.
59) 같은 책, 22쪽.

두된다. 그는 생산성 혁명에 따른 대량 해고의 피해자들에게 제3부분을 통해 일자리 공유 전략을 가동시켜야 한다고 주장한다. 리프킨은 비영리 고용 창출인 제3부분의 강화를 통해 새로운 공동체적 사회를 구성할 것을 제안한다.[60] 제3부분은 민주주의적 참가의 기술 향상, 사회적 연대감의 강화, "정신적 차원을 탐사할 장소와 시간"을 제공한다. 또한 제3부분은 사람들로 하여금 진정한 "휴식과 놀이를 즐기고 인생과 자연의 즐거움을 더욱 깊게 경험"[61]하도록 만든다.

울리히 벡의 새로운 노동 현실 속의 여가 분석에서도 아도르노나 마르쿠제에게서 보이는 이데올로기적 비판의 흔적을 찾기 어렵다. 벡은 노동 시간의 유연화, 노동 시간 단축(주 5일제, 부분 4일 근무제)이 가족, 취미, 건강, 여행 등 여가 활동을 증진시키며 생활을 풍부하게 만들었다고 진단한다. 그럼에도 불구하고 벡에게 '노동 현실의 브라질화'가 가져온 새로운 여가 사회가 이전 노동 사회의 안티 테제가 될 수는 없다.

---

60) 리프킨이 제안한 제3부분은 시장 교환 경제와 구분되는 대안적 비전으로서 타인에 대한 서비스 제공이 1차적 동기며, 일자리 보장은 인간 관계 및 공동체 의식의 강화 차원에서 실현된다. 제3부분은 사회적 일체감을 갖게 하는 사회적 접착제다. 제3부분이란 구체적으로 비영리 공적 부분, 비영리 자발적 사회 단체, 비영리 각종 학교, 종교, 의료, 문화 단체에서의 고용을 가리킨다. 리프킨에 따르면, 현재 서구에서 제3부분은 총 고용의 6% 전후를 담당하고 있다. 리프킨은 제3부분의 세계적인 강화 추세, 국제적 네트워크 강화가 증대하는 실업 대중의 욕구를 담보하기에 충분한 속도로 성장하고 다양화될 것인지의 여부는 아직 미지수이지만, 고용 없는 성장 아래 좌절하는 실업 대중들에게 희망의 빛이 되고 있다고 본다(리프킨, 346 이하 참조).

61) 제레미 리프킨, 이영호 역, 『노동의 종말』, 민음사, 2005, 349쪽.

"노동 사회의 안티 테제는 자유 시간 또는 여가 사회나 무위(無爲) 사회가 아니다. 이런 관념은 소극적으로 적용된 노동의 가치 제국주의적 발상에 사로잡혀 있다. 노동 사회의 안티 테제는 정치 지향적이고 자발적이며 자의식이 강한 정치적 시민사회이고, 정치적인 것에 대해 새롭고도 두터운 개념을 개발하고 시험하고 실현하는 '네 스스로 하라'는 문화다."[62]

벡에게 노동 사회의 진정한 안티 테제는 노동 사회에서의 종속적 취업 노동에 의해 살아가는 노동 시민 사회가 해체되고 자율적이며 비시장적인 '시민 노동'이 이루어지는 사회다. 시민 노동의 정치적 성격은 참여와 조직 형태의 자율성과 자발성, 공적 영역으로부터의 보호에 기초한다. 종속적 취업 노동 사회에서 자율적 시민 노동 사회로의 이행은 '시장의 공리주의적 가치 체계에 대한 강력한 대안적 비전'으로서 사회적 책임, 인간 관계 및 공동체 의식이라는 관점에서 제3부분의 '사회적 노동', '사회적 경제'를 주장하는 리프킨과 인식을 공유하고 있다.[63] '진정한 여가'와 이를 가능하게 하는 사회 구조를 사유하는 아도르노나 마르쿠제의 시각에서 본다면 벡이 주장하는 노동 사회의 안티 테제로서 새로운 자율적, 창조적 시민사회야말로 이들이 말하는 성숙한 인간의 한 조건으로서 '여가가 자유의 상태로 변화'하고 '노동이 놀이로서 변형된 새로운 양태의 문명'에 근접한 새로운 사회의 노동과 여가의 양상이 될 것이다.

앙드레 고르도 리프킨이나 벡과 같은 맥락에서 노동과 여가의

62) 울리히 벡, 홍윤기 역, 『아름답고 새로운 노동 세계』, 생각의나무, 1999, 34쪽.
63) 제레미 리프킨, 이영호 역, 『노동의 종말』, 민음사, 2005, 346쪽 이하 참조.

문제를 바라본다. '고르는 신기술의 가속적인 발전에 의해서 발생하는 노동의 절감과 시간의 확보'와 같은 현재 일어나는 변화를 노동에 기초한 생산주의적 사회에서 자유 시간, 사회-경제적인 것보다 문화와 사회 활동에 더 커다란 중요성이 부여되는 문화 사회(Kulturgesellschaft)로의 이행으로 파악한다.

고르의 문화 사회 역시 아도르노와 마르쿠제가 '노동가 여가' 분석에서 보여주는 두 계기성을 포착하고 있다. 고르는 문화 사회가 대량 실업과 만인에 대한 만인의 투쟁을 심화시킬 수도 있다고 강조한다. 여가의 전제인 노동 시간의 단축 문제도 사회적 차원에서 고찰하면 여러 계기성을 갖는다. 곧, "노동 시간의 단축은 그것이 달성되는 형태에 따라서 사실상 불평등을 감소시킬 수도 있고 증가시킬 수도 있으며, 또 불안정성을 증가시키기도 하고 안정성을 증가시키기도 하며, 사회적 포섭의 요인이 되기도 하고 사회적 배제의 요인이 되기도 한다."[64] 또한 노동 시간의 절약에 의해 자유 시간이 확보되지 못하거나, 자유 시간이 '개인의 자유로운 자아 실현'을 위해 사용되지 않는다면 자유 시간의 증대가 아무런 의미를 가질 수 없다. 따라서 고르는 불연속적 노동(비정규직, 임시직, 계절 작업, 훈련 및 재훈련 기간, 계약직 등) 형태가 확산에 따른 자유 시간의 증가를 "새로운 자유의 원천으로 변화시켜야 한다"고 제안한다.[65] 고르는 이를 실천하기 위해 시간-해방 정책(Time-liberation Policy), 소득에 대한 권리, 노동 권리, 문화 시설 네트워크 설립을 통한 능동적 여가 활

64) 앙드레 고르, 「노동 사회에서 '문화 사회'로의 이행 : 노동 시간의 단축 — 쟁점과 정책」, 『문화 사회를 위하여』, 문화과학사, 1999, 120쪽.

65) 같은 책, 130쪽.

동 지원 등을 방법으로 제시하고 있다. 고르의 문화 사회의 궁극적 목적이 '개인의 자유로운 자아 실현'으로 요약될 수 있는 이상 그의 문화사회론에서 아도르노와 마르쿠제가 기대하는 '진정한 여가'가 실현되는 사회의 가능성을 발견할 수 있다.

제레미 리프킨, 울리히 벡, 앙드레 고르의 논의는 노동 구조의 변화에 따른 노동 사회의 해체기에서 '어떻게 인간끼리의 연대와 사회 노동, 사회 경제를 구축할 것인가' 하는 고민이 중심에 있다. 이들의 분석과 강조점의 차이에도 불구하고 세 명의 논자가 갖는 공통점은 노동 시간 단축이 갖는 사회적 성격과 의미, 노동 시간 단축 결정 요소, 노동 시간 단축이 갖는 양가적 속성, 누구나 가져야 하는 노동할 수 있는 권리 강조와 일자리 공유를 통한 사회 공동체성 강화, 취업 노동의 대안으로서의 시민 노동 혹은 제3부분에서의 사회 노동의 강화 필요성이다. 이들 세 명의 논자들은 '자기 자신이 주인이 되는 노동'이자 '사회 공동체에 기여하는 노동'이라는 새로운 노동 패러다임의 모색 안에 개인적, 심리적 차원을 넘어 진정한 여가 실현의 가능성과 '여가 민주주의'의 단초를 발견했다는 점에서 아도르노와 마르쿠제가 강조한 진정한 여가 실현과 사회 구조의 연관성을 '변화된 조건' 속에서 구체적으로 전개했다고 볼 수 있다.

이들 논의의 또 다른 성과는 아도르노와 마르쿠제가 보여준 노동과 여가의 이데올로기적 비판, 노동과 여가의 이분법적 도식을 넘어 '노동의 건강성' 회복을 통해 노동 속에서 여가의 가능성을 긍정적으로 파악했다는 사실이다. 이 점은 시민 노동이나 제3부분이 노동 시장의 주류가 될 수 없다는 비판을 받아들이더라도 아도르노와 마르쿠제의 노동과 여가 논의에서 남겨두었던 문제인 '소외된 노동과 관리되는 여가'에 대한 구체적이고 사회적인 대안의 한 예를 제공하는 것이다.

5. 나오는 말

이 글은 아도르노와 마르쿠제가 주제화한 노동(산업화) 시대의 노동과 여가의 문제를 살펴보고 이들 논의에서 여가에 대한 이데올로기적 비판의 성격과 내용과 한계를 파악하고, 근대적 의미에서 '노동의 종말' 시대인 오늘날의 논의에서 아도르노와 마르쿠제 테제의 유의미성을 찾아보려는 데서 출발하였다.

아도르노와 마르쿠제에 의해 노동의 연장으로서 여가는 여가 문화 산업, 오락 산업의 조정 아래 체제 유지의 기제로 파악되었다. 이것이 양자가 여가의 긍정적 성격을 부정하거나 창조적이고 자기 실현적인 여가의 가능성을 부정하는 것을 의미하지는 않는다. 아도르노와 마르쿠제는 자유 시간의 확장이 갖는 긍정적 가능성을 인정하지만 노동 사회의 지배 메커니즘 안에서 그것의 실현 가능성에 회의적이다. 따라서 이들은 사회적 구조의 변혁과 심미적 극복의 가능성을 요청한다. 노동 종말 시대 노동과 여가에 대한 담론에서도 새로운 기술적 조건과 이로 인한 노동 현실의 변화가 진정한 여가, 진정한 문화 사회의 가능성을 함축하고 있다는 점에서 아도르노와 마르쿠제의 시각을 확인할 수 있다.

또한 이들 논의에서 아도르노나 마르쿠제가 발전시키지 못한

'진정한 여가', '즐거운 노동'을 위한 미래 노동 사회의 중요한 개념과 구체적 사회 대안 모델을 발견할 수 있다. 그럼에도 불구하고 노동 종말 시대의 노동과 여가의 새로운 패러다임은 현재 노동의 현실 논리를 완전히 대체할 수 없으며 보완적 성격을 갖는다. 논의의 출발과 개념, 분석 틀의 차이를 넘어서 산업 노동 사회나 노동의 종말로 표현되는 탈산업 노동 사회 혹은 문화 사회에서 노동과 여가의 패러다임을 관통하는 사유의 중심에는 결국 '진정한 노동과 여가'의 가능성에 대한 '해방적 관심'이 있는 것이다.

제2장

기술과 기술 비판*

1. 들어가는 말

과학 기술에 대한 담론이 일반화된 오늘날 비판이론가들의 기술에 대한 논의는 잊혀진 지 오래다. 비판이론가들 중에서 마르쿠제의 기술 비판과 하버마스의 마르쿠제 비판은 아주 잘 알려져 있다. 1세대 비판이론가 중에서 호르크하이머의 기술 비판은 비판 이론 분야에서 산발적이고 지엽적인 형태로 논의되어 왔다.[1] 이들에 비해 아도르노의 기술 철학적 논의에 관한 연구는

---

* 이 글은 『철학연구』 제75집, 철학연구회, 417-437쪽에 게재됨.

1) 규범적 기술 비판으로 특징지워지는 고전적 기술 철학에 대한 논의에서 마르쿠제 기술 철학은 빠지지 않고 다루어진다. 마르쿠제의 기술 철학에 대한 하버마스의 비판 역시 자주 등장하는 논의 가운데 하나다. 호르크하이머의 기술 비판에 대한 논의는 비판 이론의 연구 영역 안에서 몇 편의 연구 성과가 있는데,

비판 이론 연구 분야나 아도르노 연구 그룹 안에서도 거의 다루어지지 않았다. 이것이 기술 철학 사유의 역사를 취급할 때 아도르노의 기술 철학이 소개되지 않는 한 이유이기도 하다. 아도르노의 기술 철학에 대한 논의는 분과 영역으로서 기술 철학의 기본 쟁점 중의 하나인 기술 평가, 기술의 중립성, 기술과 사회의 관계에 대한 세 가지 모델 연구에서나, 1980년대 이후 기술 철학의 '경험주의로의 전환'이 이루어진 이후의 연구에서도 찾아보기 힘들다.[2]

이러한 나의 이해와 구분되는 주장을 하이너 하슈테트가 한다. 그는 『계몽의 변증법』을 "기술 철학의 고전"[3]이라고 선언한

대부분의 논의는 *Zur Kritik der instrumentellen Vernunft*과 *Dialektik der Aufklärung*을 중심으로 전개되었다. 대표적 논의로는 Rohbeck, J., In einer Welt von Mitteln, in : Ders, *Technologische Urteilskraft*, Frankfurt a. M., 1998, 124-136쪽 ; Schmid Norerr, G., Technik und Technikkritik im Denken Max Horkheimers, in : Böhme, G. / Manzei, A., *Kritische Theorie derTechnik und der Natur*, München 2003, 55-67쪽.

2) Schachtner, C., *Technik und Subjektivität*, Frankfurt a. M., 1997, 7-25쪽 참조 ; Lenk, H. / Ropohl, G.(Hg.), *Technik und Ethik*, Stuttgart 1993, 16쪽 이하. Lutz, B., das Ende des Technikdeterminismus, in : Lutz, B. (Hg.), *Technik und sozialer Wandel*, Frankfurt a. M., 1987, 34쪽 이하 참조 ; 손화철, 「사회구성주의와 기술의 민주화에 대한 비판적 고찰」, 『철학』 제76집, 한국철학회, 2003, 266쪽. 랭던 워너, 강정인 역, 『자율적 테크놀로지와 정치철학』, 아카넷, 2000, 27, 34, 109 이하 참조 ; 장 이브 고피, 황수영 역, 『기술 철학』, 한길사, 2003, 113쪽 이하.

3) Hastedt, H., *Aufklärung und Technik*, Frankfurt a. M., 1994, 18쪽. 양해림은 『과학 기술 시대의 이성 비판』에서 하슈테트의 일부 주장을 반복 서술하고 있다. 그러나 그는 하슈테트가 미해결로 남겨둔 아도르노 기술 사유에서 기술 개념의 다의성, 기술과 계몽의 동일시 의미와 기술과 지배의 내적 결합의 논리를 재구성하지 못하고 계몽과 이성의 변증법에 대한 기존의 고전적 논의를 정리하는 데 그치고 있다. 여기에 대해서는 양해림, 「디오니소스와 오디세우스의 변증법」, 철학과현실사, 2000, 215쪽 이하 참조.

다. 하슈테트의 관점은 아도르노의 기술 철학을 이해하는 데 사실 새롭거나 독특한 이론적 설명을 제공해주지 못한다. 그의 주장은 아도르노의 기술 철학을 문명 비판적 기술 비판으로 이해하는 일반적 논의 수준을 벗어나지 못한다. 이는 메타 기술 비판으로서 『계몽의 변증법』에 나타난 도구적 이성 비판과 동일한 논증 구조와 내용을 공유한다. 그의 관점은 기술과 기술 문제에 대한 철학적 사유를 표방하는 철학의 한 분과로서 기술 철학에서 아도르노의 기술 철학이 갖는 이론적 지위를 고려하지 않는다는 점에서도 만족스럽지 못한 것이다.

하슈테트와 다른 차원에서 아도르노의 기술 철학이 언급되는 경우에 아도르노의 기술 철학은 호르크하이머, 마르쿠제의 기술 철학이 취급받는 방식 그대로 나타난다. 다시 말하면 아도르노의 기술 철학은 몇 가지 인용구를 통해 손쉽게 기술적대주의나 반기술적인 편견(Antitechnischer Vorurteil)에 사로잡힌 사상으로 분류된다.[4] 이들 역시 앞의 경우와 같은 문명 비판적 기술 이해라는 다소 추상적 차원의 논의를 전개한다.

본 논문은, 아도르노 연구사나 기술 철학 분야에서 아직 미진한 연구 영역으로 머물러 있고 부분적으로 오해되고 있는 그의 기술 철학을 중립적 차원에서 실험적으로 재구성해보고 나름대로 평가해보는 데 있다. 이를 위해 먼저 아도르노 기술 개념의

---

4) 귄터 로폴은 이 범주에 아도르노와 함께 하이데거, 야스퍼스, 블로흐, 슈펭글러, 융어 등을 언급한다. 여기에 요나스. 아렌트, 프라이어, 디볼드, 워커, 멈포트, 엘륄, 슈마허 등이 추가될 수 있다. 여기에 대해서는 Günter Ropohl, *Die unvollkommene Technik*, Frankfurt a. M., 1990, 38쪽 ; Rohbeck, J., *Technologische Urteilskraft*, Frankfurt a. M., 1993, 124쪽 이하.

다의적 맥락을 살펴보고 기술 비판의 내용과 의미를 논의할 것이다. 그 다음으로 아도르노 기술 철학의 사회결정론적 성격과 그것이 갖는 애매성, 기술과 책임의 문제를 주제화할 것이다. 이와 같은 논의는 아도르노 기술 철학에 대한 기술적대주의라는 오해와 기술 개념의 다의성, 아도르노 기술 이해와 기술 비판 의미와 한계를 전체적으로 파악하는 데 일조할 것이다.

2. 아도르노 '기술' 개념의 다의성

아도르노는 다양한 맥락에서 기술 개념을 사용한다. 그가 '기술'을 언급할 때 그 기술의 의미는 매우 다른 의미 층위를 갖는다. 린더는 아도르노의 구분에 따라 그의 기술 개념을 미학 내적인 기술 개념과 미학 외적 기술 개념으로 분류한다.[5] 미학 외적 기술 개념은 도구적 이성 비판과 그것의 역사 철학적인 해명에 나타난 계몽과 동일한 의미로서 파악되는 지배 기술을 의미한다. 기술과 계몽의 상호 관점에서 기술의 문제를 포착하고자 한 하슈테트는 아도르노가 기술과 계몽의 동일성 모델(Identitätmodell)과 반성 모델을 동시에 보여주고 있다고 주장한다. 그에 따르면 『계몽의 변증법』에 나타난 동일성 모델은 계몽 개념의 축소와 기술 개념의 확장을 필연적으로 전제한다.[6] 자기 유지(Selbaterhaltung)

5) GS7, 324쪽 ; Linder, B., "Il faut etre absolument moderne" Adornos Ästhetik : Ihr konstruktionsprinzip und ihre Historizität, in : Linder, B. / Lüdke, M. (Hg.) : *Materialien zur ästhetischen Theorie*, frankfurt a. M. 1980, 295쪽 참조.

기술의 발전으로서 문명사 및 기술적 합리성으로 이해된 도구적 이성과 지배의 결합에 대한 비판으로서 『계몽의 변증법』을 해석하려 한다면 하슈테트의 지적은 옳다. 왜냐하면 아도르노가 "오늘날 기술적인 합리성은 지배의 합리성 자체다"[7]라고 말할 때 이 기술은 사회적 지배와 관련된 기술적인 합리성을 의미하기 때문이다.

반성 모델(Reflexionsmodell)은 기술 발전과 관련해 ① 삶의 영역을 기술적인 작용으로부터 지켜낼 수 있는가 ② 그것이 가능하다면 인간을 위한 최고의 기술은 어떤 형식과 내용을 갖추어야 하는가 하는 두 가지 물음에 주된 관심을 갖는다.[8] 아도르노 기술 철학을 반성 모델로 파악하는 것은 사회적 발전 과정에서 자율적인 것으로 된 기술을 다시금 인간의 자율성 아래에 복속시키려는 시도를 의미한다. 하슈테트는 '맹목적인 지배로부터 빠져나오는 긍정적 개념을 준비해야 한다'는 아도르노의 주장에 근거해 그의 기술 이해가 반성 모델의 측면을 함축하는 것으로 평가한다. 하슈테트의 이 해석은 사실 기존의 『계몽의 변증법』의 대한 지배적인 해석을 기술 철학적 시각에서 재해석한 것으로 볼 수 있다. 군젤린 슈미트 로에르 역시 기술적 합리성과 지배 합리성의 동일성 논제 위에서 『계몽의 변증법』의 기술 비판을 기술적 합리성의 비판으로 해석한다.[9]

---

6) Hastedt, H., *Aufklärung und Technik*, Frankfurt a. M., 1994, 17쪽.

7) GS3, 142쪽.

8) Hastedt, H., *Aufklärung und Technik*, Frankfurt a. M. 1994, 287쪽.

9) Schmid Norerr, G., Technik und Technikkritik im Denken Max Horkheimers, in : Böhme, G. / Manzei, A., *Kritische Theorie derTechnik und der Natur*,

도구적 이성의 기술로 이해된 미학 외적 기술 개념과 개념적 적용의 질적 차이를 보여주는 것이 미학적 기술 개념이다. 아도르노는 논문 「음악과 기술」에서 그의 일반적인 미적 기술 개념을 서술하고 있다. 여기서 기술이란 대단히 광의의 범주로서 '내적인 것의 현실화에 관련된 모든 것'을 포함한다.

> "기술이라는 말은 인간에 의해서 만들어진 각각의 의미 연관과 일정한 성향의 주체를 떠올리게 한다. 동시에 기술은 형상의 조직을 목표로 하는 능력과 성취, 작동의 계기를 떠올리게 한다. 기술은 최종적으로 주체성의 긴장을 형성하고 형상물 자체에 고유한 시각을 부여함으로써 (형상물에 구조화된) 객관성과 법칙성으로 승화된다."[10]

예술 영역에서 기술은 단순히 작품 생산에서 재료의 능숙한 사용만을 의미하지 않는다. 예술 작품을 이해하는 데 기술은 예술의 암호를 해독할 수 있는 유일한 통로다. 왜냐하면 예술의 내용은 기술을 통해 구현되기 때문이다. 이때 기술은 내용과 형식을 조직화하는 내적 논리, 예술 작품의 조직 자체를 의미한다.[11] 기술은 작품 내용을 매개한다. 매개는 수단의 축소와 제거, 스타일 등을 통해 수행된다.[12] 내용을 변증법적으로 매개하는 기술은 "작품의 객관적 문제"를 "작품의 기술적 전체"[13]에서 이해하

München 2003, 59쪽 이하 참조.

10) GS16, 229쪽.

11) GS10.1, 340쪽.

12) GS7, 318, 320쪽 참조.

13) 같은 책, 317쪽.

고 동시에 "작품 내적인 반성으로"이끈다. 아도르노에게 작품을 이해하고 평가한다는 것은 작품에 의도한 '사태 자체'의 기술적 조응성에 대한 판단의 문제다.[14] 이 점에서 "예술적 기술의 개념"[15]은 작품의 창작과 해석에서 핵심적 지위를 갖는다.

린더의 아도르노의 기술 개념의 두 가지 범주화나 하슈테트, 군젤린 슈미트 로에르 등의 고전적인 해석은 아도르노 기술 개념의 다의성을 충분히 보여주지 못한다. 나는 아도르노 기술 개념의 다의성을 크게 다섯 가지로 범주화하여 살펴보고자 한다. 『계몽의 변증법』의 '문화 산업' 장에서 분석한 생산 방식이라는 측면에서 기술은 "규격화"와 "대량 생산", 분배 기술을 의미한다.[16] 영화 제작과 관련된 미시적 측면에서 기술은 현실의 복제, 재생산과 현실 기만을 위한 영화적 효과(Effekte)와 기만(Trick)를 의미한다. 이 기술은 작품과 일상적 존재 사이의 긴장을 줄이는 완벽한 기술(die Perfektionierte Technik)을 추구한다.[17]

흥미로운 점은 아도르노가 아이슬러와 공동 저작한 『영화를 위한 작곡』에서 영화에서 새로운 차원의 보여주는 데 있다. 여기서 기술은 기술적 측면과 미적 측면의 결합이라는 '이중적인 의

---

14) GS19, 579, 617쪽 참조. 아도르노에게 기술과 내용의 내적 관계는 "상호 분리할 수 없는 문제"(GS19, 580)로 이해된다. 따라서 기술과 내용의 "완전한 소통"(GS7, 321)이 중요한 문제다.

15) GS7, 326쪽.

16) GS3. 142쪽.

17) 같은 책, 147, 149, 197쪽 참조. 아도르노는 영화 산업, 문화 산업 일반과 광고에서 '효과'와 '기만'의 기술이 작동하고 있다고 파악한다. 아도르노는 '문화 산업' 장에서 의식 조작, 이데올로기적 조정 수단으로서 '정치 기술'을 매체 비판을 통해 전개시키고 있다. 자세한 논의는 이종하, 「검은 매체, 하얀 매체 혹은 회색 매체」, 『철학연구』 제95집, 2005, 288쪽 이하.

미'를 갖는다.

> "영화 부문에서 기술의 개념은 이중의 의미를 갖는다. … 한편으로 영화에서 기술은 상품 생산을 위한 산업적, 기술적 공정과 똑같은 것이다. … 다른 한편으로 기술의 개념은 미적 영역으로부터 넘겨받은 것이다. 이 기술 개념은 하나의 예술적인 의도가 적절히 표현되었는가를 나타내는 처리 방식을 말한다. 유성 영화에서 음악의 기술적 삽입은 본질적으로 제일 먼저 기술의 산업적 개념에 의해 규정되지만, 동시에 영화에서 음악에 대한 보충 욕구는 영화 형식 자체의 선역사와 일정한 미적인 요구로 이해할 수 있다."[18)]

한편, 아도르노가 문명의 원역사를 발생학적으로 해명하고자 하는 맥락에서 문명의 출발로서 자연 지배를 언급할 때 제기되는 기술 개념은 자연 지배를 가능하게 하는 단초로서 사고의 과정을 포함하는 '사고의 기술'이다. 위협적인 자연 앞에서 (사고의) 기술은 인간의 '자기 유지(Selbasterhaltung)'의 핵심적 기제다. 아도르노는 미미키(Mimikry) 차원을 넘어서 자연을 지배하는 단계로 이행하는 데에서 '정신 과정의 자동화'에 주목한다. 그에게 '정신 과정의 자동화'는 '사고의 기술'로 이해된다.

> "기술은 자기 유지를 위한 죽음에의 동화를 더 이상 주술처럼 외적 자연에 대한 신체적 모방을 통해 수행하지 않고 정신적인 자동화, 곧 정신적인 과정을 맹목적인 흐름으로 전환시킴으로써 수행한다. 기술적인 승리와 함께 인간의 자기 표현은 통제 가능하고 강압적인 것이 된다."[19)]

---

18) GS15, 19쪽.

아도르노는 반유태주의 분석에서 지배 기술이라는 또 다른 기술 개념을 보여준다. 이 분석에서 아도르노는 공포의 재생산을 통해 나치가 어떻게 지배를 공고히 하는가를 보여줌으로써 지배와 기술의 결합을 넘어 지배를 위한 다양한 기제와 장치를 지배 기술 개념에 포섭시킨다. 아도르노에 따르면 나치주의자들은 도구적 이성의 대변자이자 동시에 빈틈없이 계몽된 자(Aufgeklärten)다. 왜냐하면 이들은 기술적 자연 지배의 논리를 사회적 지배 기술로 전환시키고 목적에 조응하는 효과적인 기술 운용을 하기 때문이다.

나치는 위협적인 자연 앞에서 느끼는 인간의 공포를 사회적으로 재생산함으로써 지배에 성공한다. 나치 선동가들은 공포감을 불러일으키기 위해 공포스러운 외침을 가동시키며 억압받는 자들이 '두려워하는 힘'을 재생산한다. 아도르노는 나치 선동가들의 행위를 주술적 단계에서 마법사들에게 보이는 미메시스의 조직적 숙달과 관련시킨다. 나치즘에 의한 "주술 행위의 조직적인 모방으로서 미메시스의 미메시스"라는 의미는 나치적 미메시스의 기술 조작적 측면과 마술적 단계의 미메시스적 태도가 갖는 완전히 제어되지 않은 자연에 대한 공포를 다시 불러오는 측면을 의미한다. 이런 의미에서 나치에 의해 재생산되는 공포란, 공포스러운 미메시스(Schrekenhafte Mimesis)의 기술적 조직화를 말한다.[20]

"파시스트들의 구호나 의식(Rituale Disziplin), 훈련, 제복 등 언뜻

---

19) GS3, 206쪽.

20) 이종하, 「아도르노와 카시러의 나치 분석」, 『헤겔연구』 17, 2005, 357쪽.

보기에는 비합리적으로 보이는 파시즘의 모든 장치들은 미메시스적 형태를 가능하게 하는 것이다. 정교하게 짜여진 상징들 — 모든 반혁명적인 운동이 갖고 있는 것이지만 — 해골과 복면, 야만적인 북소리, 어떤 말이나 제스처를 단조롭게 반복하는 것 등도 주술 행위에 대한 조직적인 모방으로서 미메시스의 미메시스다."[21]

아도르노에 따르면 문명화 과정에서 공포의 구도는 "직접적인 미메시스든, 매개된 종합이든, 맹목적인 삶 속에서 이루어지는 물화된 사물에의 동화든, 과학적인 개념 형성에 의해 이루어지는 사물 간의 비교든 간에"[22] 지속성을 갖는다. 나치적 반유대주의에서 재생산되는 공포의 결과는 조직화된 학살 집단에 의한 유대인 민족 학살이다. 아도르노 시각에서 보면 이것은 극복되었다고 믿었던 야만이 나치즘에 의해 마술적 단계로 회귀하는 "문명의 의식(Ritual der Zivilisation)"이자, 냉소적 의미의 "역동적 이상주의(Dynamischer Idealismus)"[23]다.

---

21) GS3, 251쪽.

22) 같은 책, 246쪽. 아도르노는 문명화 과정을 미메시스의 단계에 따라 구분한다. 이때 미메시스는 자연의 공포에 대한 인간의 반응 양식의 발전과 관련된다. 여기서 문명사는 지속적 공포 구도에 대한 인간의 자기 유지 역사를 의미한다. "타자(자연)에의 유기적인 순응"으로 정의되는 초기의 미메시스는 실제적인 미메시스적 태도로서 신체적인 미메시스적 태도다. 두 번째 단계의 미메시스는 마술적 단계에 나타나는 미메시스 단계다. 신체적 미메시스 단계가 자연의 위협적 공포에 대한 방어적 반응 양태인데 반해 이 단계에서는 마술사의 의식과 희생물을 통해 자연에 적극적인 영향력을 행사하려는 "미메시스의 조직화된 사용" 단계다. 이 단계는 대상화와 주체 형성의 경향성을 보여주지만 완전한 상태가 아닌 과도기적 상태다. "유럽 문명화의 기본 텍스트"인 호머의 오디세우스의 단계에 해당된다. 마술적 미메시스는 "합리적 실천인 역사적 단계에서의 노동에 의해 대치"된다. 여기서 미메시스적 태도는 주체를 형성시키고 유지하는 데 기여하는 목적 합리적 태도다.

지배 기술과 구분되는 다른 기술 개념은 '기계'와 동의어로 사용되는 기술 개념이다. 아도르노는 그가 '기계'에 대하여 말할 때 '기술'과 구분되는 '기계' 고유의 의미를 가리킨다기보다는 '기술'과 같은 의미로 사용하고 있다는 인상을 갖게 만든다. 그에게 기계(Maschine)는 언어와 무기 등과 함께 지배 도구의 하나다.[24] 지배 도구로서 기계는 소외된 이성(Entfremdete Ratio)이 실제적으로 작용하는 사회로의 전환을 이끄는 데 중심적인 역할을 수행한다.

> "기계(적 메커니즘)의 작동 속에서 소외된 이성은 하나의 사회, 곧 물질적이고 지적인 장치로 굳어진 사유를 해방된 삶과 화해(일치)시키려는 사회로, 이 사유를 사유의 실제적 주체와 사회 자체를 관계지으려는 사회로 이행하게 한다."[25]

아도르노에게 기계는 단순한 개별 기계를 가리키거나 기계 일반을 말한다기보다는 기계적 메커니즘을 의미한다. 이 문맥에서 기계적 메커니즘은 폐쇄적이고 독립적인 기계의 작동 원리를 의미하지도 않는다. 여기서 아도르노가 강조하고자 하는 것은 소외된 이성의 작용과 '기계적 작동'의 상호 연관성이다. 이 점을 고려할 때 '기계'는 '기술'과 같은 개념으로 사용되었다고 보인다. 기계와 기술을 동의어로 이해 가능한 문맥은 다음에서도 읽을 수 있다.

---

23) 같은 책, 233쪽.

24) 같은 책, 54쪽.

25) 같은 책, 55쪽.

"기계의 발전이 지배 메커니즘의 발전으로 전환이 이루어진 지점에서 인간의 총체적 파악이 이루어지고 기술의 경향과 사회의 경향이 — 항상 뒤엉켜 있긴 하지만 — 일치하게 된다."[26]

위에서 언급된 '기계의 발전'은 '기술의 발전'을 전제한다는 의미에서 기술의 발전으로 이해해도 무방하다. 또한 '기계의 발전'이 지배 메커니즘으로의 '전환' 문제 역시 '기술적 계기'를 포함한다. 게다가 기술과 사회의 뒤엉킴을 강조하는 문맥에서 '기계'는 '기술'의 다른 이름으로 사용된 것으로 해석할 수 있다. 문제는 아도르노가 이해한 것처럼 기계와 기술은 동일한 의미를 갖지 않는다. 왜냐하면 기계가 단순한 하드웨어를 의미한다면 기술은 인간의 활동을 전제로 하기 때문이다. 기술은 물질적 대상을 지칭하면서 동시에 인간의 육체적 정신적 활동을 포함하는 개념이다. 또한 인간 활동의 목적에 따라 기술의 종류도 다양하게 분류할 수 있다.[27]

위의 분석에서 아도르노의 기술 개념은 협의의 기술 개념을 넘어 확장된 의미의 기술 개념을 사용하고 있고, 맥락에 따라 다양하게 해석된다는 사실을 확인하였다. 아도르노의 기술 개념은 크게 ① 사고의 기술 ② 공포의 재생산과 관련된 지배 기술(문화산업에 의한 통제와 의식 조작 기술) ③ 상품 생산과 분배에 관련된 기술 ④ 예술 작품에서 매개로서의 기술 개념 ⑤ 기계와 동

26) 같은 책, 53쪽.

27) 폰 고틀 오트릴리엔펠트(F. von Gottl-Ottlinienfeld)는 이미 1914년에 기술 행위를 행위 목적에 따라 개인적 기술, 사회적 기술, 지적인 기술, 현실의 기술로 구분했다. 여기에 대해서는 장 이브 고피, 황수영 역, 『기술 철학』, 한길사, 2003, 38쪽 참조.

의어로서 기술 개념 등으로 구분할 수 있다. 아도르노의 다양한 기술 개념은 우리에게 몇 가지 사실을 확인시켜준다. 첫째, 아도르노 자신이 사용하는 기술 개념에 대한 맥락적 차이를 인식하지 못했다는 사실이다. 둘째, 아도르노는 미학적 기술 개념과 미학 외적 기술 개념의 질적 차이를 인지하였지만, 상이한 두 기술 개념 간의 상호 관계에 대한 인식과 두 개념적 범주 간의 변증법적 매개에 대한 이론적 구성을 시도하지 않았다는 사실이다. 셋째, 아도르노는 기술의 종류와 성격에 대한 체계적 성찰에 무관심했으며 이는 문명 비판에 바탕을 둔 메타 기술 담론적 논의 성격에 기인한다.

3. 아도르노의 기술 비판

아도르노의 기술 비판은 기술의 물신화 비판에 그 초점이 있다. 기술에 대한 아도르노의 이해는 쇨터가 오해하는 것처럼 기술적대주의적인 시각들로 채색되어 있지 않다. 아도르노의 기술 이해, 기술의 사물화에 대한 비판에서 쇨터가 간과하는 것은 아도르노의 기술에 대한 긍정적인 평가, 기술의 중립성 테제, 기술의 이중적 성격에 대한 분명한 입장이다.[28] 아도르노에게 기술

28) 쇨터는 하버마스와 비판 이론의 유산를 주제로 한 글의 한 장인 '비판 이론의 기술적대주의'에서 마르쿠제와 아도르노의 기술 이해를 기술적대주의로 지칭한다. 쇨터는 하버마스 역시 생활 세계의 기술화 문제를 생활 세계의 신민화 징후로 이해하지만, 하버마스는 초기 비판이론가들에게서 보이는 소외 철학적인 기술 비판의 틀과 결별했다고 주장한다. 여기에 대해서는 Sölter, A. A., *Moderne und*

은 "인간의 확장된 팔"[29]이다. 기술은 수단 이상이 아니다. 기술은 인간됨의 실존과 삶의 질을 높이는 데 기여해야 한다. 아도르노의 비유 속에는 기술이 인본주의적 목적에 의해 수단으로 사용되어야 한다는 생각이 함축되어 있다. 기술이 인간의 복리를 위한 단순한 수단으로서 이해되어야 하는 이유는 "기술이 일차적인 사회의 본질을 구성하지도 않고, 사태 자체나 인간성을 포함하지 않으며, 단지 파생된 어떤 것, 인간 노동의 조직 형식"[30]이기 때문이다. 아도르노가 '인간을 위한 기술'을 강조하는 한 기술의 기능이라는 측면에서 보면, 원시 사회나 현대 고도 사회에서 기술의 질적인 차이와 역할에서 본질적인 차이가 없다. 이러한 아도르노의 기술관을 편의상 도구주의적 기술관이라 부를 수 있다. 그의 도구주의적 기술관은 다른 기술 철학적 사유에서 보이듯 기술 중립성 테제를 수반한다.[31]

Kulturkritik, Bonn 1996, 69-74쪽.

29) GS8, 363쪽 ; GS7, 51쪽. 기술을 설명하는데 위와 같은 신체 기관을 통한 비유는 본격 기술 철학자인 어른스트 카프의 텍스트에서 유래한다. 카프는 인간의 역사를 더 낳은 도구 발견의 역사로 이해한다. 그의 비유에 근거한다면 자동차는 '확장된 다리', 전화는 '확장된 귀', 컴퓨터는 '확장된 뇌'가 될 것이다. 여기에 대해서는 Kapp, E., *Grundlinien einer Philosophie der Technik*, Braunschweig 1877, Nachdr. 1978, 10쪽.

30) GS20.1, 316쪽.

31) 기술 중립성 테제는 '기술 그 자체는 도덕적으로 중립적이다'라는 것을 의미한다. 여기서 문제는 기술 사용의 목적 부합성이다. 아도르노는 기술 목적과 관련해서는 도구적 기술관을 표방하지만 기술 발생과 관련해서는 사회결정론적 입장을 취한다. 아도르노의 도구주의 기술관은 워너의 도구주의적 기술관의 일반적 특징과는 구별된다. 워너에 따르면 도구주의는 이중적인 입장을 견지한다. 즉, 도구주의는 사회 변화의 결정 요인으로 기술결정론적 입장을 취하면서 동시에 기술의 책임 문제에서는 중립적인 입장을 견지한다. 랭던 워너, 강정인 역, 『자율적 테크놀로지와 정치철학』, 아카넷, 86쪽 이하 참조.

아도르노의 기술 비판의 전체상을 파악하기 위해 먼저 기술에 대한 긍정적인 평가를 살펴보자. 아도르노는 마르크스의 기술관에서 보여주는 기술의 긍정적 측면들을 수용했다. 기술은 노동 고통의 해소, 경제적 생산성의 증가, 생활의 편리함을 가져온다.[32] 아도르노는 기술 발달에 따른 "경제적 생산력의 증가가 정의로운 세계(Eine Gerechtere Welt)의 조건"[33]임을 강조한다.

기술의 해방적 잠재력과 더불어 아도르노가 제기하고 있는 것이 기술 자체의 중립성이다. 아도르노는 1953년에 행한 강연 '기술과 휴머니즘'에서 어떻게 기술을 사용하는가에 따라 기술이 재앙이 될 수도 있고 인간을 위할 수도 있다고 천명한다.

> "인류에게 현대의 기술이 최종적으로 재앙이 될지 행복이 될지는 결코 기술자나 기술 자체에 달려 있지 않다. 그것은 기술에 의해 사회가 만들어지는 기술 사용 방식에 달려 있다."[34]

---

32) GS3, 14쪽. 표현상의 차이가 있을 뿐 기술의 해방적 성격(과 기술의 양가적 함의)에 대해 마르크스와 비판이론가들은 인식을 공유한다. 마르크스에게 기계화된 노동은 "생물학적 제약으로부터의 해방"을 의미한다. 마르쿠제에게 기술은 "자유의 잠재적 기준", "자유를 위한 최초의 전제 조건"이라는 적극적인 의미로 이해된다. 여기에 대해서는 Marx, K., *Das Kapital. Kritik der politischen Ökonomie*, Bd. 1(MEW 23), Berlin 1967, 396쪽 ; Marcuse, H., *Triebstruktur und Gesellschaft*, Herbert Marcuse Schriften 7, Frankfurt a. M. 1987, 84쪽 : ders., *Der eindimensionale Mensch*, Herbert Marcuse Schriften 7, Frankfurt a. M. 1987, 23쪽 : 이종하, 「문화 사회에서 노동과 여가 : 아도르노와 마르쿠제 '노동과 여가' 논의의 현재성과 한계」, 『철학과 현상학 연구』 제29집, 2006, 159-160쪽.

33) GS3, 14쪽.

34) GS20.1, 316쪽.

이 인용구는 아도르노를 기술적대주의자로 평가하는 일련의 해석이 부적절함을 잘 보여준다.

아도르노는 기술의 사회적 사용 방식에 따라 기술의 결과, 기술의 부정적 영향이 평가되어야 한다는 시각을 갖고 있다. 그렇다면 아도르노는 그가 기술의 문제에 대해 부분적으로 밝히고 있는 저작에서 '현재 기술 문제', '현재 기술의 사회적 사용 방식'을 어떻게 설명하고 있는가? 현재의 기술 문제가 심각하게 철학적 반성의 대상이 되는 이유는 "기술이 핵심적 지위를 갖는 오늘날과 같은 세계"[35]에 개인의 삶과 사회의 메커니즘이 기술적인 환경에 둘러싸임으로써 기술이 더 이상 특수한 문화 영역이 아니라 인간 삶의 일반적인 문화 형성에 지대한 영향력을 행사하기 때문이다. 아도르노가 제기하는 기술의 물신화에 대한 비판적 시각이 여기에서 비롯된다. 그에 따르면 기술의 영향력이 기술의 고유 영역에 한정되지 않고 인간 삶의 전 영역에 미침으로써 인간과 기술의 조화라는 문제가 대두된다. 문제는 이러한 사태가 기대와 다른 방향인 기술의 물신화 현상으로 나타나는 데 있다.

> "인간은 기술을 사태 자체로, 자체 목적으로, 인간의 고유한 힘을 유지하기 위한 것으로 간주하는 경향을 가진다. 또한 인간은 기술이 인간의 확장된 팔이라는 사실을 망각한다. 수단 — 인간 종의 자기 유지의 수단의 본질이었던 기술 — 이 물신화되었다. 왜냐하면 인간다운 삶을 위한 기술의 목적이 은폐되고 그것이 인간의 의식으로부터 떨어져나갔기 때문이다."[36]

35) GS10.2, 686쪽.

36) 같은 쪽.

기술의 물신화는 삶과 사회 영역에서 뿐만 아니라 예술 영역 등 보편적인 현상이 되었다. 아도르노는 스트라빈스키의 작곡에서 기술의 물신화를 비판한다. 아도르노 시각에서 스트라빈스키가 의도하는 '효과'는 '자극'의 요소가 아니라 작곡에서 "창작 그 자체"를 의미한다. 음악의 극적 효과를 극대화하려는 스트라빈스키 작곡의 기술화에는 수단(효과음)의 물신성이 이미 내재해 있으며 순수 예술적 목적이 도외시되고 있다.[37]

기술의 물신화 비판의 핵심은 기술이라는 수단의 자립화(Verselbstständigung der Mittel)와 "목적에 대한 수단의 지배(Herrschaft der Mittel über den Zweck)"[38]에 따른 수단과 목적 관계의 전도에 있다. 이 전도 과정에서 중요한 역할을 수행하는 것이 도구적 이성의 작용이다. 도구적 이성은 기술의 자립화와 수단 목적 관계를 전도시키는 기능을 수행한다. 도구적 이성은 기술의 발전이 "지배 기계"로 전환되게 함으로써 기술의 지배 기술화를 성립시킨다. 지배 기술과 지배를 위한 각종 장치로 인

---

37) GS12, 159쪽 참조.

38) GS16, 231쪽. 기술 이해에 대한 미묘한 입장 차이에도 불구하고 목적과 수단의 관계 전복에 대해 비판이론가들은 한 목소리를 내고 있다. 호르크하이머는 『이성의 부식』에서 객관적 이성의 대항 개념인 주관성 이성 개념을 가지고 수단-목적 관계의 전도를 설명한다. 객관적 질서, 현실 자체의 질적 측면, 정당성, 진리와 관계하는 객관적 이성과 달리 주관적 이성은 직접적인 자기 이해에 부합하는 것을 목적으로 삼으며, 기술적 합리성(도국적 합리성)이란 이러한 주관적 이성의 현대적 형식이다. 하버마스 역시 합리적 목적 설정이 "하나의 유일한 행위 형식, 곧 도구적 행위 형식의 논리"가 됨으로써 수단-목적 관계의 전도가 발생하는 것을 비판한다. 여기에 대해서는, Horkheimer, M. *Eclipse of Reason*, New York 1947, 27쪽; ders., *Zur Kritik der instrumentellen Vernunft*, Frankfurt a. M. 1967, 13쪽 이하 참조; Habermas, J., *Die Zukunft der menschlichen Natur*, Frankfurt a. M. 2001, 82쪽 참조.

해 개인의 무기력과 조정 가능성이 증가하고 마침내 "고삐 풀린 기술(Losgelassene Technik)"[39]로 인해 개인의 죽음이 선언된다. "인간을 불구로 만든"[40] 고삐 풀린 지배 기술은 "진정한 혁명적 실천"뿐만 아니라 "혁명적 실천의 완수"[41]를 의심스럽게 만든다.

기술 물신화 비판과 함께 주목해야 할 또 다른 점은 기술의 사회적 운용(사용 방식)에서 기술의 접근과 사용에 대한 비판적 인식이다. 아도르노는 '작은 기술'로 지칭할 수 있는 생활 세계에서의 기술 접근과 사용에 관심을 기울이지 않고, 사회의 운용과 관련된 '거대 기술'의 접근과 기술 운용에 관심을 집중시킨다.

아도르노에게 '누가 기술을 작동하는가'의 문제에 대한 대답은 자명하다. 기술 접근과 기술의 사회적 사용에서 지배 계급과 경제적 강자의 우월적 지위가 문제시된다. 나치가 수행한 정치 기술인 '공포의 기술'은 지배자들의 기술이다.[42] 문화 산업에서 기술 접근과 목적적인 기술 운용 역시 경제적 강자의 몫이다. 아도르노는 문화 산업을 포함한 경제적 강자의 지배력이 "기술이 사회에 대한 (통제의) 힘을 얻을 수 있는 토대"[43]임을 분명히 한다. 기술 시대의 주인공은 기술의 해방적 잠재력을 향유하는 개인이 아니라 지배자와 경제적 강자인 셈이다. 이들에 의해서 기술 시대의 주인공들의 "(지배) 기술에 의해 교육된 대중"은 언제든지 "전

---

39) GS3, 59쪽.

40) 같은 책, 55쪽.

41) 같은 책, 59쪽.

42) 같은 책, 207쪽.

43) 같은 책, 142쪽.

체주의의 손아귀에 떨어질 준비가 되어 있는"[44] 대중이다. 이 점에서 아도르노가 말한 것보다 넓은 의미에서 경제적 강자와 정치 지배자들은 "세계사의 엔지니어(Ingenieure der Weltgeschichte)"[45]들이다.

기술의 접근과 기술의 사회적 사용 방식의 독점권과 폐쇄성에 대한 아도르노의 반성은 기술 시대에 진정한 주인공인 생활 세계적 개인의 재인식을 촉발시킨다. 또한 진정한 기술의 민주화, 기술 정책과 기술 평가, 기술 관리에서의 합리적 의사 소통 구조의 확립과 시민 및 전문가 그룹 참여의 중요성을 새롭게 부각시킨다. 이 맥락에서 기술 시대의 진정한 엔지니어는 지배자나 경제적 강자가 아닌 시민 자신이 될 것이다.

4. 아도르노는 사회결정론자인가?

기술과 사회의 관계를 설명하는 이론 모델은 기술자율주의(기술결정론), 사회결정론(사회구성주의), 상호규정주의(도구주의, 기술중립론)으로 구분된다. 기술과 사회에 대한 기존의 이론 모델들을 토대로 한다면 아도르노 이론은 사회결정론에 가깝다. 사회결정론적 입장을 견지하기 위해 아도르노가 주목하는 것은 기술의 발생 조건에 대한 분석이다. 어떤 특정한 기술의 발생은

44) 같은 책, 13쪽.

45) 같은 책, 55쪽. 아도르노가 말하는 '세계사의 엔지니어'의 문맥적 의미는 '나치 지배자'를 의미한다.

사회적 요구와 사회적 위임에 의해서 결정된다. 좀더 구체적으로 말하면 경제, 정치, 법률 등이 기술의 발생과 발전의 핵심 요인이다.

그러나 아도르노의 사회결정론은 닫히고 완결된 체계로서 기술 자체가 갖는 제한적 의미의 자율성(Autonomie der Technik)까지 부인하는 것은 아니다. 이것은 아도르노의 사회결정론이 강한 결정론이 아닌 부드러운 결정론의 성격임을 함축한다. 이 점은 아도르노가 보여주는 기술 인식의 두 측면에서 잘 드러난다. 기술 인식의 두 측면이란 다음과 같다. 첫째, 인간의 "정신적 경험이 사회적으로 생산된 매체"[46]로서 기술을 파악하면서 동시에 기술 자체의 내적 논리에 따라 기술 발전을 설명한다. 이때 기술의 내적 논리는 기술이 갖는 사회적 성격으로부터 원리적으로 고립되는 방식이며 사회경제적 조건 안에서의 상대적 자율성을 의미한다. 둘째, 기술의 이중적 성격은 기술과 사회의 상호 밀접한 관련성의 사회역사적 양상이라는 측면에서 언급된다. 아도르노는 근대에 들어와서 본격적인 의미의 기술과 사회의 뒤엉킴(Verflochtenheit)이 발생한다고 진단한다.[47] 이 관점은 기술에 대한 사회적 결정 요인이 상이한 시대, 사회, 문화에 따라 다른 방식으로 전개될 수 있다는 논점을 포함한다.[48]

---

46) GS15, 374쪽.

47) GS20.1, 311쪽 이하 참조.

48) 이러한 아도르노의 관점은 1970년대 기술사회학과 기술사학에서 이른바 사회구성론으로 불리면서 활발히 논의되었다. 아도르노와 같이 마르크스주의적 전통에서 사회구성론을 전개한 기술사회학자로는 바이커(Bijker), 뵈니히(Bönig), 반 오오스트(Van Oost) 등을 들 수 있다. 특히 미국 잡지 『기술과 문화(*Technologie and Culture*)』에는 기술이 다양한 과학적, 조직적, 경제적, 정치적, 사회적 조건과

이와 같은 부드러운 사회결정론의 관점에서 아도르노는 슈펭글러의 기술 인식을 비판한다. 그에 따르면 슈펭글러는 기술을 '전술과 접근 태도'로 간주하고 이를 절대화한다. 아도르노는 기술결정론자인 슈펭글러[49)]가 "기술의 독자성이 사회 구조의 변화에 의해 수정"[50)]될 수 있는지에 대한 이론적 반성을 결여하고 있다고 지적한다. 기술의 발생적 조건 분석과 슈펭글러 비판에서 보이듯 아도르노는 기술의 필연성이 사회적 필연성의 기술적 산출임을 확신한다.

기술과 사회 관계에서 드러난 아도르노의 사회결정론이 예술 영역에서도 동일하게 적용되는가는 오해의 소지가 있는 문제다. 예술 창작에서 기술의 본질 구성적 성격을 강조하는 아도르노는 예술에서 기술의 결정론을 주장하는 것처럼 보인다. 이러한 해석 가능성은 예술 기술의 특성에서 표현된다. 아도르노에 따르면 예술에서 기술은 "스스로 자체 목적적인 것으로 되는 내재적 특성"[51)]이 있으며 예술에서 기술은 "사태의 내용과 유사성을 획득함으로써 하나의 정당한 고유 생명"[52)]을 갖는다. 그렇다면 아도르노는 미학 외적인 기술 개념에서는 기술의 사회결정론을 주

과정에 따라 다르게 구성된다는 논문들이 대부분을 차지했다. 여기에 대해서는 위비 바이커 · 존 로, 「기술은 지금과 다를 수도 있다」, 송성수 편저, 『과학 기술은 사회적으로 어떻게 구성되는가』, 새물결, 1999, 19쪽 이하 참조.

49) 슈펭글러는 기본적으로 기술 문제를 종교적 관점에서 파악한다. 그에게 기술은 신과 자연에 대한 최종적인 승리를 의미한다. Spengler, O., *Der Mensch und die Technik*, Müchen 1931, 69쪽 참조.

50) GS20.1, 198쪽.

51) GS7, 320쪽.

52) 같은 책, 321쪽.

장하면서 미학적 기술 개념에서는 기술의 자율성과 독자성을 주장하는가? 그렇지 않다. 예술에서 기술의 자율성이 논의되는 대목은 사태의 내용, 예술 창작의 본질과 관련하여 기술의 자율성, 독자성이 제한적으로 인정될 뿐이다. 이것을 단순화하면 기술 개념이 예술을 결정하지 않는다는 의미다. 이 맥락에서 "기술이 본질 구성적"[53]이란 말의 의미가 "기술적 계기들의 총괄 개념으로서의 예술"이나 "기술이 예술의 전체"로 이해되어서는 안 된다. 아도르노의 의도는 '예술을 형성화하는 근본적인 수단'으로서의 기술에 대한 강조다. 그가 말하는 "기술적인 알레르기"[54]도 이 맥락에서 최소 기술과 기술 배제를 통한 예술 창작의 수단으로 이해될 수 있다. 아도르노가 예술에서 기술의 자율성을 제한적으로 파악하고 있는 더욱 근본적인 이유는 사회가 예술 자체에 갖는 규정성의 인식에서 비롯된다. 아도르노에게 모든 예술은 "그 자신의 독립적인 고유 법칙에 의해 발전되지만, 그것은 사회적인 영향 범위 안에서 움직이고 조정된다."[55]

아도르노의 사회결정론적 기술론의 논의는 사회적 요구에 따른 기술의 발생과 발전 양상에 대한 유형화 및 경험 논증이 결여되어 있다.[56] 기술 발생의 사회경제적 조건의 사례와 역사, 사회

---

53) 같은 책, 317쪽.

54) 같은 책, 321쪽.

55) GS16, 20쪽.

56) 이 점은 아도르노의 문명 비판적 기술 비판이 갖는 한계일 수밖에 없다. 자전거, 형광등, 전기 자동차 등의 기술 발생과 사회적 구성에 대한 경험 연구를 요구하는 것은 기술에 관한 규범적, 철학적 사유를 전개하는 사변적 기술 철학자에게 기대하기 어렵다. 그럼에도 불구하고 아도르노는 자신의 사회결정론이 갖는 이론적 약점을 인식하고 있지 못했다는 비판을 피하기 어렵다.

문화 및 단일 사회에서의 선택 시스템의 분석, 기술의 발생, 사용과 기술 영향에 대한 내적 연관이 경험적 차원과 이론적 차원에서 체계화되어야 한다. 아도르노 사회결정론의 출발점인 기술의 사회적 발생 조건에 대한 분석에서도 아도르노는 '사회 전체가 기술 발생에 영향을 미친다'는 암묵적인 전제에서 출발한다. 그러나 많은 경험 연구들은 "매우 특수하고 국소적인 사회 조직이나 사회적 관심이 기술 발생에 중대한 역할"[57]을 수행한다고 제시한다. 아도르노는 특정한 기술의 변화 과정에서도 관련 사회 집단과 기술 소비자의 적극적 개입이 중요한 요인이라는 사실에 별다른 관심을 두지 않았다.

아도르노가 구체화에 성공하지 못한 기술과 사회의 변증법은 사회결정론적 시각을 넘어서 '기술의 사회화'를 문제삼아야 한다. 기술의 사회화는 "기술의 사회적 매개가 가지는 체계적 의미"[58]를 말한다. 이를 통해 기술과 사회의 변증법적 내용이 풍부해질 수 있다. 기술의 사회적 매개를 사회 행위 체계론적 관점에서는 경제적, 행정적 행위 체계의 기능적 요구들과 생활 세계의 사용 가치 지향적인 기술에 대한 기대 사이의 일련의 다양한 변화 양상[59]으로 파악한다. 기술과 사회의 변증법적 관계라는 문맥에서 기술의 사회적 매개는 사회행위 체계론적 관점이나 특정한 기술의 사회적 영향력에 대한 미시 분석이 아니라 "오늘날

---

57) MacKenzie, D. / Wajcman, J., 「무엇이 기술을 형성하는가」, 송성수 편저, 『우리에게 기술이란 무엇인가』, 녹두, 1995. 113쪽.

58) Habermas, J., *Texte und Kontexte*, Frankfurt a. M. 1996, 44쪽.

59) Biervert, B. / Monse, K., "Technik und Alltag als Interferenzproblem", Joerges, B.(Hg.), *Technik im Alltag*, Frankfurt a. M. 1988, 96쪽 참조.

사회가 계속해서 기술적으로 구성되고 있다"[60]는 의미에서 사회기술적(Sozialtechnisch)인 의미를 갖는다.

로폴은 현대 사회가 점차 기술 구조(Technostruktur)화되고 있으며 그 추동력을 기술에 의한 제도화와 사회화로 파악한다. 정보 과학의 발전에 따른 사회의 기술화는 단순히 사회적 의사 소통 구조의 변화만을 의미하지 않는다. 경험 지식, 세계 의미, 인식 태도의 변화에 따른 "세계 해석 모델(Modelle der Weltauslegung)"[61]의 변화를 야기한다. 문제는 "어떻게 이러한 변화의 '사회적', '기술적' 뒤엉킴의 내용을 해명해내는가"에 있다.

아도르노의 이론적 약점은 기술의 사회적 매개에 관한 논의를 충분히 진전시키지 못한 채 기술이 갖는 사회적 영향과 예술적 영향에 대해 지나치리만큼 간단한 언급에 그치는 데 있다. 전화에서 라디오 매체로의 기술 발전과 레코드 기술에 대한 아도르노의 평가를 예로 들 수 있다. 아도르노는 이러한 매체 발전의 방향이 사회적 의미의 퇴보를 가져왔다고 단언한다. 왜냐하면 전화라는 통신 기술에서 전화 사용자는 주체로서 자신을 표현하는 데 반해 일방적 전달 기술에 기반한 라디오 매체는 청취자들을 수동적으로 만들기 때문이다. 이러한 기술의 사회적 작용 평가에 기초해 아도르노는 전화를 '자유주의적' 매체, 라디오를 '민주적' 매체로 지칭한다.[62] 레코드 기술에 기반한 레코드 음악의 평가에서 아도르노는 레코드 기술이 '형식 없는 음악(Nicht-form-Musuk)'

---

60) Ropohl, G., *Technologische Aufklärung*, Frankfurt a. M. 1991, 185쪽.

61) Habermas, J., *Texte und Kontexte*, Frankfurt a. M. 1996, 45쪽.

62) GS3, 143쪽.

을 생산할 뿐이며 예술적 음악을 담아낼 수 없는 기술 매체로 평가절하한다.[63] 기술의 사회화에 대한 아도르노가 들고 있는 간단한 사례에서 확인할 수 있는 것은 직접적 소통 관계, 자발성과 적극성, 관계의 직접성, 살아 있는 경험을 보장하지 않는 기술의 발전 방향에 대한 규범적 비판의 자세다.

위에서 나는 아도르노의 기술 인식이 사회결정론이며 그것이 갖는 한계를 비판적으로 검토했다. 그런데 아도르노 자신은 사회결정론과 거리를 두거나 사회결정론과 양립하기 어려운 듯한 '기술의 자의식 가능성'에 대한 독특한 주장을 한다.

> "인간의 존엄성이 실현된 사회에서 기술은 그 자신이 될 것이다."[64]

이 테제는 형식 논리상 사회결정론과 화해하기 어려운 아도르노 기술 이해의 애매성을 드러내는 테제인지, 아니면 전체 기술 비판의 문맥에서 재해석해야만 진의를 파악할 것인가 하는 해석적 선택을 요구한다. 해석적 선택을 위해서는 먼저 '그 자신이 되는 기술(Die zu sich Selbst Kommende Technik)'이 무엇이고, 실현 양상에 대한 해명이 선결되어야 한다. 해석의 어려움은 아도르노 자신이 그것에 대해 아무런 부연 설명을 하고 있지 않은 데 있다. 아도르노의 기술 비판을 토대로 추측할 수 있는 것은 여기서 말하는 기술이 지배 기술을 의미하지 않는다는 사실이다. 인간의 존엄성이, 인간다움이 실현된 사회의 기술은 그 작용

63) GS19, 530쪽.

64) GS20.1, 316쪽.

방식에서 이미 기존의 그것과 질적으로 구분될 뿐 아니라 기술 접근과 사회적 사용 방식에서도 폐쇄성과 독점권이 사라진 상태의 기술로 추측된다. 나의 시각에서 보면 '그 자신이 되는 기술'이란 '기술이 해방적 기술이 된다'는 의미로 파악해야 할 것이다. 아도르노의 이 주장을 그의 '기술과 사회의 동일성' 테제와 연관짓는다면 기존의 기술결정론과 다른 '휴머니즘적인 기술결정론'적 해석이 가능할 것으로 보인다. 기술과 사회의 동일성이란 기술 자체가 강력하고 합리적으로 작동하는 사회에서 기술은 그 사회의 사회적 (기능) 본질이 된다는 것을 전제로 한다. 기술과 사회의 뒤엉킴의 사회에서 문화란 기술적인 성과들(Errungenschaften)과 동일하게 이해된다.[65] 기술과 사회의 동일성 테제에서 '그 자신이 되는 기술'은 부정적 의미의 기술결정론, 기술 물신주의와 구별되는 긍정적인 기술, 인간적인 기술의 의미를 갖는다.

5. 기술과 책임의 문제

기술의 결과에 대한 도덕적 책임의 문제와 관련하여 아도르노는 명확한 입장을 갖고 있지 않다. 그의 기술 이해와 비판은 지배기술, 예술에서 기술의 문제에 집중되어 있지, 기술의 부정적 결과와 관련된 도덕적 문제를 주제화하지 않는다. 그럼에도 불구하고 기술의 사회적 운용에 관한 아도르노의 시각을 통해 기술 문제의 도덕적 관점을 유추할 수 있다. 기술 영향 문제(Folgeproblem)의

65) 같은 책, 313쪽.

책임 소재와 관련하여 아도르노의 시각은 앨퍼른의 입장과 대립된다. 앨퍼른은 엔지니어가 어떤 종류의 피해를 야기하는 기술적인 활동에 관여해서는 안 된다고 주장한다. 왜냐하면 엔지니어는 심각한 갈등 상황에서 고용주를 바꾸거나 직업을 그만두어야 하는 도덕적인 책임이 부여되기 때문이다.[66] 이러한 높은 도덕적인 요구는 고용주의 지시와 엔지니어의 도덕적 기준 사이에서 딜레마에 빠질 수밖에 없고, 실현 가능성에 의문을 제기할 수 있다.[67]

아도르노는 엔지니어의 특별한 도덕적 판단과 책임에 관한 한 아무런 주장을 하고 있지 않다. 그러나 '기술의 운용'에서 지배

---

66) Alpern, K. D., Ingenieure als moralische Handeln, in : Lenk, H. / Rophl, G. (Hg.), *Technik und Ethik*, Stuttgar 1993, 177쪽 이하 참조.

67) 엔지니어들에게 부여되는 특별한 윤리적 책임 문제의 인식은 '기술적 행위'에 대한 분석에서 '가치 분석', '체계 기술', '구조방법론', '프로젝트 경영'이라는 관점들이 도입된 1950년대 공학에서 이른바 '규범적 전환'이 이루어진 이후다. 독일엔지니어연합은 기술의 직접적 책임 문제와 기술 결과에 대한 일반적 책임을 구분한다. 공학 윤리에서 엔지니어의 책임 문제에 대한 활발한 담론은 요나스의 『책임의 원칙』이 출간된 이후다. 공학 윤리는 기술결정론에 대한 비판적 입장을 견지한다는 의미에서 기술 비판적이다. 엔지니어의 책임 문제에 관한 분석은 책임의 요소, 유형, 수준, 범위, 관계의 복잡성에 대한 논의가 중심에 있다. 한스 렌크는, 도덕적 책임은 동반 책임을 위한 분배 문제가 제기되며 도덕 책임의 구조적 특징은 법적 책임을 수반한 개인의 책임 문제로 파악한다. 로폴은 책임의 관계성 분석과 기술 통제를 문제 삼는 공학 윤리와 기술 영향 평가에서 구체적 규범 윤리로서 도덕 철학과 사회 철학이 상호 통합되어야 한다는 입장이다. 여기에 대해서는 Lenk, H., *Zwischen Wissenschaft und Ethik*, Frankfurt a. M 1992, 81쪽 : ders, "Über Verantwortungsbegriff in der Technik", Lenk, H. / Ropohl, G.(Hg.), *Technik und Ethik*, Stuttgart, 1993, 113-122쪽 ; Ropohl, G., "Neue Wege, die Technik zu verantworten", Lenk, H. / Ropohl, G.(Hg.), Technik und Ethik, Stuttgart, 1993, 155쪽 이하 ; Ropohl, G., *Ethik und Technikbewertung*, Frankfurt a. M. 1996, 30, 35-39쪽.

그룹과 경제적 강자의 독점을 비판하는 그의 논점을 고려할 때, 기술의 결과 문제에 대한 책임을 앨퍼른과 같이 엔지니어나 기술을 사용하는 개인의 문제, 양심의 문제로 환원하지 않는다.[68] 또한 요나스의 주장과 같은 예상 가능한 결과와 그 가치 평가와 행위에 대한 윤리적 책임, 예측 불가능한 기술 결과에 대한 미래 세대에 대한 책임 윤리적인 논의를 찾아볼 수 없다.

아도르노 기술 비판에서 기술의 도덕적 책임 소재는 사회적 지배 기술을 운용하는 지배 그룹, 지배 그룹과 결탁해 지배 이데올로기를 재생산함으로써 기존 사회의 유지에 기여하는 문화 산업, 공포의 기술을 재생산해 지배에 성공한 나치 등과 같은 "세계사의 엔지니어",[69] 기술의 사회적 발생과 사용을 결정하는 사회 제도에 있다. 따라서 아도르노에게 렌크나 로폴이 주장하는 '과학 기술적 정언 명법'[70]이란 불필요한 것이다. 왜냐하면 기술의 도덕적 문제는 기술 자체나 엔지니어, 일상에서 기술을 사용

68) 아도르노에게 엔지니어는 기술 시대에 특별한 지위를 가진 사회적 신분으로 파악되지 않는다. 거대한 사회 지배 기술 앞에서 무기력한 개인과 특별한 차이를 갖지 않는다. 기술 시대의 엔지니어의 지위와 관련해 오토 울리히의 입장은 아도르노와 극적인 대립을 이룬다. 울리히에게 엔지니어는 더 이상 단순한 기술 응용자가 아니라 기술과 지배의 상호 문맥에서 지배 구조 형성에 중요한 부분을 차지한다. 울리히는 기술 사회에서 엔지니어와 기술자는 지배 계급의 보조 그룹이 아니라 그 자신이 지배 그룹의 일원이며 이 점에서 그들은 단순 노동자의 직접적인 적대자로 파악한다. 여기에 대해서는 Ullrich, O., *Technik und Herrschaft*, Frankfurt a. M. 1997, 290쪽.

69) GS3, 55쪽.

70) 한스 렌크와 귄터 로폴은 기술 시대의 행위 원칙이 할 수 있음(Können)에서 해야 함(Sollen)으로 전환되어야 함을 강조한다. 두 기술 철학자의 의도는 당위 윤리의 기술 윤리적 적용을 의미한다. 여기에 대해서는 Lenk, H. / Ropohl, G., "Technik zwischen Können und Sollen", in : Lenk, H. / Ropohl, G.(Hg.), *Technik und Ethik*, Stuttgart, 1993, 7쪽.

하는 개인의 문제가 아니라 기본적으로 기술의 사회적 운용과 관련된 문제이기 때문이다.

6. 나오는 말

지금까지 기술에 대한 철학적 성찰 중에서 덜 알려지고 오해되어왔던 아도르노의 기술 비판과 기술 이해를 살펴보았다. 아도르노의 기술 개념은『계몽의 변증법』에 근거한 계몽과 기술의 동일성 테제와 반성 모델이 지향하는 문명 비평적 지배 기술 개념만을 포함하지 않는다. 아도르노의 기술 개념은 기존의 지배적인 이해인 지배 기술 개념을 포함해 크게 다섯 가지로 범주화할 수 있다. 그러나 아도르노 자신은 상이한 기술 개념들의 맥락적 차이를 인식하지 못하였고, 그가 인지한 미학적 기술 개념과 미학 외적 기술 개념의 상호 관계, 두 상이한 기술 개념 간의 변증법적 매개에 대한 인식과 이론적 구성을 보여주지 못한다. 아도르노의 기술 이해에 대한 기존 연구가 오해의 산물이라는 것을 밝히기 위해 '기술적대주의'가 간과한 아도르노의 기술에 대한 관점들을 제시하였다. 기술적대주의라는 해석은 기술의 중립성, 기술의 해방적 잠재력, 합리적 사회에서 사회적 기술 사용방식 등에 대한 아도르노의 관점을 인식하지 못한 결과다. 기술적대주의 해석은 아도르노 기술 이해의 전체상을 파악하지 못한 채 지배와 결합하는 '현재적 기술 운용' 방식에 대한 그의 비판에 주목한 결과다.

'기술이 어떻게 형성되는가' 하는 문제에서 아도르노의 입장은 사회결정론이다. 사회결정론과 양립하기 어려운 기술의 자의식에 관한 주장은 아도르노 전체 기술 비판의 체계에서 유연하게 해석할 필요가 있다. 이런 해석의 유연성은 휴머니즘적인 기술에 대한 아도르노의 다양한 표현에 근거할 수 있다. 더욱 중요한 문제는 사회-기술 관계에 바탕을 둔 아도르노의 사회결정론은 사회와 기술의 변증법적 관계를 인식하고 있지만 매개에 대한 구체적 설명을 결여하고 있다는 사실이다.

아도르노의 기술 비판에서 기술 물신성과 수단-목적 관계의 전도는 다른 기술 비판가들에게서도 볼 수 있는 대목이다. 아도르노 기술 비판에서 주의를 기울일 가치가 있는 것은 기술 접근, 기술 독점, 사회적 기술 운용을 위한 권력이 지배 그룹과 경제적 강자에 있다는 지적이다. 이러한 아도르노의 지적은 과학 기술 사회의 기술 불평등, 기술 접근과 소비에서 양극화 현상, 기술 변화 과정, 기술 정책의 수립과 집행, 기술 영향 평가 등에서 진정한 '기술민주주의'의 실현을 위한 철학적 성찰에 한 반성의 계기를 줄 수 있다. 또한 기술과 지배의 결합으로서 나치에 대한 아도르노의 독특한 분석, 지배 물신성에 대한 비판은 기술이 삶의 전 영역에서 작용하는 기술 사회의 기술 병리적 현상 분석, 경험적 분석에 이념적 좌표를 제공할 수 있다. 아도르노가 '기술의 인간화 테제'를 직접적으로 표현하지는 않았지만, 그의 기술 비판 도처에 숨겨진 '인간적 기술'에 대한 강렬한 희망과 요청은 예측할 수 없는 기술 위험에 노출된 기술 시대에 더 할 나위 없는 반성의 메시지를 던져준다.

제3장

남성적 계몽의 해석학 : 아도르노의 '여성' 이해*

1. 들어가는 말

아도르노의 철학을 관통하는 주도적인 질문은 '왜 인류는 참된 인간적인 상태에 들어서지 않고 새로운 야만 상태에 빠지는가'라고 할 수 있다. 이 물음은 문명적 합리성의 비합리성에 대한 발생론적 설명을 제공하는 데 그치지 않는다. 아도르노의 관심은 '지금도 계속해서 재생산되는 야만'[1]과 "새로운 야만의 여러 현상들을 이해"[2]하는 데 맞추어져 있다. 야만의 발생학과 현재

---

* 이 글은 『철학연구』 제74집, 철학연구회, 61-104쪽에 게재됨.

1) T. W. Adorno(1997), *Kulturkritik und Gesellschaft I*, Gesammelte Schriften, Bd. 10.1, Frankfurt a. M, Schurkamp, 86쪽 참조(이하 GS10.1로 약칭).

2) T. W. Adorno(1997), *Kulturkritik und Gegellschaft II*, Gesammelte Schriften, Bd. 10.2, Frankfurt a. M, Schurkamp, 597쪽(이하 GS10.2로 약칭).

적 야만의 비판을 자임하는 아도르노에게 문명사는 인류의 보편적 역사가 아니다. 자연 지배에 의해 형성된 문명사는 여성이 없는 역사(Womanless History)다. 남성들의 역사로서 문명사의 형성은 그러한 문명의 발생을 가능하게 하는 자연 지배의 내재적 원리에서 비롯된다.

아도르노에 따르면 자연 지배의 단초는 '동일적, 목적 정향적, 남성적' 인간의 성격에 주어져 있다. 자연 지배를 통한 문명의 형성과 발전을 규정하는 이와 같은 문명적 성격은 남성을 자연 지배의 주체이자 문명 창조의 주체로서 등장시킨다. 이것이 아도르노가 제기한 '계몽의 남성성 테제'다. 아도르노는 계몽의 남성성 테제에 대한 일목요연한 해명을 시도하지 않는다. 같은 맥락에서 '여성 문제'를 독립 주제로서 일관성 있게 다루지도 않는다. 그럼에도 불구하고 계몽의 남성성 테제는 아도르노가 '여성(문제)'을 어떻게 이해했는가 하는 물음에 대한 답변에 기본 방향을 제시한다. 아도르노의 여성 문제에 대한 단편적인 언급들은 자연 지배 논리의 사회적 확장 형식으로서 성적 지배를 설명하는 역사 철학적 논증과 성적 지배의 경제적 근거를 다루는 사회-경제학적 논증의 주변에서 다루어진다.

아도르노 연구사에서 그의 여성 인식이 단일 주제 연구로서 다루어지지 않았다. "여성의 사유와 행위의 관점 아래에서 철학의 형식과 내용의 강조",[3] "여성 해방에 대한 관심을 핵심으로 하는 철학함"[4]으로 정의되고 있는 여성주의 철학에서도 아도르

---

3) Lissner, A./Rita, S./Karin, W., *Frauenlexikon*, Feiburg, 1988, 893쪽.

4) H. Nagl-Decekal(Hg.), *Feministische Philosophie*, München/Wien, 1990, 14쪽 이하. 여성주의 철학은 사실 하나의 새로운 철학 연구 분야라고 보기 힘들

노의 여성 이해에 대한 이론적 관심은 미미한 수준이다. 다양한 이론적 입장의 차이와 역사적 전개에도 불구하고 '여성 없는 역사'의 인식, 성적 지배와 그 기제에 대한 철학적 분석, 남녀 차이의 인정과 인간으로서의 동등한 권리 강조를 여성주의적 철학의 공통 출발점으로 본다면, 아도르노의 여성(문제)에 대한 이해는 여성주의적 철학 내용을 분명히 드러낸다.

그런데 독일어권에서 여성주의 관점에서 아도르노 여성 문제 이해의 관심은 1988년 이후 쿨케(Christine Kulke), 베커-슈미트, 우술라 베어, 슐츠 등에 의해 이루어졌다. 헤르타 나글 도체칼은 여성주의 사회 이론에서 비판 이론의 새로운 해석과 재해석의 시도는 "성차가 비판적 사회 분석의 중심적인 도구로 선택될 수 있다는 것을 의미"[5]한다고 주장한다. 비판적 여성주의 사회이론가들의 아도르노 이론의 재해석은 『계몽의 변증법』에 서술된 남성 중심적 특징(Androzentrische Züge)에 대한 비판과 여성주의적 사회 분석 이론을 정교화하고 비판 이론 한계를 검토하고 넘어서는 데 초점을 두었다.[6]

다. 여성주의 철학은 전통적 철학의 모든 영역에서 남성 중심적 이원론을 비판하며 동시에 여성의 인정(Annerkennung der Frau)과 남성적 사유에서 파악된 지각, 사유, 언어의 구조를 비판한다. 여기에 대해서는 Klinger, C., "Das Bild der Frau in der Philosophie und die Reflexion von Frauen auf die Philosophie", in : Hausen, K. / Helga, N., *Wie männlich ist die Wissenschaft?*, Frankfurt a. M. 1986, 70쪽 : Konnertz, U., Die Philosophin, in : *Die Philosophin* 2, 1990, 23쪽 이하 : 구인회, 「여성주의 철학의 제 문제」, 『철학과 현실』 제58집, 2002, 156쪽 이하 참조.

5) H. Nagl-Decekal(Hg.), *Feministische Philosophie*, München / Wien, 1990, 2쪽.

6) 여기에 해당되는 인물은 Christine Kulke, Herta Nagl-Decekal, Ursula Beer, Regina Becker-Schmitt 등이다. 여기에 대해서는 H. Nagl-Decekal(Hg.),

미국에서의 아도르노에 대한 여성주의적 연구는 하버마스와 성의 문제를 다룬 프레이저 낸시의 연구가 있은 이후에 부분적으로 이루어졌다.[7]

한국에서 아도르노의 여성 인식에 대한 연구는 노성숙이 유일하며 독보적이다. 내가 보기에 그의 연구 역시 독일적 연구 경향 및 여성주의적 입장에서 '사이렌'을 분석한 미국적 여성주의 연구 경향을 충실히 따르고 있다.[8] 노성숙은 오디세우스와 키르케의 만남에 나타난 여성 상징성에 논의를 집중함으로써 근대적 남성 자아에서 다중심적 자아로의 인식 전환을 위한 비판 대상으로서 아도르노의 여성 인식의 한계를 보여준다. 노성숙의 분석은 아도르노의 남성주의적 시각을 일정 부분 재구성하는 데는 성공했지만 아도르노가 갖는 여성주의적 시각, 다시 말하면 그

Feministische Philosophie, München / Wien, 1990, 2쪽 ; K, Gudrun-Axeli, "Tradition - Brüche : Kritische Theorie in der feministischen Rezeption", E. Scheich(Hg.), *Vermittelte Weiblichkeit*, Hamburg 1996. 113-124쪽 참조. 크나프의 지적 이후에 새로운 연구 경향에 커다란 변화가 일어나지는 않았다. 여성주의적 사회 분석에 대한 비판 이론의 영향도 내용적인 측면보다 인식 비판적, 방법론적 관점(주체 이론과 사회 이론의 상호연관성, 사회 현상의 역사적 연관 문맥 조망, 지배 조건과 권력 작용의 다양한 메커니즘, 사회를 전체 체제적 관점에서 고찰, 해방적 실천으로서 학문 인식, 이론과 경험 연구의 조화)을 수용하는 데 그치고 있다.

7) N. Fraser, "Was ist kritisch an der Kritischen Theorie? Habermas und die Geschlechterfrage", in : Oster, I. / Lichtblau, K.(Hg.), Feministische Vernunftkritik, Frankfurt a. M. / New York, 1992, 173쪽 이하,

8) 노성숙은 아도르노의 여성 이해의 비판의 출발점을 제공하는 텍스트는 독일 연구자에 의해 전개된 아도르노의 남성중심주의적 여성 이해를 다룬 텍스트가 아니라 B. Engh의 논문이다("Adorno and the Sirens : tele-phono-graphic bodies", L. C. Dunn / N. A. Jones(Ed), Embodied Voices : Representing Fermale Vocality in Western Culture, London : Cambridge University Press, 1994).

의 진보적 여성 인식의 내용을 구성해내는 데는 실패했다. 이 글은 비체계적이며 단편적인 아도르노의 여성과 여성 문제에 대한 서술들을 계몽의 남성성 테제 아래 포섭시키면서 ① 계몽의 남성성 테제에 나타난 여성 문제의 성격 ② 계몽의 남성적 테제에 내재한 남성 중심적 시각과 여성주의적 시각 ③ 동시 변증법과 여성 해방의 가능성을 논의할 것이다. 이러한 논의를 통해 본 논문은 계몽의 남성적 테제에 나타난 아도르노 여성 인식의 남성주의적 독해 편향성을 지양하고 아도르노의 여성 (문제) 이해에 대한 균형 있는 시각을 보여주고자 한다.

2. 계몽의 남성성과 남성 · 여성 이미지

아도르노가 『계몽의 변증법』에서 전개하는 문화병리발생학의 중요한 주제 중의 하나는 계몽의 남성적 성격이다. 이는 문명의 동일(사유)적, 목적 정향적 성격뿐만 아니라 '남성적 성격'을 지적하는 데서 잘 나타난다. 문명의 남성적 성격은 문명화 과정에서 가부장적 남성 사회의 형성과 가부장적 문화의 공고화, 달리 말하면 문명이 갖는 여성 지배 계기(Herrschaftsmoment)를 의미한다. '계몽의 남성성 테제'를 이해하기 위해서는 아도르노 역사 철학의 기본 도식인 '자연 지배(Naturherrschaft)' 논리와 이 테제 간의 연관 문맥이 설명되어야 한다. 아도르노는 자연 지배 도식을 가지고 문명의 형성과 발전, 퇴행을 설명한다.

> "모든 우회로와 저항에도 불구하고 세계사의 철학적 구성은 일관된 자연 지배가 점점 더 결정적인 승리를 보여주고 인간 내적의 모든 것을 통합시킨 것을 보여줄 수 있을지 모른다. 이러한 시각으로부터 경제, 지배, 문화의 형식들이 도출될 수 있을 것이다."[9]

아도르노에게 자연 지배의 도식은 모든 인간의 관계, 세계 관계, 자기 관계, 인간 사이의 관계에 동일한 방식으로 작용한다.[10] 다시 말하면 개념적 사유에 의한 자연의 양화를 통해 자연 지배는 성립되며 양화의 자연 지배 논리가 사회 영역에서는 '교환 가치(Tauschwert)' 형식을 통해 사회의 작동 원리가 된다. 교환 가치는 모든 관계를 사물화시킨다. 양화의 자연 지배 논리는 인간과 인간의 관계를 지배와 피지배 관계로, 남성과 여성의 관계를 여성에 대한 남성 지배로, 인간과 동물의 관계를 동물에 대한 인간 지배로 전환시킨다.[11] 이 맥락에서 "자연에 대한 지배는 인류 내부에서

---

9) T. W. Adorno / M. Horkheimer(1984), *Dialektik der Aufklärung*. Phlosophische Fragmente, Gesammelte Schriften, Bd. 3, Frankfurt a. M, Schurkamp, 254쪽(이하 GS3으로 약칭).

10) R. Wiggerhaur, "Antagonistische Gesellschaft und Naturverhältnis", Zeitschrift für Kritische Theorie, 3 / 1996, 13쪽.

11) 호네트는 아도르노가 자연 지배의 개념을 인간의 상호 작용이 일어나는 사회 영역에서 유일한 사회적 지배 형식으로 파악하는 것은 사회과학의 중요한 테마인 구조적 폭력에 대한 이해 부족의 결과라고 파악한다. 하버마스의 패러다임 전환의 논리를 따르고 있는 호네트에게 사회 영역에서의 구조적 폭력은 동의에 근거한 지배에 기초하고 있다. 그에 따르면 아도르노의 자연 지배 논리의 사회 영역에의 여과 없는 적용은 이 부분을 처음부터 배제시키게 된다. 정치-경제적 재생산, 관리적 조작, 심리적 통합의 세 차원에서 복합적으로 작동하는 아도르노의 사회적 지배 개념은 호네트의 입장에서 "비판 이론의 사회 분석으로부터 사회 영역의 최종적인 함락"을 의미한다. A. Honneth, *Kritik der Macht*, Frankfurt a. M. 1989, 65-69 ; 85-86쪽 참조.

재생산된다."[12] 계몽의 남성성 테제는 자연 지배 논리의 연관 문맥에서 자연 지배(역사)가 갖는 내재적 성격과 관련된 것이다.

자연 지배 과정에서 형성된 계몽의 남성적 성격은 역사성을 갖는다. 여기서 역사성이란 계몽의 남성성으로 포착되지 않은 선 역사의 전제를 의미한다. 자연 지배의 논리가 작동되지 않는 선 역사로서의 원시 자연 상태(Urzustand)는 홉스적 자연 상태나 루소적 자연 상태를 의미하지 않는다. 아도르노에게 원역사적 상태란 규정하기 어려운 카오스적 상태를 의미하며 아직 인간과 자연의 분리가 이루어지지 않은 상태다. 원시 상태로서의 선 역사는 엄밀히 말하면 인간의 역사가 아니라 자연사(Naturgeschichte)다. 아도르노는 원시 자연 상태를 "자기 인식이 눈뜨기 이전, 주체가 아직 형성되기 이전"의 상태로 묘사한다. 이러한 원시 자연 상태를 '자연과 인간의 행복한 통일'로 파악하거나 "주체와 객체의 행복한 동일성"으로 이해하려는 태도는 다분히 "낭만적이며 때때로 동경의 투사이거나 오늘날은 단지 거짓"일 뿐이다. "비분리성(Ungeschidenheit) 역시 통일(Einheit)이 아니다."[13]

원시 자연 상태의 인간 경험은 위협적인 자연 앞에서의 공포경험(Schreckenerfahrung)이다. 인간은 자기 유지의 원칙에 따른 생존 싸움에 내몰린다. '인간이 된다는 것'은 자연의 공포로부터 벗어나 자연 지배로 나아가는 것을 의미한다.[14] 아도르노는

---

12) GS3, 130쪽.

13) GS,10.2, 743쪽.

14) 아도르노에게 자연적 존재에서 문화적 존재로의 이행은 자연 지배를 전제로 한다. 이런 맥락에서 아도르노는 문화를 "억압된 자연의 역사적 대변자"(GS7, 365쪽)로 파악하며 그것으로부터 문화 병리의 발생적 기원을 찾는다.

자연 지배의 논리 속에 내재된 '지배의 계기성'을 제 관계에서 고찰하며 자연 지배의 합리성이 야기한 비합리성을 문제삼는다. 여성 문제에 대한 아도르노의 분석 역시 자연 지배 논리 문맥에서 해명될 수 있다.

자연 지배에 의한 문명화 과정에서 남성의 이미지는 문명의 창조자, 이성의 이미지로 굳어진다. 남성은 자연을 자신의 지배 아래 두거나 위협적인 자연 앞에 굴복해야만 하는 인간의 불가피한 선택 상황에서 계몽적 이성을 가지고 자연을 지배하는 인간의 보편적 대변자로 표상된다.[15]

> "우주를 끝이 없는 사냥터로 만들려고 하는 무제한적인 자연 지배는 수천 년 동안의 인간의 소원이었다. 남성 사회에서 인간의 이념은 그 위에 맞추어져 왔다. 이것이 인간이 자랑스러워하는 이성의 의미였다."[16]

자연 지배의 보편적 주체로서 인간(자아)은 "동일하고 목적 정향적이고 남성적 성격"[17]을 갖는다. '동일하고 목적 정향적, 남성적 성격' 형성은 위협적인 자연 앞의 '불안한 인간'에서 '자연을 지배하는 남성(인간)'으로의 이행 조건이다. 어떻게 이행이 이루어지는가? 아도르노는 이 성격이 지니는 지배 계기성으로

---

15) GS3, 49쪽. 아도르노에게 계몽의 본질이란 인간의 자연 지배와 자연의 (인간) 지배의 필연적 선택 상황에서 자연 지배의 불가피성에 놓여 있다. 인간(주체)의 형성, 문명의 발생은 인간-자연 관계의 선택 가능성을 허용하지 않는 대안 부재(Alternativlosigkeit) 상황을 전제로 하는 것이다.

16) 같은 책, 286쪽.

17) 같은 책, 50쪽.

설명한다. 자연 지배의 가능성은 이미 사고의 의식(Ritual des Denkens)인 개념적 사유, 곧 동일성 사고(Identitätsdenken)에 내재한다. 아도르노에 따르면 동일성 사고는 "비진리인 억압적 원리"[18]와 결합되어 있다. 동일성 사고의 지배 계기는 동일성 사고와 수학을 동일화하는 데서 발생한다. 동일성 사고의 '인식 목표'는 양화다. 주어진 자연을 추상화된 시공간적 관계에 포섭함으로써 자연은 계산 가능하고 유용한 대상으로 양화된다. 자연의 양화는 자연을 고정적인 것, 불변한 것으로 간주하고 개념의 도식 아래 집어넣어 다양한 "자연의 질적 계기들"을 제거한다. 아도르노에게 "고삐 풀린 양화의 폭력성의 교정"[19]은 불가능하다. 동일성 사고에 내재한 양화의 지배 계기는 이미 인식 주체

---

18) T. W. Adorno(1997), *Negative Dialektik*, Gesammelte Schriften, Bd. 6, Frankfurt a. M, Schurkamp, 57쪽(이하 GS6으로 약칭). 아도르노는 '사유하는 것은 동일시하는 것이다'라는 헤겔의 테제를 따른다. 지배 계기는 개념적 사유가 "동일하지 않은 어떤 것이라도 동일하게 만드는 것"으로서 "자기 외부의 어떠한 것도 허용"(GS6, 174)하지 않으면서 항상 자신만을 동일시하는 동일화의 순환(Zirkel der Identifikation)을 의미한다. 동일화하는 사유는 개념의 논리적 동일성을 통해 대상화에 이르는데, 이때 "단순히 실제의 사유 과정에서 상정될 뿐인 어떤 사태 자체가 확고한 것, 불변적인 것으로서 존재한다는 원칙을 실체화한다"(같은 책, 156). 비동일성 사유는 동일성의 강압, 대상화 작용 속에 응고된 에네르기를 파괴(논리적 강압성 파괴)하는 것, 개념의 자족성을 제거하는 것(같은 책, 18, 23, 159)으로서 개념적 사유에 의해 환원되지 않는 것의 고유한 의미와 질적 계기, 경험의 질적 다양성에 관심을 갖는다. 이러한 "비동일성 사유로의 방향 전환(Die Wendung zum Nichtidentischen)"(같은 책 24, 157)은 개념이 잘라버린 것, 개념에 의해 분리되어 있는 것과의 커뮤니케이션을 의미한다(같은 책, 164). 아도르노에게 비동일성이란 '개념의 동일화 운동으로부터 떨어져나간 어떤 것', 동일성 사유에 의해 '완전히 파악될 수 없는 어떤 것'이다(같은 책, 25). 이런 의미에서 동일성 사유 비판은 동일성 강압에 의해 지양된 "비동일성에 대한 일관된 의식"(같은 책, 17)을 말한다.

19) 같은 책, 53쪽.

자신도 질적 계기를 갖지 않는 일반적인 것, 순수 논리적인 것으로 환원하는 것을 의미한다. 아도르노는 자연 지배의 인식 조건으로서 동일성 사고의 목적 정향적 지배 계기를 명확히 하고 이것의 절대화와 도구화를 비판한다. 아도르노는 동일성 사고가 남성-여성 관계에서 성적 억압의 형식으로 나타나는 것으로 파악하면서 계몽의 '동일적, 목적 정향적' 성격과 '남성적' 성격을 같은 지배 원리가 작동하는 것으로 파악한다.

계몽의 남성성에서 시사하는 문명 창조자이자 이성의 이미지로서의 남성 이미지와 달리 자연 지배의 역사에서 여성의 이미지는 무력한 존재, 비주체로 남아 있다. 여성은 문명화 과정에서 주체적으로 활동하지 못한다. 여성은 문명 창조자인 남자에 의해 주변화되고 생리적인 일을 담당하는 자연 이미지를 갖는다.

> "이성을 가진 동물이 이성 없는 동물을 돌보는 것은 극히 한가한 일이다. 서구 문명은 그런 일을 여자에게 맡겼다. 여자는 문명을 형성하는 데 어떠한 독자적인 몫도 갖지 못한다. 적대적인 세계로 나아가 맞서고 변화시키려 노력하는 것은 남자다. 여자는 주체가 아니다. 여자는 폐쇄적인 가정 경제라는, 오래 전에 사라진 시대의 살아 있는 기념비로서, 자신이 직접 생산하기보다는 생산하는 자를 돌보아준다. … 생리적인 기능을 담당하는 여자는 자연의 이미지를 갖게 된다."[20]

문명사에서 자연 지배의 주체이자 문명 창조자인 남성에게 여성의 자연 이미지란 "약하고, 쓸모 없고, 공격당하기 쉬우며, 자신의 에스코트로서 말 잘 듣는 동물을 필요로 하는"[21] 존재다.

20) GS3, 285쪽.

문명의 창조자인 남성에 의해 부여받은 비주체로서 여성의 사회적 기능과 행위 양식, 이에 따른 여성의 자연 이미지는 계몽의 남성성이 야기한 상처받은 여성 자연의 이미지다. 계몽의 남성성은 상처받은 "자연의 대변자"[22]로서 여성을 낳는다. 아도르노에게 자연 지배의 역사인 계몽은 남성의 역사로서 상처받은 자연의 대변자로서 여성 "희생의 내면화의 역사"[23]다. 여성의 희생과 체념의 내면화를 강요하는 계몽의 남성성은 남성 사회에서 여성의 지위와 남성 사회가 부여하는 여성성과 여성 자아를 '자연적'인 것으로 내면화하는 이중적 의미의 체념의 역사다.

이상에서 살펴본 계몽의 남성성 테제는 자연 지배를 통한 문명의 형성에서 남성과 여성 이미지의 형성과 고착을 성적 지배의 차원에서 비판적으로 검토한다는 측면에서 여성주의 철학의 공통 출발점[24]을 공유한다. 그러나 성적 지배의 설명에서 계몽의 남성성 테제에 함축된 비판적 시각과 다른 본질주의(Essentialismus)에 입각한 비여성주의적 시각이 나타난다.

---

21) 같은 책, 91쪽.

22) 같은 책, 90쪽.

23) 같은 책, 73쪽.

24) Herta Nagl-Docekal은 여성주의 철학의 공통적 특징으로 ① 정치적 운동으로부터 발생 ② 실천과 이론 영역의 구분 ③ 가부장제의 여성 억압을 비판하는 이데올로기 비판적 성격 ④ 여성 해방의 관심에 의해 주도되는 비판과 철학함의 새로운 형식 ⑤ 여성 역할과 성적 관계 연구 ⑥ 통일되지 않은 다양한 관점을 언급한다(H. Nagl-Decekal(Hg.), *Feministische Philosophie*, München/Wien, 1990, 14쪽 이하). 『성차의 윤리』에서 Irigaray는 여성의 권리로서 ① 인간존엄성 ② 정체성의 권리 ③ 모자 관계의 권리 ④ 여성적 전통에 대한 권리 ⑤ 경제적 권리 ⑥ 동일 가치 교환의 원리 ⑦ 시민 지위에 대한 권리를 언급한다(Irigaray, L., How to define Sexuate Rights, in : Whitford, M.(Ed), *The Irigaray Reader*, Oxford 1991, 208쪽).

3. 성적 지배에 대한 비여성주의적 시각

남성에 의한 여성 지배의 발생적 원인을 생물학적 성의 관점에서 설명하려는 아도르노의 논의는 그의 비여성주의적 입장을 잘 드러내준다. 아도르노는 성적 지배의 원인을 사회적 성의 발생에서 근거짓지 않고 자연적으로 주어진, 극복할 수 없는 생물학적 성차에서 찾는다.

> "여자는 더 작고 연약하며, 여자와 남자 사이에는 극복이 불가능한 차이, 자연에 의해 주어진 것으로서 남성 중심 사회에서 가능할 수밖에 없는 가장 굴욕적인 차이가 존재한다. 자연 지배가 진정한 목표가 되고 있는 곳에서는 생리적인 열등함이 자연에 의해 형성된 약함으로부터 폭력 행위를 유발시키는 표징(Stigma)이 된다."[25]

자연의 위협 앞에서 자기 보존(Selbsterhaltung)은 최고의 원리가 된다. 여성의 생물학적 열등함은 남성으로 하여금 자연 지배의 주체로서 등장하게 함과 동시에 여성에 대한 성적 지배의 단초를 제공한다. 생물학적 차이에 근거한 성적 지배의 자연성과 가부장적 사회의 불가피성에 대한 아도르노의 논거는 비여성주의의 대표적 입장인 생물학적 환원주의나 결정론적 입장을 취한다. 그러나 일반적인 비여성주의적 입장과 아도르노의 생물학적 환원주의에는 분명한 차이가 있다. 그 차이는 주체 형성 이전의 자연 상태에서 생물학적 요인만을 고려하는가 아니면 주체

25) GS, 286쪽.

형성 이후의 문화적 상호 작용이 일어나는 문화 상태에서 생물학적 요인을 우선시하는가의 문제다.26) 양자의 차이가 의미하는 바는 아도르노의 생물학적 환원주의에 대한 섣부른 여성주의적 비판이 선 역사적 자연 상태에서의 성적 지배에 대한 아도르노의 논의 성격상 유효한 비판이 되기 어렵다는 것을 시사한다. 아도르노의 생물학적 결정론에 대한 여성주의적 비판은 자연 상태를 벗어난 문화 상태에서 발생하는 노동 분업의 생물학적 근거에서 제기될 수 있다. 아도르노에 따르면 자연에 의해 부과된 생물학적 차이에 기초한 자연스런 성별 분업이 발생한다.

> "유목 생활의 초기 단계에 부족민들은 자연의 흐림에 영향을 주는 일에 자율적으로 참여한다. 남자들은 사냥감을 찾아내고 여자들은 엄격한 명령 없이도 행해질 수 있는 일들을 한다."27)

최초의 노동 분업으로서 자연스런 성별 분업에 대한 아도르노의 주장은 마르크스, 엥겔스의 주장28)을 그대로 따르며, 자연적

---

26) 이 차이는 스티브 골드버그(Steven Goldberg)와의 비교에서 명확해진다. 그는 저서 『가부장제의 불가피성(*The Inevitability of Patriarchy*)』에서 가부장적 사회와 남성의 생리적 욕구와의 양립을 전제로 남성의 여성 지배의 불가피성에 대한 논거를 제시한다. 골드버그의 논거들은 문화 상태에서 남성의 공격적 자질과 여성 지배의 연관성이 문제이지 아도르노처럼 자연 상태에서의 성적 지배의 생물학적 차이를 주제화하지 않는다. 골드버그에 대한 논의는 마가렛 L. 앤더슨, 이동원 · 김미숙 역, 『성의 사회학』, 이화여대 출판부, 60쪽 이하 참조.

27) GS3, 37쪽.

28) 엥겔스는 『가족의 기원, 사유 재산, 국가』에서 최초의 분업 형태를 남성과 여성의 성적 분업으로 보며, 남성에 의한 여성의 점유를 최초의 노동 점유라고 주장한다. 『독일 이데올로기』에서도 성적 차이에 의한 노동 분업이 최초의 분업 형태며, 그 밖에 초기 노동 분업의 자연적 성격에 대한 주장이 언급되고 있다.

성별 분업이 성적 지배에 결정적인 영향을 미치는 것으로 파악한다. 이 점에서 아도르노는 엥겔스와 구분된다. 엥겔스는 원시 공산적 모권제에서 부권제 사회로의 이행 계기를 가축 등의 사유 재산 성립과 교환이라는 물적 소유 관계의 변화에서 찾는다.

이에 반해 아도르노는 성적 지배의 물적 기초를 문제삼지 않고, 자연적 성별 분업 자체가 지니는 '지배의 성격'을 부각시킨다. 아도르노가 보기에는 자연적 노동 분업이든 사회적 노동 분업이든 이미 그 속에 강요와 폭력을 수반하는 '지배'가 관철되어 있다. 생물학적 열등성에 기초한 자연적 노동 분업은 사회 발전에 따라 구조화된 사회적 노동 분업으로 이행하게 된다. 이러한 이행 과정을 통해 여성에 대한 남성의 사회적 지배가 강화되며 남성 사회(Männliche Gesellschaft)의 유지와 재생산에 이른다. 아도르노의 어법을 사용하면 생물학적 차이에 기인한 자연적 노동 분업은 '계몽의 남성성(남성 지배)'의 단초를 제고하며, 사회적 분업 체계의 발전은 남성의 성적 지배를 강화시킨다. 여기에서 남성의 성적 지배를 테제화한 '계몽의 남성성 테제'의 근거가 생물학적 결정론에 기반하고 있으며 성적 지배의 계기인 노동 분업의 발생 역시 생물학적 결정론에 근거한다는 것이 드러난다.

계몽의 남성성 테제가 보여주고 있는 비여성주의적 입장은 오디세우스와 키르케 관계 성격에 대한 아도르노의 분석에서도 찾아볼 수 있다. 이를 그레마스(A. J. Greimas)[29]의 행위자 모형으

F. Engels, *Der Ursprung der Familie, des Privateigentum und des Staats*, MEW, Bd21, Berlin, 1981 : K. Marx / F. Engels, *Deutsche Ideologie*, MEW, Bd 3, Berlin, 1981. 22 ; 31-32쪽 참조.

29) 프랑스 기호학자 그레마스의 행위자 모형은 서사를 행위 항으로 나누어 주

로 간단히 도식화하면 다음과 같다.

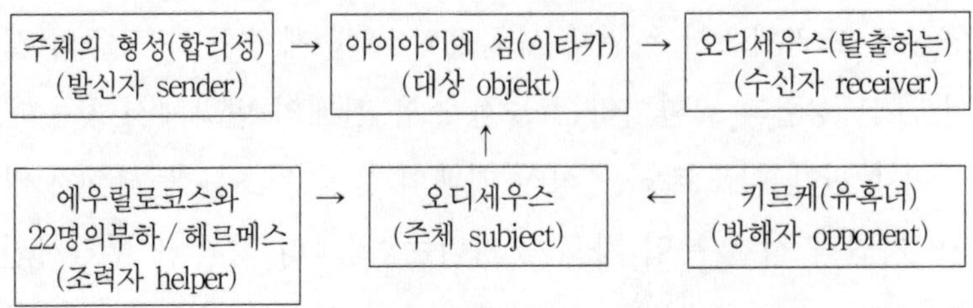

'발신자' 항은 오디세우스와 키르케의 만남에 함축된 주제에 해당된다. 여기서 주제는 키클로프의 원시 세계에서 빠져나온 오디세우스가 어떻게 자신의 책략(List)을 통해 동일성을 유지하는가다. '오디세우스와 키르케의 만남'에서 키르케의 여성 상징성에 대한 아도르노의 해석은 남성 중심적 시각을 그대로 반영하고 있다. 노성숙은 '오디세우스와 키르케의 만남'을 중심으로 아도르노의 해석에 나타난 성별 상징성을 비판하고 아도르노 해석에 무비판적으로 전제되어 있는 남성 판타지를 분석한다. 노성숙이 옳게 비판하고 있는 아도르노의 성별 상징성 분석을 요약하면 다음 표와 같다.[30)]

근대적 자아가 성립되고 유지되기 위해서는 신화적인 인물들과의 대립 구도 속에서 그들을 극복하는 것이 전제가 되어야 한다. 그런데 극복의 대상인 키르케 등의 신화적 인물들은 여성적 상징성을 대표한다. 이 점에서 아도르노의 '근대적 자아 형성'에

체, 조력자, 방해자, 발신자, 대상, 수신자로 서사 구조를 분석하는 방법이다. 이 방법은 도식화를 통해 서사 구조를 쉽게 파악할 수 있게 한다.

30) 노성숙, 『근대적 자아와 다중심적 자아』, 『철학연구』 제65집, 2003, 109쪽 이하 참조.

오디세우스	키르케
시간적 역사성을 지닌 합리적 자아	시간적 역사성을 망각하게 만드는 위험스런 마녀 (자아 형성의 방해자)
자율적인 자아	유혹하는 창녀 (쾌락 보증과 자율적 자아의 파괴자)
희생을 내면화하는 자아 (자기 유지의 조건인 희생과 체념의 내면화)	남성의 보조적 존재 (유혹을 거부하는 강인한 오디세우스 앞에 무기력한 존재, 항해 도우미)

대한 분석은 철저하게 "남성성인 합리성과 여성적인 쾌락의 이분법적 도식"에 기초한다. 오디세우스와 키르케의 만남을 중심으로 한 근대적 자아의 논의는 "근대적인 남성 자아로서의 인간"일 뿐이며 아도르노의 신화 해석에는 "남성 중심적 시각"[31]이 작동하고 있다. 노성숙의 아도르노 여성 상징성에 대한 남성 중심적 시각 비판은 정당한 비판이다. 이 비판에 근거해 그는 아도르노의 비여성주의적 시각이 '키르케 다시 쓰기'를 통해 새롭게 반성되어야 한다고 강조한다.

아도르노가 오디세우스와 키르케의 만남의 논의 문맥에서 비여성주적 관점을 고수하는 것은 사실이다. 그러나 이러한 사실로부터 여성주의적 관점하의 '키르케 다시 쓰기'의 정당성이 확

31) 같은 책, 114쪽. 위험하고 아름답고 매혹적인 요부로서 사이렌의 성적 상징성에서도 아도르노의 남성 중심적 분석이 행해진다. 사이렌들은 아무도 빠져나올 수 없는 강력한 유혹의 노래를 불러 그 누구도 고향으로 돌아갈 수 없게 만든다. '미래'의 대가를 지불하게 하고 '과거'의 무시간성에 살게 만드는 사이렌의 상징성은, '동일하고 목적 정향적이며 남성적'인 계몽적 남성 자아인 오디세우스를 무력화하는 강력한 유혹녀로서 신화적 인물로 설정된다.

보되는 것처럼 보이지는 않는다. 여기에 하나의 사변적 해석의 문제가 남아 있다. 곧, 계몽의 남성성 테제와 위의 문제에 나타난 아도르노의 비여성주의적 시각과의 관계를 어떻게 이해할 것인가의 문제다.

추측컨대 먼저 '남성적 자아로서의 인간의 원역사'를 다룬 『오디세이』의 텍스트적 성격을 생각해볼 수 있다. 아도르노는 트로이 전쟁을 소재로 한 『일리아드』도 '주체가 신화적 힘으로부터의 탈출'을 묘사하고 있지만, 모험 소설[32]의 형식에 더 가까운 『오디세이』에서 주체 형성의 원역사가 더 극적으로 묘사되어 있다고 말한다.[33] 아도르노에게 『오디세이』는 남성인 호머에 의해 남성 영웅인 오디세우스의 모험을 다룬 남성 모험 소설이다. 계몽의 남성성 테제를 내세우는 아도르노에게 『오디세이』는 가장 적절한 텍스트며, 그 자신 남성 중심적 해석 시각을 고집하는 것은 보이지 않는 '의도된 전략'에 부합되는 것으로 보인다. 아도르

---

32) 루카치는 소설이라는 문학 형식 자체를 남성적 문학 형식으로 간주한다. 그에 따르면 소설은 '서사의 규범적 유치성에 반해 성숙한 남성성의 형식'이며 소설의 대상은 남성적인 성숙된 통찰'이다(Lukács, *Theorie des Romans*, Neuwied, 1962, 69 ; 88쪽). 서사와 소설의 차이를 구분하는 루카치와 달리 아도르노는 이 둘을 구분하지 않고 변증법적 상호 관계로 인식한다. "호머에게 서사와 신화, 형식과 소재는 단순히 서로 떨어져 있기보다는 이들이 서로 상호 침투한다(GS3, 63)."

33) GS3, 64쪽 참조. 호머의 『오디세이』 자체는 엥겔스가 밝히고 있듯이 일부일처제의 새로운 가족 형태에서의 성적 지배가 상징화되어 있다. 텔레마코스(Telemachos)가 자기 어머니를 격리시켜놓고 바깥 출입을 금지시키는 장면 등은 여성을 단지 성적 대상의 희생물로 상징화한다. 『일리아드』의 여성 노예에 대한 에피소드에서도 여성은 승리자의 성적 즐거움(Sinnenlust der Sieger)으로 묘사된다. F. Engels, *Der Ursprung der Familie, des Privateigentum und des Staats*, MEW, Bd. 21, Berlin, 1981, 65-66쪽 참조.

노의 '의도된 전략'을 표현하는 명시적 주장을 찾을 수는 없다. 그러나 '계몽의 남성성 테제는 남성에 의한 여성 지배, 남성 사회에 의한 여성의 상처를 객관적으로 서술하는 중립적인 테제인가, 아니면 남성의 여성 지배에 대한 원역사와 '계속 진행 중인 성적 지배 역사'의 비판적 관점을 함축하고 있는가' 하는 질문은 던짐으로써 나의 해석의 실마리를 찾을 수 있을 것이다. 이 문제의 단서는 아도르노가 전개한 '오디세우스-키르케 만남'의 비여성주의적 해석과 대립되는 『계몽의 변증법』에서의 여성주의적 주장들 그리고 같은 시기에 쓴 『최소 도덕』과 아도르노의 후기 저작들에서의 여성주의적 주장들과의 상호 연관성을 이해함으로써 얻을 수 있다.34)

4. '여성은 남성이다' : 성적 지배 비판

아도르노가 남성의 여성 지배를 생물학적 열등함에 근거를 둔다는 측면에서 보면, 아도르노는 성적 주체성에 관한 한 본질주의자며 비여성주의적 인식 태도를 보여준다. 그러나 계몽의 남

34) 『계몽의 변증법』이 1947년에 출간되고 『최소 도덕』이 1951년에 출판되었다는 사실은 출판의 사실성 그 이상을 말해준다. 아도르노는 1941년 12월에 호르크하이머의 뒤를 이어 자신의 거처를 뉴욕에서 로스앤젤레스 할리우드 인근으로 옮기면서 호르크하이머와 공동으로 『계몽의 변증법』 집필을 시작했다. 이와 함께 아도르노는 『최소 도덕』과 『새로운 음악의 철학』 집필도 동시에 시작했다(Stefan, Müller-Doohm. Adorno, Frankfurt a. M. 2003, 419 ; 464쪽 참조). 주목할 만한 것은 같은 기간에 쓰여진 두 저작에서의 '여성 문제'에 대한 주장들이 지배 비판 측면에서 언급하고 있다는 사실이다. 계몽의 남성성 테제도 이 관점에서 이해되어야 하며 비여성주의적 시각 역시 전체 문맥 안에서 해석할 필요가 있다.

성성 테제는 단지 문명화 과정에 나타나는 소위 '자연적' 성적 지배를 정당화하기 위해 내세운 테제라고 볼 수 없다. 오히려 아도르노의 시각은 문명화 과정에서 여성 지배가 어떻게 발생하는지, 여성성과 여성 문화가 어떻게 상처받고 왜곡되는지를 보여주고자 시도한다. 『최소 도덕』은 『계몽의 변증법』에서 서술한 계몽의 남성성이 현대 사회에서 어떻게 지속되고 있으며, 남성 사회의 질곡으로부터 해방의 길에 대한 사유의 편린들이 명시적으로 서술되어 있다. 여성 문제에 관한 한 아도르노의 비여성주의적 인식 태도만을 비판하는 모든 시도는 여성 해방을 사유하는 또 다른 아도르노의 사유를 간과하는 것이다.

여성 문제에 대한 아도르노의 여성주의적 시각은 여성성에 대한 비판, 남성 사회 자기 유지 메커니즘 비판에서 잘 드러난다. 아도르노는 본질주의에 대한 안티 테제를 내세움으로써 자신의 여성주의적 입장을 분명히 한다. 주목할 만한 것은 아도르노가 '여성은 남성이다'라는 테제를 젠더 이론의 선구적 위치에 있다고 인정받는 시몬드 드 보부아르의 '여성은 태어나는 것이 아니라 만들어진다'는 테제보다 앞서 주장하고 있다는 사실이다.[35]

35) 1949년 시몬느 드 보부아르가 『제2의 성』에서 주장된 테제를 아도르노가 앞서 제기했다는 사실은 거의 알려지지 않았다. 흥미로운 것은 위의 테제뿐만 아니라 다른 점에서도 아도르노와 보부아르의 유사성을 찾을 수 있다는 점이다. 양자는 사회적 범주로서의 여성성과 생물학적 범주로서의 여성성을 엄격히 구분한다. 보부아르가 '불변의 여성적인 것들', '어떤 여성도 자신의 성을 넘어설 수 있다고 주장할 수 없다'고 한 표현은 아도르노의 '거역할 수 없는 자연적으로 주어진 생물학적 차이'라는 입장의 보부아르 식 표현이다(시몬느 드 보부아르, 강명희 역, 『제2의 성』, 하서, 1996, 13). 초기 인류 남성의 생물학적 특징으로 인한 성적 지배(같은 책, 118쪽)나 기독교의 여성 억압에 대한 비판에서도 양자의 유사성이 발견된다.

"본능에 근거한다는 모든 유의 여성성이란 항상 모든 여성이 남성적인 폭력으로 강요당해왔던 바로 그것이다. 여성은 남성이다."[36)]

자연 지배에 의한 문명화 과정에서 여성 이미지로 고착화된 "소위 자연적 존재(Naturwesen)라고 주장되는 여성은 사실 역사의 산물로서, 역사가 여성을 탈자연화시켰던 것이다."[37)] 역사적 산물로서 여성, 여성의 탈자연화란 남성 사회에 의한 여성 자연성의 왜곡과 여성 문화의 피규정성을 말한다. 남성적 지배의 원칙은 어떠한 예외도 없이 심지어 주체까지도 객체화하면서 총체적 수동성으로, 여성적인 것으로 전환시킨다. 아도르노에게 남성적 지배의 원칙은 남성 일반이 행사하는 남성적 제스처인 독자성, 명령권의 확실성, 남성들 간의 암묵적인 결탁에 의해 관철된다.[38)] 따라서 "여성적 성격, 여성성의 이상은 … 남성 사회의 산물"[39)]임이 분명하다.

"왜곡되지 않은 자연의 형상은 그 반대인 왜곡에서 비로소 만들어진다. 왜곡되지 않은 자연이 인간적이라고 사칭되는 곳에서 남성적

---

36) T. W. Adorno(1997), *Minima Moralia*, Gesammelte Schriften, Bd. 4, Frankfurt a. M, Schurkamp, 107쪽(이하 GS4로 약칭). 아도르노의 '여성은 남성이다'라는 테제는 마르쿠제에게서도 보인다. 마르쿠제에게 여성성은 사회적으로 결정되는 것이며 수천 년에 걸친 사회화 과정을 통해 '제2의 본성'이 된다(「여성 해방 운동과 사회 철학」, 『여성사회철학』, 이화여대 출판부, 1980, 80쪽). 아도르노의 이 테제는 여성성을 본질적인 것으로 간주하는 반여성주의를 비판하는 보편적 표제어의 성격을 갖는다.

37) GS3, 132쪽.

38) GS4, 50-52쪽 참조.

39) 같은 책, 107쪽.

사회는 여성들에게 고유한 불평등이나 대립을 완화시키는 수단을 탁월하게 배양해내며, 억압을 통해 가혹한 지배자로 나타난다. 여성적 성격이란 지배력의 양화를 모사한 것이다. 그 결과 지배력과 마찬가지로 여성적 성격도 나쁜 것이다. 시민사회의 기만 체제 연관 문맥에서 자연이라고 불리는 것은 사회적 불구 상태의 상처 자국이다."[40]

여성의 '자연(성)'이란 여성 고유의 자연성이 남성 사회에 의해 강요되고 주조된 자연성인 것이다. 왜곡된 상처로서의 여성적 자연, 여성적 성격은 남성적 전통 사회가 존속하는 한 "여성 해방을 은폐"시키고 있으며, "남성 사회는 여성 문제를 해결하기보다는 희생자가 질문을 더 이상 제기할 수 없게 그 자신의 원칙을 확장시킨다."[41]

아도르노는 자신의 여성성 이론을 여성성 결정 조건 분석을 통해 뒷받침한다. 아도르노는 여성성의 형성 조건을 경제적 관점에서 파악한다. 여성성 형성을 시민사회 분업적 경제 활동과 관련시키는 그의 분석 관점은 원시적 성적 지배의 근거로 제시한 생물학적 차이에 기초한 노동 분업 논리의 문맥과 궤를 같이한다. 아도르노에 따르면 여성들은 남자들과 같이 경제적인 경쟁(Wirtschaftliche Konkurrenz)에 내몰려 있지 않다. 생산 관계에 거리를 두게 된 여성은 아직 완전히 파악되지 않고, 사회화되지 않는 인간의 특징을 갖는다. 이 덜 사회화된 여성의 특징이란 사회화된 남성이 만들은 사회 체제에의 예속 내용과 관련이 있다. 생산(활동)으로부터 거리를 두고 있는 여성은 이것을 '어떤

---

40) 같은 쪽.

41) 같은 책, 103-104쪽.

것을 위한 기회'로 삼지 못하고, 남성이 만들어낸 생산 세계에 완전히 흡수되어 상품 소비를 통해 상품과 동화된다.

> "여성은 생산 영역에서 벗어나 있지만 소비 영역에 더 완벽하게 흡수되어 있다. 남성들이 이익의 직접성에 붙들려 있는 것과 같이 여성들은 상품 세계의 직접성에 붙들려 있다."[42]

생산 영역의 활동을 통해 사회 발전의 주체이자 경제 주체인 남성과 달리 여성의 역할과 여성적 성격은 남성 사회의 생산물의 즉물적 소비라는 주변 영역에 뿌리를 둔다. 가정에 갇혀 있는 여성은 폐쇄적 가정 생활로 인해 경제 주체인 남성에게 종속된다. 현대 자본주의 체제에 하위 노동력으로 편입된 여성 역시 가정에서와 마찬가지로 객체로서 가사와 노동의 이중고에 시달린다. 경제 활동의 주변부에 머무는 여성들은 그들에게 허락된 여가와 사치, 남성 사회가 제공한 상품에 감동한다. 여성적 성격의 형성 요인은 바로 남성 사회의 노동 분업에 따른 여성의 주변화 조건 아래에서 "사유를 남성에게 떠넘기고, 이에 대한 각각의 성찰을 오히려 문화 산업이 선전하는 이상화된 여성성에 반하는 것으로 비방하며, 부자유를 내버려둔 채 이것을 여성 자신, 여성다움의 실현으로 간주"[43]하는 경향에 있다.

남성 사회의 강요된 사회적 노동 분업은 전통적 가정의 형성에도 커다란 영향을 미친다. 아도르노에게 가부장적 사회에서

---

42) GS10.1, 81쪽.

43) GS4, 104쪽.

부부의 성격은 경제적 이해 공동체(Interessengemeinschaft) 이상이 아니다[44]. 이해 공동체로서의 부부는 각자가 고유하고 독립적인 삶을 살아가는 것이 아니다. 여성은 남성에게 경제적 삶을 의탁하고 사회 구성원의 생산에 기여한다. 남성은 "여성의 노동과 소유물을 야만적으로 관장"하고 "야만적인 성적 억압"을 가한다. 이런 의미에서 현대적 부부의 의미는 "자기 유지의 술수(Trick der Selbsterhaltung)"[45]다. 이상의 논의에서 아도르노의 여성주의적 논거들은 그가 스스로 여성주의 철학을 의식적으로 전개하지 않았다 하더라도 강요된 여성성의 형성과, 여성 억압을 비판한다는 점에서 오늘날 남성 사회를 비판하는 넓은 의미의 여성주의 일반 테제들과 같은 입장에 서 있다.

그렇다면 경제적 관점에서 포착된 여성성의 형성 조건이 만들어내는 여성성의 구체적 내용은 무엇인가? 아도르노에게 남성 지배 사회의 완전히 착취된 자연(Die Ganze Ausgebeutete Natur)[46]으로서 여성은 '왜곡된 모습'으로서만이 자신을 유지할 수 있고 왜곡을 통해서 자신의 본질을 드러낼 수 있다. 왜곡된 여성의 심리적 특성은 불안, 허약함, 창녀성, 자발적 복종이다. "여성은 자발적인 굴복을 통해, 곧 패배를 헌신으로, 절망을 아름다운 영혼으로, 욕을 당한 가슴을 사랑스런 젖가슴으로 변화시킴으로써 승리자에게 승리를 확신시킨다."[47] 남성 사회 속의 왜곡된 여성

44) 아도르노가 부부를 경제적 이익 공동체, 교환 가치의 계약적 관계로 이해하지만, 이상적인 부부 개념과 실현 가능성을 부인한 것은 아니다. 아도르노에게 이상적인 부부는 인간의 공동 삶의 이상이자 "협력하며 함께 죽음을 이겨 가는"(GS3, 94) "독립적이고 상호 책임"(GS4, 34) 있는 관계다.

45) GS4, 32쪽.

46) GS3, 287쪽.

의 모습은 자기 방어 기제로서의 자발적 성격을 소유하지만, 이 때 자발적 성격이란 여성이 왜곡된 자신을 통해 자신을 드러낸다는 의미에서 '억압적 자발성'이다. 여성성의 왜곡은 성에 대한 태도에서도 나타난다. 남성 사회에서 여성은 쾌락의 도구로 대상화된다. 문제는 여성 자신들이 창녀로서의 "여성에 대한 문명적인 판단을 자기화하고 섹스를 비방하는 경향"[48]을 드러내는 데 있다. 창녀와 부인의 왜곡된 심리 역시 남성 사회의 상처받은 여성성의 자기 소외를 대변한다.

> "부인은 생활과 소유에 대한 확고한 질서가 주는 즐거움에 빠진다. 반면에 창녀는 부인의 비밀스런 동맹자로서 부인의 소유권이 미치지 않은 것을 다시 한 번 소유 관계에 종속시키면서 쾌락을 판다."[49]

여성을 성적 대상화한 남성 사회는 아름다움의 계획적인 관리를 여성에게 강요한다.

> "근대의 청교도 여성들은 이 과제를 열성적으로 떠맡았다. 이들은 야성적인 자연이 아닌 기존에 주어져 있는 순치된 자연과 자신들을 완전히 동일화했다. 로마 시대 여자 노예들의 부채질과 노래와 춤의 잔재는 버밍엄에서 마침내 피아노 연주자나 뜨개질 같은 것으로 축소되었으며 마지막까지 남아 있던 여성의 자유분방함도 완전히 가부장적 문화의 장식물로 교화되었다. 보편화된 광고의 영향 아래 본래는

---

47) 같은 쪽.

48) 같은 책, 90쪽.

49) 같은 책, 93쪽.

매춘부들만이 사용하던 것인 화장품이나 립스틱이 피부 관리가 되었으며 목욕 가운을 입는 것은 위생의 문제로 되었다. 이러한 과정에서 빠져나갈 길은 없다."[50]

여성에게 위탁된 '아름다움의 계획적인 관리' 뒤에 숨겨진 여성 지배는 아름다움에 대한 남성의 감탄 속에 숨겨져 있다.

"아름다움에 대한 남성의 경탄 뒤에는 언제나 호탕한 웃음과 무절제한 조롱과 호색한의 야만스러운 음탕함이 숨어 있다."[51]

'아름다움의 계획적인 관리' 뒤에 남성의 음탕한 웃음은 여성의 성적 대상화에 끝나지 않는다. 남성 사회의 남성의 이중적 여성 인식은 음탕한 웃음 뒤의 모성애 대한 '동경'에 있다. 성적 대상이고 지배의 대상인 여성은 동시에 모든 남성적 활동에 대한 조건 없는 사랑의 담지자로 표상된다. 남성에게 모성애는 모든 다정스러움, 사회적 감정, 가족 행복의 보증이다.[52] 모성애는 최상의 행복의 전형이 된다. 왜냐하면 "행복은 감싸안는 것, 어머니의 편안함의 모형"[53]이기 때문이다. 강요된 여성성과 남성 사회가 요구하는 이상적 여성상 간의 간격이 '지배와 동경'의 대상으로서 상처받은 여성이다.

---

50) 같은 책, 287쪽.
51) 같은 책.
52) 같은 책, 137쪽 참조.
53) GS4, 126쪽.

5. '동시적' 변증법과 여성 해방의 가능성

남성 사회의 성적 지배가 만들어낸 여성적 성격과 남성적 성격이 남성 자신이나 여성 자신에게 부정적 영향을 미친다. 아도르노는 같은 맥락에서 남성과 여성 모두가 패배자라는 시각을 여러 곳에서 표현한다. 양성이 패배자의 길로 들어서는 방식은 "남성 사회가 여성들에게 가한 불의(Unrecht)가 여성들에 의해 그(남성) 사회에 재투영"[54]되는 형식을 취한다. 재투영의 내용은 상처받은 여성에게 나타나는 남성에 대한 여성의 (심리적) 공격이다. 남성 사회의 여성 지배에도 불구하고 "여성은 수천 년 동안 굴복당하지 않았다."[55] 여성에 대한 오랜 억압의 산물인 여성의 "불안, 허약함, 자연에의 좀더 큰 유사성"[56]이 여성의 생명을 지탱해주는 요소들이다. 아도르노의 여성적 생명 요소들에 대한 언급은 여성 억압의 산물이자, 역설적으로 아직 '계속되고 있는 여성 억압'을 의미한다. 굴복되지 않는 여성의 생명성은 입센의 희곡 『인형의 집』의 노라처럼 "사회의 감옥으로부터 벗어나려는 희망 없는 시도를 감행하는 히스테리컬한 여성"[57]이나 "현대의 독살 맞은 여성(Megäre)의 형상"[58]에서 표출된다.

"독부가 된 억압받은 여성은, 지배가 남성이나 여성의 육체를 길들

54) GS10.1, 82쪽.

55) GS3, 132쪽.

56) 같은 책, 133쪽.

57) GS4, 104쪽.

58) GS3, 288쪽.

여 독기가 밖으로 분출하지 못하도록 그 획일화된 표정 밑에 가두어 버린 시대에조차 죽지 않고 살아남아 왜곡된 자연의 추함(Fratze)을 드러낸다."[59]

남성 사회가 만들어낸 독부와 그의 추함과 욕설(Schelten)은 남성 지배 사회에서 여성 자신의 고유함을 유지하려는 휴머니즘의 징표(Zeichen der Humanität)이자 정신의 흔적이다. 아도르노에게 남성 사회의 여성 왜곡의 결과이자 저항의 표현으로서 긍정적으로 파악된 독부의 '여성으로서의 투쟁'은 이내 한계에 다다른다. 독부가 "문화적인 목표를 적극적으로 추구"하고 "명예와 대중성을 얻기 위해 동분서주"하지만, 남성 사회 속의 그의 감각은 아직 불충분하게 다듬어진 것이다. 그는 공고한 남성 사회 문화에서 여성 정체성 유지와 남성적 문화에의 적응이라는 고통을 느끼며 "아직 편안(Heimisch)하지 않다."[60] 독부로 상징되는 남성 사회에 대한 저항 가운데 느끼는 여성의 고통과 불편함은 그들 자신을 비천(Unheil)하게 만든다. 아도르노에 따르면, 이들이 감행하는 남성 사회에 대한 마지막 저항은 "추잡한 패거리나 사교(邪教) 집회 취미의 늪에 빠지는 것이다. 그는 사회 활동이나 접신(接神) 등의 왜곡된 공격성을 드러내거나 자선 사업이나 크리스천 사이언스를 통해 자신의 원한을 해소한다."[61]

남성 사회에서 패배자로 파악된 남성과 여성의 위기적 관계를 아도르노는 동시 변증법(Gleichzeitige Dialektik)으로 개념화한

59) 같은 쪽.
60) 같은 쪽.
61) 같은 쪽.

다. 동시 변증법은 가부장적 남성-여성 관계에서 양립적으로 존재하는 이중적 허위 의식과 그것의 관철 내용을 의미한다. 허위 의식의 이중적 계기는 우월적 존재로서의 남성 이데올로기와 남성 이데올로기를 조작, 조정, 사기로 격하시키는 여성의 거부라는 긴장 관계 속에 드러난다. 아도르노는 동시 변증법을 부부 관계를 통해 고찰하면서 가정이라는 원시적 질서 안에 주인과 노예의 변증법이 작동한다고 본다. 남성과 여성 관계에 작동하는 주인과 노예의 변증법은 남성과 여성이 각각 주인이 되고자 하는 변증법적 운동을 수행한다는 의미에서 동시적 변증법이다.

> "주인과 노예에 대한 헤겔의 변증법은 가정이라는 원시적 질서에서 여전히 유효하고 강화되었다. 왜냐하면 부인이 완고하게 시대착오에 사로잡혀 있기 때문이다. 배척된 모계 사회의 지배자였던 부인은 남편을 위해 봉사해야 하는 바로 그곳에서 주인(Meister)이 되며, 부권 사회의 지배자인 남편은 풍자적 인물이 되기 위해 단지 그런 인물로 나타나면 된다. 시대의 이와 같은 동시적 변증법이 개인주의적 시각에서는 성의 투쟁(Kampf der Geschlechter)으로 나타난다."[62]

이성(異性) 간의 투쟁적 긴장 관계로서 동시적 변증법은 지양되어야 한다. 왜냐하면 허위 이데올로기의 작동의 장(場)인 남성-여성 관계는 상호 적대적이며 이 두 적대자(관계)는 옳지 않기 때문이다.[63] 아도르노에게 패배자로 인식된 두 적대자의 긴장 관계를 극복하는 것은 화해에 달려 있다. 아도르노는 남성과 여

---

62) GS4, 197쪽.

63) 같은 쪽 참조.

성의 화해 모색에서 여성 해방의 가능성과 동시에 남성 해방의 가능성을 발견한다. 그러나 양성 해방의 가능성은 상처받고 왜곡된 여성의 회복, 성적 지배의 근거였던 남성 사회가 부과하는 사회적 분업에 따른 경제적 불평등의 해소라는 문제 영역에서 설정되지 않는다. 성적 지배의 핵심적 논거로서 남성의 경제력 집중을 부각시켰던 아도르노가 기대와는 달리 양성 평등의 가능성을 발견하는 것은 더 근본적인 영역, 곧 실천적 행위 영역 이전의 '인식 태도'를 문제삼는다. 아도르노는 '차이'에 대한 올바른 인식이 성적 지배를 지양하고 양성 질서를 화해시키는 유일한 것으로 판단한다.

> "(진정한) 희망은 여성들의 왜곡된 사회적 성격들이 남성들의 왜곡된 사회적 성격들과 같아지는 것을 목표로 하지 않고, 언젠가 고통받는 여성과 더불어 행동을 즐기는 유능한 남성도 사라지는 것, 곧 차이의 치욕에서 차이의 행운 이외에는 아무것도 남지 않는 것을 목표로 한다."[64]

"사회적 해방 없이는 그 어떤 해방도 있을 수 없다"[65]는 여성

---

64) GS10.1, 82쪽.

65) GS4, 197쪽. 이 표현은 아도르노가 개별 사회 문제의 사회적 처방을 제시할 때 즐겨 사용하는 표현이다. 가족의 종말 테제에서도 아도르노는 동일한 결론(Es gibt keine Emanzipation der Familie ohne die Emanzipation des Ganzes)을 도출한다(Adorno, Soziologische Exkurse, Frankfurt a. M. 1956, 129쪽). 아도르노의 결론은 사실 '마르크스주의적 여성 문제 대안 프로그램'의 전형적인 입장을 따르고 있다. 이 입장은 엥겔스의 『가족의 기원』, 아우구스트의 『베벨의 여성과 사회주의』와 레닌, 클라라 제트킨이나 로사 룩셈부르크의 저작에서도 등장한다. 아도르노가 마르크스주의적 테제를 반복한다고 해서 그것이 사회주

해방과 연관된 아도르노의 또 다른 테제 역시 같은 맥락에서 이해할 수 있다. 그 이유는 아도르노가 해방 사회를 권력의 양성 공유 등의 구체적 양성적 관계를 주제화하기보다는 해방 사회가 가져야 하는 규범적 준거를 여전히 '차이'에 대한 반성에서 찾고 있기 때문이다. 아도르노에게 "해방 사회란 … 아마도 차이의 화해 속에서 보편적인 것을 실현"하는 사회며 "불안 없이 다양하게 존재할 수 있는 상태"[66]다.

진정한 양성 해방의 가능성은 차이가 차별과 억압의 원인을 제공하는 것이 아니라 차이가 양성적 관계에서 갈등 요인이 아닌 화해 요인으로 자리잡고, 차이가 사회에서 실현될 수 있는 공간을 허용하는 것이다. '사회적 해방 없이는 그 어떤 해방도 있을 수 없다'는 아도르노의 주장은 사회 해방과 여성 해방의 논리적 인과 관계를 의미하지 않고 이것의 상호 유기적 관계 및 '차이' 실현의 중요성을 강조한 것이다. 아도르노의 '차이의 여성학'은 "차이의 반성"[67]으로부터 출발해 차이의 긍정적 인식과 차이 실

의적 여성 해방을 의미하지는 않는다. 아도르노는 '현대 자본주의 사회에서 여성 문제'의 비판에 몰두하고 있을 뿐이며 사회주의에 대한 그의 비판의 관점을 고려한다면 사회주의적 여성 해방이 아도르노 자신의 대안일 수는 없다. 이 점과 관련해 같은 비판이론가인 마르쿠제와의 입장 차이가 분명하다. 마르쿠제는 '사회주의 사회에서도 여성 차별이 있을 수 있다'고 전제하면서 여성사회주의를 제안한다. 여성사회주의란 사회 재구조화에서 여성적 특성의 혁명적 기능과 관련된 추상적 개념이다. 또 다른 논점의 차이가 분명히 드러나는 지점은 여성 해방 운동의 정치 세력화 문제다. 아도르노가 여성 문제를 '차이의 반성'이라는 철학적 문제로 환원하고 있다면, 마르쿠제는 여성 문제의 정치적 해결을 주장한다. 여기에 대해서는 마르쿠제, 「여성 해방 운동과 사회 철학」, 『여성 사회 철학』, 이화여대 출판부, 1980, 81쪽 이하 참조 ; 백승균 역, 『마르쿠제와의 대화』, 이문출판사, 1984, 73쪽 이하 참조.

66) GS4, 116쪽.

현의 사회적 조건, "개개인의 삶의 균등성"[68]을 강조함에도 불구하고 그의 남성-여성 패러다임에서는 남성과 다른 여성 고유의 여성 정체성(Kollektividentität)을 전제하는 것으로 보인다. 이러한 아도르노의 관점은 남성들 사이와 여성들 사이의 '차이'의 다양한 측면들(시공간적 변화 양상, 사회역사적 양상, 여성과 남성의 계급・계층성)을 간과하는 것처럼 보인다. 다시 말하면 생물학적 성이라는 범주를 넘어서 개별 주체 간의 차이가 '남성-여성의 차이'의 논의 문맥에서는 전개되지 못하고 있다. 아도르노의 '차이의 강조'는 그것이 갖는 규범성을 넘어서지 못하는 이상 차이의 인식을 통한 '화해'의 모색으로 이행하기 전에 '차이'의 재생산 위험에 노출되어 있다.

6. 나오는 말

이 글에서 나는 지금까지 여성주의 철학 담론에서 논의의 대상으로 주목받지 못해왔고, 소수의 여성주의 학자에 의해 남성적 투시의 산물로 이해되어온 아도르노의 여성 인식을 반성해보려는 차원에서 계몽의 남성성 테제에 기초해 아도르노의 여성 인식을 검토해보았다. 이를 통해 아도르노의 성적 지배 분석이 여성의 구체적 사회 현실 분석에서 출발하지 않고 '자연 지배 논리'를 준용한 역사 철학적 논증임이 밝혀졌다. 아도르노의 단편

---

67) GS6, 341쪽.

68) 같은 책, 355쪽.

적인 여성 문제에 대한 서술을 '계몽의 남성성 테제' 아래 고찰하면서 이 테제가 한편으로는 남성 중심적 시각을 보여주고 있지만 다른 한편으로는 여성주의적 관점을 선구적으로 함축하고 있다는 사실 또한 확인할 수 있었다.

'여성은 남성이다'라는 테제는 아도르노의 성적 지배에 대한 비판, 남성 사회의 산물로서 여성성 분석을 포괄한다. 이것은 '아도르노의 남성적 여성 문제 이해'에 대한 기존 비판의 타당성을 의심하게끔 만든다. 이 테제는 젠더 이론의 초기 제공자인 시몬느 드 보부아르보다 앞선 주장일 뿐만 아니라 여성주의적 사회분석을 시도하려는 여성주의 연구자들에게 철학-사회학적 분석의 범례를 제공할 만한 것이다. 『계몽의 변증법』의 여성 상징성에 국한한 여성주의적 비판은 이러한 점을 간과하고 있다. 최초의 성별 분업과 성적 지배에 대한 아도르노의 본질주의적인 설명과 『계몽의 변증법』의 여성 상징성에 나타난 남성주의적 시각의 반영은 아도르노의 여성(문제) 이해의 일부분에 지나지 않는다. 아도르노 철학의 전체 체계에서 그의 성적 지배 비판과 여성 문제에 대한 해방적 관심은, 오늘날 여성과 여성 문제가 자본가 국가의 지배 패러다임 속으로 통합되지 않도록 하는 데 중요하다. 아도르노의 여성 문제에 대한 비판적 이해는 긍정적 정체성 자각을 시도하는 여성주의 이론을 부정적-비판적 이론으로 이행시키는 데 일정 부분 기여할 것이다.[69]

그럼에도 불구하고 아도르노의 한계는 분명하다. 먼저 계몽의 남성성 테제에 함축된 남성 사회 비판을 전개하는 데에 아도르

69) Sommerbauer, J., *Differenzen zwischen Frauen*, Münster, 2003, 119쪽 참조.

노는 아무런 매개 없이 비여성주의적 입장과 여성주의적 입장을 보여주고 있다는 점이 지적되어야 한다. 또한 그는 성적 지배의 원인을 마르크스주의적 전통에 따라 남녀의 경제력 차이에서 찾으면서도 이를 어떻게 사회 안에서 해결할 것인가 하는 정치경제학적 분석을 시도하지 않는 채 사회 혁명이라는 추상적 개념으로 도주한다. 성적 혁명 조건으로서 사회 혁명을 가능하게 하는 차이의 반성에 대한 아도르노의 요청은 강력한 호소력을 발휘하지만 차이의 반성 자체가 동시 변증법을 정지시키고 성적 관계의 화해를 필연적으로 수반하는 것은 아니다. 여성 해방에 대한 아도르노의 언급들은 이 점에서 '추상적'인 것이다. 오늘날 비판적 여성주의 철학과 여성주의 사회 이론은 아도르노가 제기한 '차이'의 반성에서 한 발 더 나아가 사회 조직 안에서 차이의 합리적 조정과 적용에 대한 현실적 연구를 수행해야 할 것이다. 이것은 아도르노의 고유한 한계를 넘어서는 것이지만 다시금 아도르노가 보여준 여성 문제와 사회의 연관성, 총체론적 사회 이론, 차이의 화해가 실현되는 사회에 대한 해방적 이념에 빚지고 있는 것이다.

제4장

세계화 시대의 문화 획일화 비판과 반비판*

— 아도르노와 함께, 아도르노를 넘어서

1. 들어가는 말

'세계화'는 1990년대 중반부터 지금에 이르기까지 국제 사회뿐만 아니라 한국에서도 일종의 유행어가 되었다. 세계화의 조류는 오늘날 세계 형성의 지배적인 요소며 매우 다양한 영역과 차원에서 진행되고 있다. 세계화의 진행 과정과 함께 세계화에 대한 논의 역시 다양한 사회와 사회 계층의 공론의 장에서 상이한 목소리를 내고 있다.

세계화에 대한 논의는 거칠게 보면 크게 '위험'과 '기회'라는 두 시각에서 파악할 수 있다. 독일 사회의 경우 세계화(Globalisierung)

---

* 이 글은 『철학과 현상학 연구』 제26집, 한국현상학회, 107-131쪽에 게재됨.

는 1990년대 중반을 넘어서까지 공론의 장에서 알려지지 않은 미래적 차원으로 이해되어 왔다. 특히 매체에서는 세계화의 이면에 대한 면밀한 설명 없이 거대한 흡인력을 가진 블랙홀로 서술되었고, 또한 그것은 거역할 수 없는 범주며 통제할 수 없는 흐름으로 소개되었다. 다시 말하면 세계화가 세계 형성 요인의 선택지로서 이해되지 않고 불안 요인으로 파악되었으며 부분적으로는 세계화 충격(Globalisierungs Schock)에 빠지게 되었다.[1] 독일 사회에서 세계화 충격은 복지 국가 이념의 정책적 퇴조가 중요한 요인으로 자리잡았다.[2] 한국 사회에서 세계화 논의는 1990년대 말까지 울리히 벡이 지적한 비판의 차원, 정확히 말하면 경제적인 영역에 논의가 한정되었다. 이러한 흐름은 정부의 각종 문화 산업 지원, 문화 산업 성장 정책 및 한류 지속화 방안에 대한 논의에서도 유지되고 있다. 그런데 2000년대 이후 철학계에서는 이전의 일부 논의 수준을 넘어 세계화에 대한 철학적 담론이 이루어졌다.[3]

문화적 측면의 세계화는 인간의 문화 지평을 확대시키고 있으며, 이 차원에서 이루어지는 문화 교류, 문화 상품의 소비를 둘러싼 '제 현상을 어떻게 이해할 것인가'가 논의의 중심에 있다. 문

1) U. Beck, *Was ist Globalisierung?*, Frankfurt / M. 1997, 33쪽.

2) J. Habermas, "Jenseits des Nationalstaats?", in : U. Beck(Hg.), *Politik der Globalisierung*, Frankfurt / M. 1998, 67쪽.

3) 한국철학회가 기획한 『다원주의, 축복인가 재앙인가』, 사회와 철학연구회의 『세계화와 자아정체성』, 임홍빈의 『세계화의 철학적 담론』, 성염 외의 『세계화의 철학적 기초』 등의 단행본이 여기에 해당된다. 개별 논문으로는 김여수의 「서구화, 국제화 그리고 세계화」, 김용환의 「'세계화' 시대에 얽힌 문제들과 그에 대한 철학적 반성」, 이한구의 「문명 다원주의에서 본 세계화」, 송영배의 「세계화 시대의 유교적 윤리관의 의미」 등이 있다.

화적 세계화의 긍정 인식은 지식, 정보 사회로의 사회 시스템 전환, 문화 접촉과 교류 활성화, 한 사회 안의 문화적 다양성 증대, 민주주의의 보편화, 지구적 차원의 문제 의식 확산에서 출발한다. 문화적 세계화에 대한 부정적 평가는 아도르노가 이미 1941년 이후 개념화한 문화의 획일화, 문화 영역의 차이 제거라는 현상이 세계화와 더불어 가속일로에 있다는 인식에 바탕을 두고 있다.

이 글의 목적은 아도르노 철학의 문맥 안에서 세계화 시대의 문화(das Kulturelle)를 주제화하는 데 있다. 주제화 방향은 첫째, 세계화의 정의 문제와 문화적 세계화의 의미를 살펴본다. 둘째, 아도르노가 쓴 것으로 알려진 『계몽의 변증법』의 '문화 산업' 장을 통해 문화 산업에 의한 문화의 획일화 테제와 세계화 시대 문화의 통일화 문제를 짚어보고, 또한 획일화에 대한 비판 내용들과의 내적 연관을 살펴본다. 셋째, 세계화 시대에 문제되는 문화 획일화 테제에 관련된 비판을 고찰한다. 넷째, 아도르노 철학의 주제어인 비동일성(das Nichtidentische) 개념이 세계화 시대에 문화 획일화 비판의 철학적 준거로 유용한가를 검토해본다.

2. 세계화의 정의 문제와 문화의 세계화

세계화 시대에 미국 대중 문화에 의한 문화 획일화를 문제삼는 이상, 세계화 시대가 무엇을 의미하는지 우선 질문해야 한다. 어떻게 세계화를 정의할 것인가? 결코 간단한 문제가 아니다. 미국의 사회학자 마틴 앨브로우와 울리히 벡은 세계화라는 개념이 혼란스럽고 동일한 의미로 사용되지 않는다는 데 의견이 일치한다. 그 이유로 세계화에 대한 특정한 이론적 경향에 기초한 다양한 차원의 논의와 그 논의들의 수준을 들 수 있으며, 무엇보다도 세계화 자체가 다차원적 현상이자 각 차원 간의 불균형성이 매우 강하게 존재하기 때문이다.[4)]

앨브로우는 세계화 개념의 '모호성'과 '정의하기 어려움'을 논증하기 위해 수많은 개념 정의를 그 특징에 따라 세 가지의 설명방식으로 구분한다. 첫 번째 유형은 주어진 조건들에서 수없이 다양한 방식으로 재생산되는 사회적 삶의 특수한 측면에 관심을 기울이는 분석적 설명 방식이다. 두 번째는 사실적인 설명 방식으로 근본적인 변화의 연속에 관심을 가진다. 곧, 세계화의 '과정'에 초점이 맞추어져 있다. 세 번째는 르네상스나 산업혁명과 같이 세계사의 특정한 시기에 발생하는 일회적이고 변화의 불가피성을 강조하는 역사적 설명 방식이다.[5)] 앨브로우는 세계화를 이론적으로 파악하는 것의 어려움을 지적하면서, 이것은 마치 이론과 사회 시스템으로서 자본주의를 설명하려는 시도만큼이나 어려운 것이라 강조한다. 앨브로우의 주장을 요약하면 다음과 같다 : ① 세계화는 하나의 법칙적인 과정으로 파악될 수 없다. ② 세계화는 특정한 목표를 가지고 있지 않다. ③ 세계화의 영향을 완전히 파악할 수 없다.

앨브로우와 달리 울리히 벡은 세계화를 개념적 차원에서 세계주의(Globalismus), 세계성(Globalität), 세계화(Globalisierung)로

4) 맥그류, 「전 지구 사회?」, 『모더니티의 미래』, 전효관 외 역, 현실문화연구, 2000, 85쪽.

5) M. Albrow, *Abschied vom Nationalstaat*, Frankfurt / M, 1998, 144, 232쪽.

구분해 사용할 것을 제안한다. 세계주의는 신자유주의의 이데올로기다.6) 세계적 차원의 변화의 동력과 척도는 세계 경제 시장이며, 이것에 의해 세계화의 다른 차원들이 규정된다는 입장이다. 세계성은 이미 인간이 세계 시민사회에 살고 있다는 현재적 상태(Ist-Zustand)를 말한다. 여기서 닫힌 공간이란 개념은 허구인 셈이다. 세계화는 얽힘 관계의 지속적인 변화 과정을 의미한다. 벡에 의하면 세계화는 탈국가 간 조치에 의해 국가 상호 간

---

6) 세계화를 신자유주의의 개념화로 본다면 이는 미국주의의 경제 작동 원리다. 특징으로는 산업 활동의 전 지구화, 경제의 금융화 현상과 이의 세계적 확산, 경제 활동에서 국가 개입보다는 시장의 자율성 중시, 금융 자본의 위상 강화를 들 수 있다. 그런데 세계화 현상에 대한 개념적 논의를 넘어 얼마만큼의 세계화가 실제로 진행되고 있는지를 살펴볼 필요가 있다. 또한 세계화의 진행 지표들이 세계화로 개념화될 수 있는지 확인해보고자 한다. 이 작업은 오늘날 많은 학자와 대중의 유행어로서 세계화가 얼마만큼 새로운 현상인지, 혹은 현재적 상황을 충분히 반영하는 적절한 기술적 용어인지 반성해보는 데 있다. 경제적인 측면에서 세계화(벡의 의미에서 세계주의)는 취른이 인용한 세계 무역 통계 지표에서 확인되어 세계화 개념이 부적절하며 그가 제안하는 개념인 탈국가화(Denationalisierung)가 현실을 더 잘 개념화한 것으로 보인다. 왜냐하면 기존의 세계화는 취른에게 공간적으로 제한된 (경제 활동) 과정이나 다름없기 때문이다. 취른의 논거는 ① EU 국가들의 대외 무역은 60%가 역내에서 이루어진다. ② 1980~1991년 사이 외국 직접 투자는 OECD 가입 국가와 10개국의 개발도상국에서 91%가 이루어졌다(M, Zürn, *Regieren jenseits des Nationalstaats. Globalisierung und Denationalisierung als Chance*, Frankfurt / M, 1998, 338쪽). 세계화를 미국의 기획으로 간주하는 필그슈타인은 취른의 테제를 지지한다. 그는 1953~1995년 기간의 세계 무역 흐름이 세계화 지지자들이 주장하는 것보다 비교할 수 없을 정도로 변화의 양상보다는 지속성을 보여주는 경험적 근거를 제시한다. 필그슈타인의 시각에서 보자면 지난 15년 동안 세계 무역 구조가 양적, 질적 변화를 가져왔다는 세계화 지지자들의 주요 논거는 공허한 주장일 뿐이다(N. Filgerstein, "Verursacht Globalisierung die Krise des Wohlfahrtsstaates?", in : *Berliner Journal für Soziologie*, Band 10, 2000, 349쪽 이하). 안병영은 신자유주의는 시장의 은유에 기초한 정치 전략으로 이해한다. 안병영, 「세계화와 신자유주의 : 충격과 대응」, 안병영 · 임혁배 편, 『세계화와 신자유주의』, 나남출판, 2000, 25쪽 이하.

특정 국가의 권력 기회, 정향성, 정체성, 네트워크가 상호 교차, 결합하는 연속적 과정이다.[7] 그러나 울리히 벡은 세계화 개념에 혼재하는 개념적 차이를 구분하는 성과를 올렸음에도 불구하고 개념적 차원에서 세 가지 개별 개념들에 대한 구체화에는 이르지 못했다.[8]

세계화를 개념적으로 설명하려는 다양한 차원의 시도 중에 로버트슨을 주목할 필요가 있다. 로버트슨은 세계화 개념 대신 세계성(Golbality) 개념을 사용할 것을 제안한다. 세계성은 지리적으로 상이한 문화들 간에 상호적인 침투를 의미하며 보편적 근대성의 확산을 용이하게 하는 일반적 조건이다.[9] 로버트슨은 현대화 과정 속에 발생하는 양극적인 특성인 세계화와 지역화 양상을 세계-지역화(Glocalization)로 표기한다. 로버트슨의 세계-지역화 개념은 문화의 세계적 동질화와 문화 간 이질성의 대립 구도가 이미 낡은 것임을 전제로 하며 동시에 '같음 속의 차이'가 존재한다는 것을 강조한다. 그에 의하면 글로벌한 마케팅에서는 상품과 서비스를 현지의 여건과 관행, 정체성 등과 접목시켜야 하며, 보편적인 것과 특수한 것이 끊임없이 서로 침투함으로써 글로벌한 문화 변화가 일어난다.

현대(Moderne)를 세계화 현상의 내재적 특성에서 찾는 기든스에게서 로버트슨이 말하는 세계-지역화의 현상적 특징이 명

---

7) U. Beck, *Was ist Globalisierung?*, Frankfurt / M. 1997, 28쪽.

8) 울리히 벡은 단지 세계주의의 열 가지 오류 및 세계성과 세계화의 열 가지 대응 방식을 지적한다. 여기에 대해서는 위의 책, 195쪽 이하 참조.

9) R. Robertson, "Globalisierung ; Homogenität und Heterogenität in Raum und Zeit", in : U. Beck(Hg.), *Perspekiven der Weltgesellschaft*, Frankfurt / M. 1998, 196쪽.

확해진다. 세계화의 특징은 기든스에게 "공간과 시간 개념의 변화"[10]로 설명된다. 기든스에 따르면 한 장소에서의 사건이 다른 장소에서 영향을 미칠 수 있고, 다른 장소에서 사건의 발생 원인이 될 수 있다. 이 역도 당연히 가정될 수 있다. 이것을 기든스는 지역적으로 나누어지고 구분되는 공간과 장소의 범주를 사회적 관계망의 강화로 파악한다.[11] 이것은 특정한 사건의 동시적 영향 작용이라는 측면에서 시간 개념의 변화도 설명 가능하다. 기든스는 공간과 시간 개념의 변화를 시간과 공간의 분리, 상호 작용의 맥락으로부터 사회적 관계의 이탈로 설명한다. 탈공간화 혹은 탈시간화로 표현되는 현상들은 단지 국가 간 교역을 취급하는 다국적 회사나 국제 시장에서만 나타나는 현상이 아니다. 이 현상은 문화적으로 결합된 그룹, 각종 문화 영역, 정치 조직들의 행동 반경 확장에서도 발견된다.[12] 세계화는 시간과 공간의 압축(탈시간화, 탈공간화)이라는 새로운 차원의 조건 아래에서 지구촌 전체에 대한 세계 의식, 의식 지평의 세계화, 의식의 탈영토화, 지구적 귀속 의식을 야기한다.[13]

그렇다면 세계화의 형식적 차원을 수반하는 문화적 차원의 세

---

10) A. Giddens, *Konsequenzen der Moderne*, Frankfurt / M. 1998, 23쪽.

11) 같은 책, 85쪽. 기든스와 마찬가지로 맥그류 역시 세계화를 현대 세계 체계를 형성하는 국민국가를 초월하는 다차원적인 연계들 및 상호 연관성의 증대로 이해한다(맥그류, 「전 지구 사회?」, 『모더니티의 미래』, 전효관 외 역, 현실문화연구, 2000, 90쪽).

12) A. Appadurai, "Globale ethische Räume", in : U. Beck(Hg.), *Perspekiven der Weltgesellschaft*, Frankfurt / M. 1998, 13쪽.

13) 로버트슨의 이러한 주장은 세계주의 명제를 내세우는 많은 논자들, 이를테면 맥루한, 하비, 기든스 등에서도 찾아볼 수 있다.

계화는 어떻게 정의를 내릴 수 있는가? 문화의 세계화를 홍윤기는 "대규모의 문화 혼합이 복합적으로 일어나는 현상"[14]으로 규정한 후, "세계화의 과정(은) 대규모의 문화 혼합이 시시각각으로 진행되고, 그 끝이 어떤 모습으로 판이 날지 아무도 예측할 수 없(는)"[15] 과정으로 이해한다. 홍윤기의 이 정의는 문화 혼합이라는 독특한 그의 규정에서 이해될 수 있다. 과정으로서의 세계화와 관련된 그의 정의와 세계화 정의에서 문화 혼합 개념은 ① 일반적 의미에서 문화 접촉과 문화 소비의 동의어로 이해될 수 있는 가능성 ② 문화 접촉과 문화 소비의 행위시, 즉각적인 문화 혼합이 이루어진다는 숨겨진 전제에 바탕을 둔다. 문화 소비와 문화 혼합의 내적 관계가 해명되지 않는 이상 무리한 정의다. 장-피에르 바르니에는 "문화의 세계화는 산업 발전의 결과 가운데 하나"며 "세계 시장 잠식"[16]이 목표라고 이해한다. 나 역시 문화의 세계화는 문화 산업적 차원에서 정의되어야 한다고 본다.

문화(산업)적인 측면에서 문화의 세계화란 세계적 차원에서 미국 주도 아래 문화 상품이 생산, 유통, 소비되는 메커니즘 및 그 영향 관계로 이해할 수 있다. 초국적 거대 문화 산업의 차원에서 본다면 세계화는 분명 새로운 상품 시장의 확대를 의미한다. 아도르노 식으로 표현하면 문화 상품에서 "생산의 중심지는 몇 안 되지만 수요는 여기저기 흩어져 있는 기술적인 문제"[17]가 해

14) 홍윤기, 「지구화 조건 안에서 본 문화 정체성과 주체성」, 『세계화와 자아정체성』, 이학사, 2001, 72쪽.

15) 같은 책, 71쪽.

16) 장-피에르 바르니에, 주형일 역, 『문화의 세계화』, 한울, 2000, 16쪽.

17) 아도르노, 김유동 외 역, 『계몽의 변증법』, 문예출판사, 1996, 170쪽.

결된 시대가 세계화 시대의 문화 산업의 현주소다. 문화의 세계화를 영향 관계의 측면에서 아도르노의 눈으로 고찰한다면, 그가 예측한 미래에 "모든 문화 산업의 획일성이 … 확연히 백일하에 모습"[18]을 드러낸 '현재화된 미래'가 지금의 문화적 세계화일 것이다. 세계적 차원의 단일 문화 상품 시장의 형성은 문화(상품) 소비의 민주화[19]라는 긍정적 기능과 더불어 아도르노가 포디즘 체제의 문화 상품의 대량 공급과 대중 소비의 결과로서 파악한 문화(상품)의 상업화와 획일화를 가속화시키는 부정적 측면을 동시에 가진다.[20] 문화적 측면에서 보면 세계화 논쟁은 미국이 주도하는 문화 산업의 생산과 유통 체제 아래에서 다른 나라의 문화에 미치는 부정적 영향이 얼마 만큼이고 이것을 어떻게 이해하고 대응할 것인가로 요약할 수 있다.

3. 문화의 세계화 비판

1) 아도르노, 세계화 비판론자 : 문화적 획일성 비판

지금까지 세계화 현상에 대한 개념화 작업의 다양한 시도와

18) 같은 책, 174쪽.

19) R. Münch, "Zwischen affirmation und Subversion", in : C. Winter / C. Y. Robertson(Hg.), *Kulturwandel und Globalisierung*, Baden-Baden 2000, 139쪽.

20) 이상화 교수는 세계화가 "획일화된 경제, 문화적 논리이기도 하지만, 다른 한편 다양한 삶의 방식과 문화 전통의 공존을 현실화하는 가능 조건"으로 보면서 세계화의 양면성을 충분히 파악할 것을 주문한다. 이상화, 「세계화와 다원주의」, 『다원주의, 축복인가 재앙인가』, 철학과현실사, 2003, 13-44쪽 참조.

어려움, 세계화 개념의 복잡성과 다의성, 문화적 세계화의 의미를 간략히 서술했다. 여기서는 먼저 문화의 세계화에 따른 문화 획일화 비판과 아도르노의 문화 산업 테제의 내적 연관을 살펴보도록 한다. 아도르노는 '문화 산업' 장에서 '문화가 상품이 되었다'고 주장한다. 아도르노의 이 주장은 문화 획일화 비판가인 부르디외나 리요타르에게 수용, 발전되었다.

리요타르에 따르면, 문화 산업의 논리는 자본의 논리다. 모든 문화 영역은 문화 자본에 의해 빈틈없이 포섭되었다. 문화 시장은 문화 자본의 "문화적 패스트푸드의 이념"[21]에 의해 조종된다. 부르디외의 경우 역시 "상업성의 지배(Herrschaft des Kommerzillen)"[22]가 문제시된다. 상업성의 지배는 한편으로는 통일화된 문화 상품들, 독점 체제 아래에서 국내나 국제적 차원에서 제공되는 문화 상품의 획일성으로 나타난다. 다른 한편으로는 문화 상품의 생산 독점과 유통 독점의 결합을 목표로 하는 데서 찾을 수 있다.[23]

아도르노의 문화 상품성 테제와 이를 수용한 리요타르의 문화 자본 비판, 부르디외의 상업성의 지배 비판은 문화의 상품성에서 초래하는 것으로 간주되는 문화의 획일화 테제와 직접적으로 연관된다. 아도르노는 기술과 사회의 분화와 전문화가 심화됨으로써 문화적 혼란이 초래되었다는 사회학적 견해는 잘못된 것이라고 비판한다. 왜냐하면 "오늘날(1945년) 문화는 모든 것을 동질화시키기 때문이다."[24] 아도르노의 관점에서 보면, 문화 산업

---

21) J. F. Lyotard, *Postmoderne Moralität*, Wien 1998, 19쪽.
22) P. Bourdieu, *Gegenfeuer 2*, Konstanz 2001, 83쪽.
23) 같은 쪽.
24) 아도르노, 『계몽의 변증법』, 김유동 외 역, 문예출판사, 1996, 169쪽.

에 의해 야기되는 동질화(Ähnlichkeit)는 영화나 라디오, 잡지 등 개별 문화 영역과 그들이 만들어내는 문화 상품뿐만 아니라 전체 문화 영역에서 획일화된 체계를 만들어낸다. 획일화의 양상을 대립된 정치적 견해들에서의 그럴 듯한 미사여구, 기업의 장식적인 본사 건물이나 전시장, 도시 변두리의 새로 지어진 간이 주택들에서도 찾아내는 아도르노는 독점 체제 아래에서 대중 문화는 모두 획일적(Identisch)이라고 주장한다.[25)]

아도르노의 문화 산업에 의한 문화의 획일화 테제는 세계화 시대에 미국적 단일 문화의 확산과 그로 인한 문화적 다양성의 상실에 대한 비판들에 암묵적인 역할을 수행한다. 『세계화의 덫』의 저자 마틴과 슈만은 문화적 세계화의 과정은 문화적으로 단음이 된 하나의 미국 목소리를 낼 것이라고 주장한다.[26)] 미국 문화 유입에 의한 문화의 획일화는 디즈니화(Disneyfication), 맥도널드화(McDonalisierung), 코카콜라 식민지화(Coca Colonization)로 표제화된다.[27)] 세계화 비판가 바버는 문화의 미래상을 다음과 같이 예측한다.

"미래(의 문화)는 통합과 협력을 요구하는 거대한 경제적, 기술적, 생태 환경적 세력들의 사업으로 채색될 것이다. 모든 민족은 MTV의

---

25) 같은 책, 170쪽.

26) H. P. Martin / H. Schumann, *Die Globalisierungsgalle*, Hamburg 1996, 31쪽.

27) 기 소르망은 『열린 세계와 문화 창조』라는 책에서 미국 문화를 상징하는 맥도널드와 프랑스어로 세계를 의미하는 르 몽드(Le Monde)의 결합어인 맥몽드라는 신조어를 내놓고 있다. 그는 현재 전 세계가 개별성과 다양성을 무시한 채 획일적으로 미국적 사고 방식을 강요받는 '맥몽드'의 문화제국주의 시대로 규정한다(『중앙일보』, 1998. 2. 6).

빠른 음악, 매킨토시의 빠른 컴퓨터, 맥도널드의 속성 음식에 빠져들 것이며, 각 나라는 커뮤니케이션, 정보 오락, 경제를 하나로 묶는 하나의 유일한 유흥 공원인 맥도널드 세계(Mcworld)에 내몰릴 것이다."[28]

다소 과장된 바버의 극적인 묘사는 계속된다. 그에 따르면 맥도널드-미국 대중 문화에 의한 문화적 획일화는 무역과 시장의 승리가 요청하는 광범위한 차원의 평화를 가능케 한다. 종국적으로 문화적 획일화는 (설사 의식적인 투쟁에 의한 것이 아닐지라도) 인류 운명의 완성된 지배에 이르게 한다.[29]

아도르노의 문화 획일화 테제는 수많은 세계화 비판가들에게 뿐만 아니라 아도르노의 계몽 자체의 비합리성 비판을 계몽의 계몽성의 시각에서 비판하면서 동시에 문화적 합리성을 강조했던 하버마스에게서도 찾아볼 수 있다. 하버마스의 세계화 시대의 미국 주도의 통일 문화(Einheitkultur)에 대한 비판은 다음과 같다 :

"세계 시장, 대중 소비, 대중 커뮤니케이션, 대중 관광은 미국 주도 아래 형성된 대중 문화의 확산을 양산한다. 같은 종류의 문화 소비 상품, 소비 스타일, 똑같은 영화, 방송 프로그램, 유행가가 지구 전역 곳곳에 퍼지게 된다. 똑같은 팝, 테크노, 진의 유행이 일어나고 이것이 가장 멀리 떨어져 있는 지역에서조차도 청소년들의 의식을 형성시킨다. 같은 언어(영어), 각각의 형태로 동화된 영어는 지역 방언들(자국어) 간의 소통을 위한 매체로 기능한다. 서구 문명의 시계는 비동시성의 강요된 동시성을 위해 박자를 맞춘다. 상업화된 통일 문화의 외관

28) B. R. Barber, *Die Zeit*, 1994. 10. 14.

29) B. R. Barber, *Coca Cola und Heiliger Krieg*, Berlin / Muenchen / Wien 1996, 25쪽 참조.

은 단지 낯선 지구의 한 부분만의 문제는 아니다. 그것은 서구 국가에서도 국가 간의 문화적 차이를 제거시킴으로써 강한 고유의 전통들을 점점 약화시킨다."[30]

하버마스의 통일 문화 비판 내용은, 50년 전에 아도르노가 언급한, "문화 산업에 의한 문화의 장악은 대중화에 대한 반대 속에서 개성을 옹호하는 철학자들이 비판하는 통일적인 문화라는 개념을 희화적으로 충족"[31]하는 것에 대한 현상학적 기술인 셈이다.

문화 획일화 현상에 대한 과장된 묘사나 부드러운 묘사의 동의 여부와 관계없이, 문화 획일화의 주요 행위 주체인 세계적 매스 미디어와 그들에 의한 문화(상품) 유통이 의미하는 바가 무엇인지 살펴볼 필요가 있다. 문화적 획일화의 주범이 미국 중심의 다국적 매스 미디어라는 사실에는 이론의 여지가 없다. 여기에 디즈니, 달라스, MTV, CNN, 할리우드 영화 등을 꼽을 수 있다. 이들의 역할은 단지 정보와 오락의 판매에 그치지 않는다. 문제는 이들이 제공하는 정보와 오락 문화(상품)에 미국적 라이프-스타일, 미국적 의미 도식, 미국적 가치가 스며들어 있다는 사실이다.[32] 소수의 비판적 문화 소비자를 제외하고는 이들이 제공하는 문화(상품)의 소비는 매스 미디어에 의해 유포되는 미국적 의식 상품의 (무)의식적 소비 행위라 볼 수 있다. 음악 채널 MTV를

---

30) J. Habermas, *Die postnationale Konstellation und die Zukunft der Demokratie*, Frankfurt / M. 2001, 114쪽.

31) 같은 쪽.

32) J. Willke, "Internationale Werbe und Media-Agenturen als Aktuere der Globalisierung", in : P. Donges(Hg.), *Globalisierung der Medien*, Opladen 1999, 98쪽.

예로 들어보자. 세계의 많은 국가에 있는 MTV 음악 채널이 자신들의 프로그램에서 현지 언어와 현지의 문화적 특성을 반영하고 있는데, 이것을 문화의 획일화로 보는 것은 '무리한 주장이다'라고 비판할 수 있다. 그러나 이 비판은 각국의 문화적 특성을 반영한 프로그램 제작 방향이 현지의 음악 시장 점유율 경쟁과 관련이 있으며, 이를 통한 현지화 전략이 미국 문화와 미국 대중음악 콘텐츠 자체의 포기나 축소를 의미하지 않는다는 사실을 간과하고 있다.

영화의 경우에도 사정은 마찬가지다. 대부분의 할리우드 영화는 기획 단계에서부터 세계 시장을 염두에 두고 제작한다. 이는 세계 영화 시장의 구조를 보면 쉽게 이해할 수 있다. 세계의 스크린에 제공되는 총 상영 영화의 85%대를 할리우드 영화가 점유하고 있으며, 세계 전체 스크린의 50% 이상을 미국계 영화 배급회사가 소유하고 있다.[33] 영화 부분은 대중 음악 부분보다 미국적 가치의 확산을 위한 물적 토대가 상대적으로 공고한 셈이다. 제작이라는 측면에서 할리우드 스타일은 분단 문제와 남북 이데올로기를 소재로 한 한국 영화에서 수용되고 있다. 1990년 중반 이전의 「짝코」, 「남부군」, 「태백산맥」 등의 영화는 전쟁과 이데올로기의 강박 노이로제가 중심에 놓여 있었다. 그러나 영화 「쉬리」나 「공동경비구역JSA」에서 전쟁과 이데올로기는 특수한 상황 속에서 멜로 드라마 구성의 영화적 소재로 전락한다. 이 두 영화에서 분단 문제의 환기력은 사라지고, 남북 화해는 낭만적인 사랑으

---

33) 강윤주, 「영화를 통한 정치 교육의 가능성 2004」, 『지식의 사회 문화의 시대』, 경북대 출판부, 2004, 458쪽.

로 표상될 뿐이다.[34] 한국 영화 제작의 측면에서 미국화 경향의 심각성을 김소영은 '유령적 보편성'의 분할이라 비판한다.

> "한국형 블록버스터는… 전 지구화를 관철한 할리우드 형식을 차용하면서 영화적 재료를 한국적인 것, 심지어 민족적인 것처럼 제시, 할리우드라는 공식적 보편성이 한국적 블록버스터라는 유령적 보편성으로 분할(되었다)".[35]

2) 문화 획일화 비판의 비판

지금까지 아도르노의 문화 획일화 테제와 세계화 비판가들의 논의를 살펴보았다. 이제 이들의 주장이 얼마나 정당한 것인지 살펴보자. 우선적으로 지적될 수 있는 것은, 아도르노를 포함한 문화 획일화 비판론자들의 주장에는 전 지구적 차원의 미국 대중 문화 상품 공급과 소비에 대한 현상학적 기술에 그치고 있으며 이를 문화 획일화로 이해하고 있다. 다시 말하면 문화 획일화에 대한 개념적 정의와 내용이 비어 있다.

테제의 유효성을 위해서는 문화 소비와 문화 정체성의 연관에 대한 이론적 논의와 경험적 연구를 수반해야 한다. 문화 획일화 및 미국적 제작 논리의 수용 비판과 궤를 같이하는 비판 중 하나가 미국 대중 문화의 광범위한 유입으로 인한 지역 문화의 고유성과 다양성 상실 문제다. 이는 지역 문화의 고유성과 다양성의

---

34) 이효인, 『영화로 읽는 한국의 사회문화사』, 개마고원, 2003, 199쪽.
35) 김소영, 「한국 영화 편당 최소 상영 일수를 제도화하자」, 『시네21』 제325호, 2001, 28쪽.

자리에 표준화된 미국형 대중 문화가 들어선다는 주장이다. 아도르노에게 영향을 받아 대중 소비의 문제를 심도 있게 다룬 장 보드리야르나 아도르노의 분석에 근거한다는 논거를 공공연하게 주장하지 않는 그 밖의 많은 세계화 반대론자들에 의해 제기되는 이 주장은, 미국식 대중 문화의 소비에 대한 "실증적인 조사에 기반을 두지 않았다. … (문화) 소비 행위에 대해 조사를 시작했을 때 … 그들이 … 주장하는 것과 아주 다르다는 것(이) 발견"[36]되었다. 리하르트 뮌치의 실증적 연구도 문화 획일화 비판이 경험적으로 논증되기 어려움을 보여준다. 그에 의하면 세계화 시대에 문화의 생산과 소비의 구조적 변화가 결코 지역 문화나 특정 국가의 문화 상품 생산과 소비 위축이나 말살을 의미하지 않는다고 한다. 뮌치는 독일 통계청의 통계 지표를 근거로 미국 대중 문화의 유입에도 불구하고 독일 문화를 다루는 공연물과 관객 수, 대중 문화 단체의 회원수가 지속적으로 늘고 있다고 주장한다.[37]

규범적 차원에서도 문화 획일화 비판의 논거를 약화시키는 논의들이 있다. 드러커는 세계화에 의한 문화적 획일화의 반작용으로서 특수한 문화적 집합주의의 분출을 주장한다. 그의 주장에 따르면 세계화로 인한 삶의 위험, 정신적 혼란이 언어와 종교 영역에서 문화적 특성을 공유하는 지역 공동체에 대한 귀속 의식과 연대 의식을 강화시킨다고 본다. 장 보드리야르 역시 같은 맥락에서 세계화 시대에 진행되는 '종교, 문화그룹 간의 격차의

36) 장-피에르 바르니에, 『문화의 세계화』, 주형일 역, 문예출판사, 1999, 136쪽.
37) R. Münch, "Zwischen affirmation und Subversion", in : C. Winter / C. Y. Robertson(Hg.), *Kulturwandel und Globalisierung*, Baden-Baden 2000, 189쪽.

심화'를 강조한다.[38] 스미스는 세계화 시대의 글로벌 문화는 특정 집단에 대한 역사와 기억을 갖지 않은 기억을 결여한 문화(Memory-less Culture)로서, 장소도 없고 시간도 없고 행위자가 없는 죽은 문화라 평가절하한다. 그에게 특정 국가나 민족 집단이 갖는 문화야말로 신화와 상징, 역사와 체험이 충만한 깊은 문화(Deep Culture)며 표피적인 획일화의 글로벌 문화는 얕은 문화(Shallow Culture)에 불과하다. 그에게는 세계화에 의한 문화적 획일화가 특정 문화 집단에 커다란 위험 요소가 될 수 없다.[39]

여기서 쟁점이 될 수 있는 것은 세계적 차원의 미국 대중 문화의 광범위한 소비가 문화의 획일화와 그로 인한 가치의 획일화나 문화적 주체의 상실로 이해될 수 있는가다. 미국 대중 문화의 집중된 소비 취향이 반드시 문화의 획일화로 규정될 수는 없다. '서울 모처의 청소년들이나 유한녀 또는 보보스족들의 하루'의 가상 관찰기를 에코[40]가 말하는 방식으로 표현하면 '그날 그들은 하루종일 각각의 시차를 두고 머리에서 발끝까지 온통 다양한 수준과 차원의 미국 대중 문화를 즐기고 있었다.' 이 가상 관찰기는 문화 소비와 문화 정체성의 간격을 다음과 같이 묘사할 것이다. '그들의 말들은 올리브 기름과 버터, 프랑스 고급 와인 냄새

38) 『매일경제』(2005년 5월 25일자 A34).

39) 여기에 대해서는 성경륭, 「세계화의 딜레마 : 세계주의와 국지주의의 갈등」, 『한국사회학』 제35집 2호, 2001, 31쪽 이하 참조. 홀도 같은 주장을 하고 있다. 그에 따르면 민족 정체성이나 기타 지역적 정체성, 공동체의 정체성들은 세계화에 저항하면서 중요성이 강조, 강화되고 있다고 본다(슈투어트 홀, 「문화적 정체성의 문제」, 『모더니티의 미래』, 전효관 외 역, 현실문화연구, 2000, 355쪽 이하).

40) 다양한 수준의 보충적 문화 소비에 대해서는 U. Eco, *Apokalyptiker und Integrierte. Zur kritischen Kritik der Massenkultur*, Fankfurt / M. 1984, 54쪽 이하 참조.

가 들어가 있었지만, 고추장과 된장으로 만들어진 단일 문화 공동체 문화 생산물인 한국산 문화 의식에서 나오는 한국적인 너무나 한국적인 말들이었다.' 나의 임의의 가상 관찰기는 미국 문화 소비와 문화 정체성 간의 내적 관계를 진지하게 반성하지 않고 이를 동일시하는 시각과 이 맥락에서 문화식민지론을 성급하게 제기하는 소박한 이데올로기적 접근에 비판적이다. 이정우의 글이 좋은 예다.

"현대의 영상 문화란 곧 미국 문화다. 미국에서 만들어진 영상들은 전 세계를 지배하고 있다. 그래서 영상 문화에 젖는다는 것은 곧 미국 문화에 젖음을 의미한다. 미국 문화에 중독된 현대인은 끝이 벌어진 바지를 입고 다리를 흔드는 가수를 보면 곧 엘비스 프레슬리를 생각하고, 금발 머리에 엉덩이를 흔들며 걷는 여배우를 보면 메릴린 먼로를 생각한다. … 이러한 사태가 수정되지 않는다면 미국의 문화제국주의에 의한 식민화는 악화일로를 걸을 것이다. 한국은 아직도 식민지다. 미국의 문화 식민지인 것이다."[41]

톰린슨 역시 미국 대중 문화 주류의 문화적 세계화가 통일된 세계 문화를 탄생시킬 것이라는 생각을 지지해주는 증거가 없다고 강조한다. 같은 맥락에서 그는 다양한 문화적 상호 침투와 문화 변용이

41) 이정우, 『가로지르기 : 문화적 모순과 반담론』, 민음사, 1997, 148쪽. 한국의 문화제국주의 논자들에 비하면 서양의 그것은 세련된 형태를 가진다. 쉴러(Schiller), 헤머링크(Hamelink), 마텔라르(Mattelart) 등은 주로 미디어 영역에서 단순한 이데올로기적 비판에 그치지 않고 문화제국주의적 요소를 실증적으로 분석하고자 시도했다. 톰린슨은 문화제국주의론의 이론적 난점을 극복하기 위해 근대적 자본주의 비판의 재구성을 시도한다. 여기에 대해서는 톰린슨, 『문화제국주의』, 강대인 역, 나남, 1994.

문화적 정체성의 다양한 양태들을 낳을 것이라 전망한다.42)

미국 대중 문화에 의한 문화 획일화 비판은 수용 연구자들의 비판에 직면하기도 한다. 수용 연구자들은 다양한 문화적 상품의 공급이 각각의 보는 시각뿐만 아니라, 각각의 문화적 콘텍스트에 따라 다른 방식으로 수용된다는 것을 비판의 준거로 삼는다. 리브츠와 카츠는 대중적 텔레비전 쇼인 「달라스(Dallas)」의 에피소드에 대한 이스라엘, 미국, 일본 시청자 집단의 상이한 해석과 수용을 민족지적 면접을 통해 보여준다. 이들은 서로 다른 민족 집단이 쇼의 기본적인 요소, 곧 가족, 부, 관계의 의미를 매우 다르게 가지고 있음을 보여준다.43)

MTV에 출연한 마돈나를 예로 들어보자. 이들에 따르면 마돈나는 "순수 미국적인 신분 상승을 이룬 동화, 주류 사회에서는 호모-쾌락 추구적 하위 문화의 번역, 가족 소설, 이탈리아 식 가톨릭에서 보면 신앙 없는 괴상한 변형, 젠더 연구의 의미에서는 성 경계에 대한 감성적 실험"44) 등으로 다양하게 수용될 수 있다. 이러한 시각에서 본다면 MTV에 출연한 마돈나의 수용은 개인과 사회 문화의 콘텍스트에 따라 차이를 드러낸다. 여기서 이른바 문화적 해석은 외부적인 문화적 제공에 대한 자기화의 선택된 의미 구조의 도식 안에서 매체가 제공한 내용성에 통합을 수행하는 기능이다. 중요한 것은 매체에 의해 제공되는 상품

---

42) 이유선, 「자문화 중심주의와 문화적 정체성」, 『세계화와 자아정체성』, 이학사, 2001, 114쪽 참조.

43) 안드레아 L. 프레스, 「문화적 수용의 사회학」, 『문화사회학』, 고영복 편, 사회문화연구소, 1997, 394쪽.

44) Gross, "Berümtheit als Kunstform", *Die Zeit*, 2000, 9. 21.

들 자체가 의미 구조의 문화적 콘텍스트를 코드화 하는 것이 아니라 문화적 콘텍스트에 의해 매체가 제공하는 상품들이 해석을 통해 '창조적 코드화'된다는 주장이다.

수용자 연구를 통한 문화 획일화 테제에 대한 비판들을 아도르노의 시각에서 보면 증명되기 어려운 가정에서 출발한다. 다시 말하면 수용자 연구는 특정한 문화적 콘텍스트의 독자성과 그 문화적 콘텍스트에 살고 있는 개별적인 문화 소비자들의 코드 전환 능력과 자기화 능력(자기 선택적 수용과 적극적 주체로서의 수용자 개념)을 전제한다. 이와 함께 개별적 문화 소비자들이 문화 상품에 내재에 있는 의미 구조를 완전히 파악할 수 있는 비판적 인식 능력을 갖고 있음을 전제한다. 수용 연구자들은 먼저 자기 주장의 정당성을 위해 위에서 언급한 암묵적인 전제들이 미국 대중 문화의 급격한 유입 앞에 얼마만큼 유효한 주장인지를 따져봐야 할 것이다.

수용 연구자들의 전제는 아도르노 입장에서 받아들이기 어려운 주장이다. 왜냐하면 매체들의 기능적 차이와 무관하게 차이를 용인하지 않는 획일화된 체계를 만드는 매체의 본질적 기능은 수용자의 의식 조작에 있기 때문이다. "어떤 영화나 방송 프로그램이든 언뜻 보면 임의적인 것처럼 보이지만 사실은 사회 속에 사는 사람이면 누구나 벗어날 수 없는 작용을 사람들에게 가하려 한다."[45] 아도르노에게는 비판적 매체 수용의 주체는 없고, 매체에 의해 조작된 의식을 소유한 피동적 매체 수용자가 있을 뿐이다. 이들은 '주체 없는 주체'로서 매체가 제공한 소비의

45) 아도르노, 『계몽의 변증법』, 김유동 외 역, 문예출판사, 1996, 148쪽.

미덕을 따라 문화 상품을 소비한다. 여기로부터 '빠져나갈 통로'는 후에 아도르노의 새로운 인식[46]에 의하면 완전히 닫혀 있지 않지만, 완전한 비판적 수용과 주체적 해석자의 통로는 아니다. 아도르노 시각에서 비판 가능한 코드 전환 응력, 자기화 능력의 일반화 테제는 부르디외에게서 좀더 세련된 형태로 비판된다. 그는 이들이 갖는 난점들이 어디에 있는가를 잘 보여준다.

> "진, 코카콜라, 맥도널드의 문화는 단지 경제적인 권력만을 의미하지 않는다. 그것은 그 안에 임의의 희생자를 야기하는 상징적 권력을 가지고 있다. 이 상징적 권력은 특히 그것에 대한 면역 체계가 부족한 어린이나 청소년들에게 나타난다."[47]

수용자 연구의 또 다른 문제는 미국 대중 문화의 소비와 문화별 코드화 과정에서 상품 제공자들에 의해 조장되는 소비 욕구, 거짓 욕망(Falsches Bedürfnis)을 처음부터 배제하고 있다는 데

---

46) 아도르노의 새로운 인식은 텔레비전과 시청자 관계에서 확인할 수 있다. 아도르노는 네덜란드의 공주 베아트릭과 독일의 젊은 외교관 클라우스 폰 암스베르크의 결혼에 대한 경험적 연구를 언급하며 비판 이론적 사유가 경험적 사회 연구에서 무엇을 배울 수 있는지 묻고 있다. 경험적 사회 연구가 보여주고 있는 것은 대중의 이중화된 의식이다. 대중은 이 사건을 '지금 여기'의 일회적 사건으로 즐기며 소비한다. 이것은 아도르노에게 놀라운 것이 아니며 기대되던 반응 양식이다. 문제는 이 사건의 정치적 의미가 무엇인가 하고 물었을 때 대중의 반응이다. 대중은 이 결혼 사건을 정치적 사건으로 해석하려는 매체의 보도 방향에 비판적 반응을 나타냈다. 이러한 대중의 반응은 아도르노로 하여금 대중이 매체의 의도에 수동적으로 반응하여 수용하거나 어떤 경우에는 비판하고 거부한다는 것을 자각하게 했다(Adorno, *GS* 10.2, 654쪽 이하). 그러나 이러한 아도르노의 새로운 인식이 비판적 수용 능력과 주체적 해석 능력으로의 선회를 의미하지는 않는다.

47) P. Bourdieu, *Gegenfeuer 2*, Konstanz 2001, 87쪽.

있다. 아도르노에 따르면 문화 생산자들은 소비자들의 "욕구를 생산하고, 조종하고, 훈련"[48]시키고 "복제, 고착, 강화"[49]함으로써 획일화된 욕구, 기호, 소비 패턴, 문화 취향을 만들어낸다고 보고 있다. 아도르노가 분석하지 못한 '현대 자본주의의 공식적 예술'로 규정된 광고가 좋은 예를 제공한다. 광고를 문화적 차원에서 분석하려는 모든 시도에서 광고는 더 이상 단순한 상업적 메시지를 의미하지 않는다. 광고에는 한 사회가 안고 있는 사회적 강박, 스테레오 타입, 집단적 무의식, 주요 담론 등이 중첩된 결정체이자 동시에 상품의 생산과 소비를 연결하고 동시대인의 욕구와 멘털리티를 자극함으로써 상품의 순환을 촉진시킨다.[50]

지금까지 아도르노의 문화 산업에 의한 획일화 테제와 세계화 시대에 미국 문화 유입에 의한 문화 획일화 테제와의 내적 연관성 및 세계화 시대 미국 대중 문화를 바라보는 대립되는 두 입장과 난점을 간략히 고찰했다. 여기서 우리는 문화 획일화 테제가 본질적 차원에서 문화 정체성이 어떻게 미국화되는지를 보여주고 있는 '내용 비판'이 아닌 '현상학적 기술'에 머물고 있다는 잠정적 결론을 도출해낼 수 있다. 논의의 질적 풍부함을 위해 아도

---

48) 아도르노, 『계몽의 변증법』, 김유동 외 역, 문예출판사, 1996, 166쪽.

49) Adorno, *GS* 10.1, 338쪽.

50) 이 촉진의 방식은 윌리엄슨이 말하는 호명(interpellation)의 기제를 사용한다. '대한민국 1%', '당신은 특별한 사람', '당신의 아이는 다르다' 등의 호명 기제를 통해 자아 이상의 채워지지 않는 허구적 욕망을 만들어내고 광고의 완벽한 모습과 당신의 현재 모습 사이의 간격을 보여준다. 당신의 잃어버린 자아를 찾기 위해 제품을 구매하도록 유도하는 것이다. 이 밖에 광고 수용자에 대한 수많은 설득 기법, 광고 효과 측정 방법들이 동원된다(마정미, 「오늘날의 신화는 광고에서 시작된다」, 『대중 문화 낯설게 읽기』, 문학과경계사, 2003 ; 김정탁 · 염성원, 『기호의 광고학』, 커뮤니케이션북스, 2000, 35쪽 이하).

르노와 문화 획일화 비판론자들은 문화 소비자들의 외형적인 소비 태도와 단순화된 이데올로기적 문화 비판을 넘어서야 한다. 다시 말해서, 문화 소비자들의 문화적 정체성의 형성과 변화 과정 및 변화 양상과 문화 소비의 연관 문맥에 대한 선행 연구가 필요하다. 수용자 연구는 연구 가설의 현실 타당성과 미국 문화 자본 논리의 지배 계기(상징적 권력 작용)에 거리를 좁히는 통합적 수용 연구를 시도해야 한다. 문화 획일화 비판과 반비판은 경험에 기초한 이데올로기적 문화 비판과 경험 연구가 간과하는 문화 소비와 의식 간의 질적 연구로 전환되어야 한다.

3) 아도르노의 비동일성 테제와 문화 획일화 비판

앞서, 아도르노의 문화 산업 테제들과 세계화 시대 문화 획일화 비판론자들 간의 논의 연관을 고찰했다. 이제 아도르노 비동일성 테제가 문화 획일화 테제 비판을 위한 철학적 준거를 줄 수 있는지 여부를 따져보자. 먼저 비동일성 테제의 내용을 살펴보자. 아도르노 철학의 주제어인 비동일성 개념을 문화 획일화의 대립 개념으로 내세울 수 있다. 아도르노의 비동일성 테제는 동일성 사유에 대한 비판으로 출발한다. 아도르노는 '사유하는 것은 동일시하는 것이다'라는 헤겔의 테제를 따른다. 아도르노의 동일성 사유 비판의 핵심은 동일성 사유의 지배 계기(Herrschaftsmoment)와 그것의 실체화(Hypostasierung)에 있다.[51] 지배 계기는 개념적

51) Adorno, *GS* 6, 25, 57. 동일성에 대한 아도르노의 비판의 단초는 『계몽의 변증법』의 개념적 사유(das Begriffliche Denken)에서 찾을 수 있다. 계몽의 도구로서 개념적 사유는 수학과 동일시됨으로써 자연 지배의 계기를 내적으로 갖

사유가 "동일하지 않은 어떤 것이라도 동일하게 만드는 것"으로서 "자기 외부의 어떠한 것도 허용"[52]하지 않으면서 항상 자신만을 동일시하는 동일화의 순환(Zirkel der Identifikation)을 의미한다. 동일화하는 사유(Identifizierendes Denken)는 개념의 논리적 동일성을 통해 대상화에 이르는데, 이때 "단순히 실제의 사유 과정에서 상정될 뿐인 어떤 사태 자체가 확고한 것, 불변적인 것으로서 존재한다는 원칙을 실체화한다."[53] 비동일성 사유는 동일성의 강압, 대상화 작용 속에 응고된 에네르기를 파괴(논리적 강압성 파괴)하는 것, 개념의 자족성을 제거하는 것[54]으로서 개념적 사유에 의해 환원되지 않는 것(Verschiedene, Anderer, Fremder, Begriffloses, Einzeles, Besonderes, Nichtidentisches, Differenz, Mehr, Heterogene)[55]의 고유한 의미와 질적 계기, 경험의 질적 다양성에 관심을 갖는다. 이러한 "비동일성 사유로의 방향 전환(Wendung zum Nichtidentischen)"[56]은 개념이 잘라버린 것, 개념에 의해 분리되어 있는 것과의 커뮤니케이션을 의미한다.[57]

는다. 개념적 사유는 자연의 질적 계기를 차단하고 자연을 계산 가능한 것으로 환원시킴으로써 자연을 양화, 지배한다. 인식적 차원에서 보면 계몽이란 개념적 사유의 절대화에 기초한다. 그 결과 인간은 사회적, 역사적, 인간학적 의미를 포기하게 되며 목적 상실(Zweckvergessenheit)에 이르게 된다. 그 자리에 형식, 원인, 규칙, 확실성의 개념이 대치된다(*GS* 3, 21, 48 ; *GS* 6, 54, *GS* 5, 268 ; *Vorlesung über Negative Dialektik*, 2003, 103쪽).

52) 같은 책, 174쪽.

53) 같은 책, 156쪽.

54) 같은 책, 18, 23, 159쪽.

55) 같은 책, 25쪽.

56) 같은 책, 24, 157쪽.

아도르노의 비동일성 강조는 동일성의 대립 개념(Gegenbegriff)의 성격보다는 동일성의 한계 개념(Grenzebegriff)적 성격을 갖는다. 아도르노에 의하면 비동일성 역시 개념의 매개 없이 파악할 수 없다. '개념 없이 어떠한 사유도 있을 수 없다', '개념을 가지고 개념 없는' 것을 인식한다는 아도르노의 사유에서 동일성 계기는 필연적으로 전제되며 제거될 수 없다. 비동일성은 따라서 동일성에 대한 "긍정-유토피아적 대항 개념"으로 이해될 것이 아니라 티센의 지적처럼 헤겔의 형식인 '동일성과 비동일성의 동일성에 대한' 기억으로 이해되어야 한다. 이 기억의 방식은 헤겔의 경우처럼 전체의 계기로서 동일화 운동에서 절대로 지양되지 않는다. 오히려 개념의 동일화 운동에서 동일화의 매개 항인 비동일성에 대한 개념 운동의 지양에 제한을 강조한다.[58] 아도르노에게 비동일성이란 '개념의 동일화 운동으로부터 떨어져 나간 어떤 것', 동일성 사유에 의해 '완전히 파악될 수 없는 어떤 것'이다.[59] 이런 의미에서 동일성 사유 비판은 동일성 강압에 의해 지양된 "비동일성에 대한 일관된 의식"[60]을 말한다.

논의의 질문으로 돌아가서 세계화 시대에 아도르노의 동일성 사유 비판이 미국 대중 문화에 의한 문화 획일화 비판에 어떤 철학적 단서를 제공할 수 있는가? 그 대답은 차이에 대한 반성과 다름 간의 화해다. 아도르노의 비동일성 개념을 문화의 영역에 적용시킨다면, 문화에서 비동일성은 다른 문화와의 관계에서 특

---

57) 같은 책, 164쪽 이하 참조.
58) U. Guzzoni, *Identität oder nicht*, Freiburg / München 1981, 39쪽.
59) Adorno, GS6, 25 ; A. Arndt, *Dialektik und Reflexion*, Hamburg 1994, 275쪽.
60) 같은 책, 17쪽.

정 문화가 갖는 문화적 고유성으로 파악할 수 있다. 지구상에 존재하는 어떤 문화도 실제로 동일한 문화는 아니다. 왜냐하면 전통적 의미의 문화는 특정한 국가와 민족이 역사적으로 형성한 총체적 삶의 방식으로 규정할 수 있기 때문이다.[61] 엄밀한 의미에서 미국 문화 역시 타문화의 둘레로부터 경계되고 구분된다. 한 사회의 문화 간 관계도 역시 같은 맥락에서 문화적 차이를 인지하게 된다. 아도르노의 시각에서 각 문화의 고유성(비동일성)은 미국 대중 문화의 획일성으로부터 보호되어야만 한다. 차이로서, 특수자로서 타문화 대한 "차이에 대한 반성",[62] "(타문화의) 동등성에 대한 반성"[63]이 선행되어야 한다. 아도르노 식으로 표현하자면 이러한 차이에 대한 반성 없는 문화 획일화는 결국 세계주의, 문화 민주주의 이름 아래 감행되는 미국 단일 문화 체제로의 적응 요구이자 타문화의 문화적 탈주체화와 가치 획일화를 가져올 것이다.

그런데 어떤 문화도 독자적인 문화적 고유성만을 주장할 수 없다. 문화 자체는 문화 접촉, 접변을 통해 끊임없이 변화하는 것이다. 세계화 시대에 이러한 문화적 개방성의 특징은 더욱 가

61) 이러한 문화 정의는 헤르더의 문화 개념에서 유래한다. 오늘날 다양한 시각에서 비판(서구 중심적 오리엔탈리즘의 산물, 문명 내부의 차이 무시, 문화적 상호 침투 무시, 부적절한 국제 정치 상황 인식)받는 『문명의 충돌』의 저자 사무엘 헌팅턴의 문명 개념도 전체주의적 문화 개념에 바탕을 두고 있다. 문화인류학자 타일러 역시 문화를 한 사회의 지식, 신념 체계, 예술, 도덕, 법, 관습을 비롯해 사회 구성원으로 살아가면서 획득하는 능력 및 습속을 포함하는 복합적 총체로 본다. 『문화의 세계화』 저자인 장-피에르 바르니도 같은 문화 개념을 가지고 있다.

62) Adorno, *GS* 6, 341쪽.

63) 같은 책, 355쪽.

속화되고 있다. 홀은 '현대 민족은 모두 문화적 혼성체들이다'라고 말하면서 사회적 삶의 스타일이 국제 여행, 이미지나 장소의 시장화, 인터넷 통신망 등에 의해 연결될수록 문화적 정체성은 더욱 특정 시간이나 장소, 역사 및 전통들로부터 떨어져나가고 있으며, 모든 고유한 전통과 구별되는 정체성들은 혼합어로 번역될 수 있다고 본다.[64)]

홍윤기도 같은 맥락에서 순수하게 한국적인 것은 존재하지 않으며, 현대 한국인 삶의 문화를 혼합의 연속과 잡종 교배의 산물로 간주한다. 그는 세계화 옹호론자들이 말하는 복합적 정체성(Multiple Identities)의 변형 개념으로서 공주체적 혼성 자아(Co-subjektive Hybird Ego) 개념을 제시한다. 홍윤기의 새로운 개념 제안은 그의 문맥에서 보면 문화의 세계화 시대에 새로운 사회 계약론적 성격을 구성하는 '공존 지향적 자아' 개념이다. 문제는 그가 제안한 공주체적 혼성 자아 개념은, 주체적 대안 자아 개념이라기보다는 "영혼과 정신으로 이루어진 내면을 잠식당할, 그러나 전혀 위기라고 인지되지 않은, 그런 위기"에 처해 있고 "지속 가능한 저항을 조직할 수 없(는)" 상태에서 형성되기 어려운 자아 개념(태도)처럼 보인다.[65)] 문화의 혼합이라는 그의 개념 역시 "강요된 이질화의 압력"에서 형성되는 소극적, 방어적 성격이 짙다. 그런데 문화의 혼합화(Hybridization)나 잡종 교배는 문화 획일화 개념과 달리 주체적 문화 주권을 전제로 한 문화 수용이

64) 슈투어트 홀, 「문화적 정체성의 문제」, 『모더니티의 미래』, 전효관 외 역, 현실문화연구, 2000, 351쪽 이하 참조.

65) 홍윤기, 「지구화 조건 안에서 본 문화 정체성과 주체성」, 『세계화와 자아정체성』, 이학사, 2001, 67쪽 이하 참조.

라는 의미를 갖는다. 문화 혼합 개념은 이 점에서 형식적으로 아도르노가 새롭게 재해석하려 했던 동일성과 비동일성으로서의 동일성 논제, 동일성의 강압적 논리성으로부터 비동일성을 구제하려 한 시도에 부합되는 것처럼 보인다. 다시 말하면 미국 대중문화에 의한 문화 획일화가 반성된 문화 혼합 개념은 문화 간 "차이가 제거(Ausmerzung der Differenz)"[66]된 미국 대중 문화에의 적응과 편입이 아니라 문화 간 "차이가 유지되고 화해되는 상태"를 함축한다. 아도르노에게는 이처럼 "차이의 화해 속에서 (…) 불안 없이 다양하게 존재할 수 있는 상태가 더 나은 상태"[67]며 세계화 시대에 문화가 지향해야 할 방향인 것이다. 차이의 화해는 낯섦과 차이의 인식과 인정, 문화 간 소통과 상호 의존성의 형식과 내용의 증대 가운데 드러날 것이다.

4. 결론에 대신하여

이제까지 문화의 세계화, 문화 획일화 비판과 반비판의 문제들, 이 맥락에서 아도르노의 비동일성 테제가 가지는 문화 철학적 함의를 살펴보았다. 이 논의의 의미는 사실 제한적일 수밖에 없다. 문화를 담론적 질서, 개념적 틀에 집어넣는다는 것은 '움직이는 문화', '역동적 문화의 내외적 운동'을 실체화할 위험이 있다. 오늘날 문화의 세계화 시대에 문화 담론은 더욱 그러하다. 문화의

66) 아도르노, 『한 줌의 도덕』, 최문규 역, 솔, 1998, 27쪽.

67) 같은 책, 147쪽.

세계화가 특정한 문화적 공동체와 그 속의 다층적 문화 지형 속의 '나'에게 어떤 상호 영향 관계와 결과를 가져올지는 쉽게 진단할 수 없다. 이데올로기적 비판이나 주체적 문화 수용-창조자 시각은 앞서 살펴본 바와 같이 분명 자기 한계를 가지고 있다.

분명한 것은 문화적 세계화는 긍정 요인과 부정 요인을 동시에 수반한다. '동전의 양면'과 같은 잠재적 영향 관계를 수반하는 것이다. 한편, 한국의 문화 소비자는 엄밀한 의미에서 단순한 미국 문화 소비자에 그치지 않는다. 미국 문화 상품의 논리에 맞추어진 프랑스 식, 일본 식 등의 다문화적 상품 시장과 다문화적 문화 소비 환경에 처해 있다. 복합적 문화 수입국인 한국의 문화적 상황에서 문화적 세계화의 전개와 관심을 기울여야 할 이유가 여기에 있다. 한국 내 문화 종의 다양성, 문화 지형의 다분화, 문화적 세계화에 따른 문화 접촉, 문화 갈등, 문화 교류, 문화 간 의사 소통, 문화 혼합, 복합 및 교차 문화의 형성, 문화 융합은 규범적 판단을 떠나 지금 진행 중이다. '지금 진행 중인 역동적인 문화'에 대한 열려진 시각, 열려진 태도로서 문화 읽기가 요구된다.[68] 이러한 태도는 이데올로기 차원에서 수행되는 단순한 문화제국주의적 관점, 폐쇄적 민족문화정체론 관점, 상징 권력이 완전히 배제된 문화 소비 관점보다 진지한 지적 태도다.

---

68) 반 퍼슨은, 문화는 고정된 상태나 종착점이 있는 것이 아니라 '역동적인 과정'으로 이해한다. 문화에 대한 담론은 따라서 "아직 다하지 못한 이야기이고" "계속 이야기되어야" 하는 성격을 갖는다. 여기에 대해서는 반퍼슨,『급변하는 흐름 속의 문화』, 강영안 역, 서광사, 2001, 23쪽.

제5장

매체와 매체 비판*

1. 들어가는 말

일반적으로 아도르노는 매체의 기능을 사이비 리얼리즘의 유포, 거짓 욕구 생산, 경험 지평의 차단, 의식 조작을 수행하는 이데올로기적 도구이자 대중 통합의 조정자로 이해한다고 알려져 왔다. 지금까지 아도르노 연구사에서 대부분의 논자들은 위의 이해에 기초해 매체에 대한 아도르노의 부정적 평가를 사회 비판의 관점에서 전개된 매체 비판으로 이해한다. 이들 논자들은 아도르노 매체 철학을 소개할 때 이를 무비판적으로 반복해서 서술한다. 이와 반대로 일련의 연구자들은 아도르노가 언급한 매체 중립성, 매체 긍정성에 대한 주장을 그의 매체 비판의 전체

*이 글은 『철학연구』 제95집, 대한철학회, 287-306쪽에 게재됨.

틀 안에서 재해석을 시도하기보다는 단편적으로 지적하는 데 머물러 있다.[1] 아도르노 매체 비판에 대한 연구에서 또 하나의 흐름은 부정적 매체 비판에 대한 과도한 비판, 대안 언론의 경험적 예들과 그것의 계몽적 긍정성, 아도르노 매체 비판의 역사적 한계에 집중되어 있다.

이 글은 아도르노의 부정적 매체 비판, 매체에 대한 긍정적 언급, 매체 중립성에 대한 그의 주장을 각각 검은 매체, 하얀 매체, 회색 매체로 범주화하면서 그의 매체 철학을 재평가할 것이다. 오해를 피하기 위해 언급해야만 하는 것은 이러한 나의 작업이 일련의 논자들이 말하는 '1960년대 들어와서 아도르노가 대중 문화(매체)에 대해 상당히 긍정적 태도로 선회하였다'는 잘못된 이해 관점을 다시 보여주거나, '아도르노가 같은 무게 중심을 두고 세 측면에서 매체 비판을 전개했다'는 신선하지만 위험한 테제를 내세우는 데 있지 않다. 오히려 검은 매체 비판으로 이해된 아도르노 매체 비판에 대한 오해를 벗기는 작업의 성격을 갖는다.

2. 검은 색의 흔적들

아도르노가 쓴 『계몽의 변증법』의 '문화 산업' 장은[2] 그 부제

---

1) 더글라스 켈른어, 미리엄 한센, 프랑크 하르트만, 미하엘 카우쉬 등이 여기에 속한다.

2) '문화 산업' 장은 가이어가 옳게 지적한 대로 많은 관점들에 의해 해석되어 왔다. 첫째로 이것은 후기 자본주의에 대한 사회 이론, 둘째로 계몽의 역사적 과정으로서 지배합리성의 완전한 단계로 이해하는 역사 철학적 독해, 셋째로

가 '대중 기만으로서의 계몽'이다. 이 부제는 『계몽의 변증법』 제1장의 타이틀인 '계몽의 개념'의 문맥 안에서 '문화 산업' 장이 읽힐 수 있다는 것을 시사한다. 문화 산업의 메커니즘은 아도르노에게 계몽의 약속이 실현되지 않은 실패한 계몽의 증거로서 이해된다. '이성적인 사회의 건설'을 약속했던 계몽의 실패에 대해 아도르노는 문화 산업 테제의 틀 안에서 논의되고 있는 매체들, 즉 텔레비전, 라디오, 영화에 공동 책임을 묻고 있다.

아도르노는 매체 간의 차이(생산물, 생산 방식 등 구조적 차이)와 동일 매체 간의 질적 차이, 기능의 "본질적 차이"를 인정하지 않는다. 그는 모든 매체들이 하나의 "빈틈없는 통일"된 체계 안에 있다고 단정한다. "왜냐하면 오늘날 문화는 모든 것을 동질화시키기 때문이다. 영화, 라디오, 잡지는 개개 분야에서나 전체적으로나 획일화된 체계를 만들어내고 있다."[3] 아도르노가 동일 매체 안에서의 차이를 완전히 거부하지 못하지만, "그 차이란 사실 자체로 나오는 본질적인 차이라기보다는 소비자들을 분류하고 조직하고 장악하기 위한 차이에 불과하다."[4] 매체 간의 차이나 동일 매체 간의 차이를 불인정하는 아도르노에게 "영화와 라디오의 결합"[5]으로서의 텔레비전은 상대적으로 진보된 매체로 간주되며 매체들이 만들어내는 획일화된 체계에서도 마찬가지다.[6]

개체의 죽음을 주제화하는 사회심리학적 접근, 넷째로 탈예술 테제 문맥 안에서 해석하는 예술 이론적 관점을 들 수 있다. 여기에 대해서는 C. F. Geyer, *Einführung in die Philosophie der Kultur* (Darmstadt : 1994), 73쪽 이하.

3) GS3, 141쪽.

4) GS10.2, 519쪽, GS3, 144쪽 이하.

5) 같은 책, 508쪽 이하.

6) 같은 책, 515쪽.

아도르노는 매체들의 기능적 차이를 부정하는 근거로 '차이 없이 획일화된 체계'를 만드는 매체의 본질적 기능, 즉 의식 조작 기능에서 찾는다.

> "어떤 영화나 방송 프로그램이든 언뜻 보면 임의적인 것처럼 보이지만 사실은 사회 속에 사는 사람이면 누구나 벗어날 수 없는 작용을 사람들에게 가하려 한다."[7]

이러한 이데올로기적 기능은 매체 수용자들의 "욕구를 생산하고, 조종하고, 훈련"[8]시키며 "복제, 고착, 강화"[9]함으로써 획일화된 욕구, 기호, 소비 패턴, 사고, 문화를 목적으로 한다. 여기로부터 "빠져나갈 통로"는 매체의 총체적 획일주의로 인해 닫혀 있다. 이것이 매체가 가지는 "반계몽의"[10] 효과며 이를 통해 기존 사회, 기존 지배 체제의 재생산에 기여한다. 이 시각에서 아도르노는 매체 일반을 기존 사회의 모순을 은폐하고 변호하며 사회적 통제를 용이하게 하는 이데올로기적 지배 기제로 파악한다.[11]

그렇다면 각각의 매체들이 어떻게 의식을 조작하는지 살펴볼

---

7) GS3, 148쪽.

8) 같은 책, 166쪽.

9) GS10.1, 338쪽.

10) 같은 책, 345쪽.

11) GS3, 142, 186쪽. 이러한 입장은 매체 비판론자들인 마르쿠제, 귄터 안더스, 부르디외 등에게서도 발견된다. 이들처럼 매체에 대한 이데올로기적 비판을 수행하는 논자들에게 매체에 의한 의식의 내면적 구성 내용을 명증하게 설명하고 있는가 하는 질문, 또는 매체 자체의 기술적 특성에서 의식 조작이 불분명하게 설명되고 있다는 비판은 일종의 형식 비판이다. 사회 비판의 차원에서 수행되는 매체 비판이 가지는 비판 목적과 내재적 관심을 간과하는 형식 비판인 셈이다.

필요가 있다. 여기서는 아도르노 논의의 많은 부분을 차지하는 텔레비전과 영화가 분석 대상이 된다. 아도르노에 따르면 텔레비전은 영화와 라디오의 결합된 형태로서 문화 산업의 광범위한 도식에 빠져들어 시청자들의 의식을 모든 면에 걸쳐 바꾸어놓고 또 붙잡아둔다.

사람들은 텔레비전을 통해 전체 감각 세계에 대한 모사를 다시 한 번 가지려는 목표에 가까이 가며 동시에 항상 실제 세계로 간주되었던 그 세계의 사본으로 자신도 모르게 은밀히 들어가게 되는 것이다. 방송 오락물의 '은밀함'은 범죄의 자명성과 같은 방식이 아니라 '행위들의 내면적 구성'을 통해 시청자 의식에 들어오는 방식이다.[12] 이렇게 해서 사실과 텔레비전의 모사물의 경계는 점차 사라지고 이 모사물이 사실의 한 조각으로 인식되는 것이다. '거리의 사라짐'은 아도르노에게 심각한 것으로 받아들여진다. 거리가 사라짐에 따라 텔레비전이 사람들에게 집의 한 구성물 정도를 넘어서 위협적이고 차가운 세상에 믿을 만한 대상으로 인식된다. 운명적인 텔레비전에의 근접성이 텔레비전으로 하여금 (사이비) 공동체를 형성케 하는 작용을 하게 한다. 다시 말하면 텔레비전이 친구나 가족 구성원들처럼 사람들을 불러모으고 동시에 그들의 욕구를 만족시키며 사람과 사람뿐 아니라 사람과 사물 사이의 실제적으로 존재하는 소외를 희석화시킨다.[13]

아도르노는 텔레비전 방영물을 예술적 다층성이라는 개념과 연관시키면서 텔레비전의 의식 조작 메커니즘을 설명하기도 한

12) GS10.2, 507, 525쪽 참조.

13) 같은 책, 510쪽 참조.

다. 그에 따르면 "어떤 예술품도 자신의 고유한 내용을 스스로 분명하게 소통하지 않는다. 이것은 아주 복합적이며 확정할 수 없고 역사적인 과정 안에서 드러나는 것이다."14) 텔레비전(영화에서도 마찬가지지만) 역시 시청자들의 많은 심리적인 층위를 전제한다. 하지만 아도르노에게 텔레비전은 시청자들의 획일성을 강화하고 의식의 고착화에 초점을 맞춘다.

영화의 경우에도 사이비 리얼리즘에 기초한 이데올로기적 조작이 일어난다.15) 아도르노에 따르면 서부 영화나 범죄물, 코미디물 등은 기존 지배 사회의 규범 체계에 관객을 편입시키고 이것을 지속적으로 보여주고 있는 좋은 예다. 영화 제작의 일반 지침은 일상적인 지각 세계를 다시 영화에서 보여주는 것이다.

> "유성 영화가 도입된 이후 기계적인 복제는 오직 이러한 목적에 이용되었다. 실제 생활은 점점 유성 영화와 구별할 수 없게 된다. 착각극을 훨씬 능가하는 유성 영화는 관람자가 줄거리를 놓치지 않으면서도 사건의 흐름으로부터 자유롭게 빠져나와 이런저런 상상을 할 수 있는 여지를 남겨놓지 않음으로써 자신의 제물들로 하여금 영화를 현실과 직접적으로 동일시하도록 만든다."16)

---

14) GS10.2, 520쪽.

15) 영화에 대한 아도르노의 입장 건너편에 벤야민이 있는 것은 사실이다. 그런데 초기 영화 시대의 영화 비평에서는 벤야민과 같은 입장이 지배적이었다. 1890~1920년대에 많은 영화비평가들은 영화 관객을 '능동적인 공동의 영화 창작자'로 이해했다. 이를테면 Joseph Roth, Kahl Hans Strobl, Alfred Baeumler, Max Brod 같은 인물들은 관객들이 영화를 통해 생동감, 자유, 활동성을 체험한다고 주장한다. 여기에 대해서는 Quareisesima, L, "Geil und gähnend. Der Schriftsteller als Filmzuschauer" in : *Erlebnisort*, I. Schenk (Hg.), Marburg 2000, 55쪽.

영화의 형식 원리, 사이비 리얼리즘의 복제는 영화 관객의 상상력과 자발성을 감퇴시키며 종국에는 적극적으로 사고하는 능력, 비판 능력을 사라지게 한다. 아도르노는 이런 이유에서 영화적 복제의 기만에 비판적이다.

> “영화의 기술적 장치들에 의한 현실 복제의 빈틈없는 구성에서 어떤 의도도 설령 그것이 진리라 해도 기만이다.”17)

영화 매체는 의식의 조작뿐 아니라 무의식적 모방 충동을 조작한다.

> “영화에서는 열광적인 음악 제목, 진부한 아이들 언어, 빛나는 민속풍이 나타난다. 말하자면 시작의 클로즈업은 ‘정말 아름답다’를 외치고 있는 것이다. 이런 방식으로 문화 기계는 정면에서 찍은 긴장의 순간을 지닌 급행 열차 사진처럼 관찰자에게 가까이 육박한다. 모든 영화의 목소리는 마법을 걸어 아이들을 집어삼키기 위해 ‘얘야, 좋은 수프가 여기 있다. 수프가 맛있지? 네 몸에 좋을 거야. 아주 좋을 거야’라는 소름끼치는 중얼거림으로 음식을 건네주는 마녀의 목소리와 같다.”18)

영화 매체는 모방 충동뿐 아니라 반응 모델까지도 조작한다. 영화 관객은 “이미 그들이 보아왔던 다른 영화나 유흥물로부터 … 무엇을 기대해야 하는지를 알고 있으며 그들은 그것에 대해

---

16) GS3, 147쪽 이하.

17) GS4, 161쪽.

18) 같은 책, 229쪽.

자동적으로 반응한다."[19] 한편, 아도르노는 영화의 스토리 라인 분석을 통해 영화가 기존 질서에의 순응과 의식 조작을 통해 체제 변호를 넘어 '체계 공고화'를 꾀한다고 주장한다. 왜냐하면 영화에서 전개되는 스토리 유형,[20] 곧 비극적인 종말은 "실제 삶의 변경 불가능성"을 함의하지만, 이것은 "불행한 자의 가혹한 삶이 만들고 있는 표본 사례"를 보면서 기존 질서를 영화 소비자로 하여금 받아들이게 하기 때문이다. 또한 영화가 보여주는 "절망적 상황이 교묘하게 계속 살아야 함"의 스토리 전개는 영화 소비자들로 하여금 기존 사회에 대한 "자신의 무가치와 패배를 인정하면 사회의 일원"[21]이 될 수 있다는 것을 각인시키기 때문이다. 영화에서 '우연의 강조'나 '순응을 거부하는 인물'에 대한 비극 등도 같은 맥락에서 이해될 수 있다.

위에서 살펴보았듯이 아도르노의 눈에 비친 텔레비전과 영화 매체에서 수행하는 부정적 측면들을 한마디로 요약하면 기존 지배 사회를 지금 있는 바 그대로 왜 그래야만 하는지 묻지 않은 채로 순응하며 살아가게 하는 것이다. '상상하고 생각할 수 있는 또 다른 가능한 사회에 대한 질문'을 하지 않게 하는 것이다. 매

---

19) GS3, 175쪽.

20) 아도르노 연구가들에게 아도르노가 얼마만큼 대중 영화나 재즈를 보고 들었는지 자체가 논란거리다. 아도르노는 채플린의 「위대한 독재자」, 빅터 트리바스의 「아무도 살지 않는 땅」, 오손 웰스, 막스 브러더스 그리어 가슨, 베티 데이비스, 빅터 막추어, 미키 루니, 그레타 가르보 등의 작품과 배우를 언급하고 있지만, 특정한 영화 작품 자체의 서사 유형과 서사 구조 분석을 시도하지 않는다. 이 점에서 아도르노의 영화 비판은 내재적 비판의 결여라는 손쉬운 비판에 빠질 수 있다. 그러나 아도르노는 사회 비판으로서 '영화를 이데올로기적 차원에서 비판'한다는 것에 주목해야 한다.

21) GS3, 176쪽.

체 자체의 형식적 특징인 기술적 복제를 통해 어떻게 의식이 조작되는가를 아도르노가 보여주고 있지 못하다는 충분히 예상 가능한 비판은 기존 지배 체제의 재생산에 기여하는 '매체 작용'에 대한 아도르노의 이데올로기적 비판을 내재적으로 읽지 못하는 데 있다. 다시 말하면 이 비판은 아도르노의 이데올로기적 매체 비판의 핵심인 매체의 부정적 영향력에 대한 심리적, (영화) 내용 비판적 분석에 관심을 기울이지 않는다. 그러나 아도르노가 매체 작용에 대한 비판에 머물지 않고 매체 이론을 구성하고자 시도하였다면 이와 같은 비판은 정당한 것이 될 수 있다. 아도르노 자신도 텔레비전, 영화에서 의식 조작의 메커니즘이 자신의 고백처럼 그렇게 간단히 증명될 수 없다[22]는 것을 알고 있는 듯하다.

3. 검은 매체 비판에 대한 비판들

제3절에서는 아도르노의 검은 매체 철학에 대한 비판의 논점을 살펴보고 비판의 정당성을 평가해보기로 한다. 더글라스 켈른어는 아도르노가 주장하는 '미디어의 일원론적이며, 광범위하고 강력한 의식 조작적 행위'가 전후에 얼마만큼 유효한지를 의심한다.[23] 켈른어에 따르면, 아도르노의 테제는 인간이 매체(문화 산업)와 그 체계에 완전히 복속되어 있으며, 매체에 의해 전

22) Adorno, *Erziehung zur Mündigkeit* (Frankfurt a. M. 1970), 65쪽.

23) D. Kellner, "Kulturindustrie und Massenkommunikation" (in : *Sozialforschung als Kritik*, A. Honneth, / W. Bonß, (Hg.) : Frankfurt a. M. 1982, 507쪽 이하.

면적으로 통제된다는 것을 가정한다. 이러한 시각에서 그는 아도르노의 핵심 테제, 곧 미디어에 의한 기존 사회 이데올로기의 재생산 역시 의문스러운 것이라 주장한다. 텔레비전 프로그램과 내용에 대한 켈른어 자신의 연구는 텔레비전이 새로운 화면과 주제, 형식을 가지고 사회적 변화와 인간의 삶을 반영하고 있다는 것이다. 그에 따르면 매체와 그 체계는 이미 아도르노가 상상할 수 없는 범위를 넘어서 변화하고 있다.[24]

켈른어의 비판들은 아도르노의 매체에 대한 많은 주장들 가운데 『계몽의 변증법』에 근거해 주장되고 있다. 그가 위에서 언급한 아도르노의 테제의 숨겨진 전제는 『계몽의 변증법』에 서술된 주장들에 관해서만 제한적 타당성을 갖는다. 나는 '하얀 매체의 흔적들'에서 아도르노가 보여준 또 다른 논거를 통해 켈른어의 주장이 정당하지 않음을 보여줄 것이다. 켈른어의 두 번째 주장 역시 지지되기 어려운 주장이다. 켈른어는 자신의 성급한 주장에 앞서 매체에서 '새로움의 카테고리', '새로움의 규칙'에 대한 아도르노의 언급을 유심히 살펴봐야 한다.[25] 왜냐하면 중요한 것은 그의 주장처럼 텔레비전이 보여주고 있는 새로운 화면, 주제, 형식이 아니라 그 속에 얼마만큼의 '이데올로기적 함의'를 내

---

24) 아도르노가 시대의 아들인 이상 이러한 주장은 당연한 것으로 받아들여질 수 있다. 문제는 1960년대 이후 급변한 미디어와 미디어 환경에 대해 아도르노의 테제가 그것에 대해 갖는 개념적 설명력이다. 이에 대한 대답은 간단치 않은 내재적 분석을 필요로 하는 것이다.

25) GS7, 186 이하 ; 아도르노의 '새로움'의 문화 산업적 메커니즘과 리요타르의 아방가르드 예술에서 '새로움'에 대한 해석은 이른바 문화 자본의 논리에서 공통성을 갖는다. 이에 대해서는 Lee, jong-ha, *Die gesellschaftliche Physiognomie der Kultur* (Berlin 2004), 210쪽 이하.

포하는가 하는 질적 연구의 평가에 있기 때문이다. 다시 말하면 매체의 내용성에 대한 분석이 선행되어야 한다.

라이너 에르트는 아도르노 테제가 적용되기 어려운 영화, 방송 프로그램, 음악, 극장 공연물 등을 나열한다. 이를테면 '젊은 독일 영화 그룹'에 속하는 Kluge, Faßbilder, Wenders, Herzog 등의 영화 작품이나 계몽 지향적 텔레비전 프로그램, 예를 들면 Aspekte나 역사 영화, 정치 시사 프로그램, 특정한 인터뷰 방송 등은 의식 조작이나 대중 기만을 말하기 어렵게 한다는 것이다. 그럼에도 불구하고 라이너 에르트는 위에서 언급한 소위 대안적인 프로그램들이 주류가 아니며 문화 산업의 차별적 변형으로 보아야 한다고 주장한다.[26] 이에 대한 판단은 간단하지 않다. 라이너 에르트의 테제는 얼핏 보면 우리에게 익히 알려진 검은 매체를 비판하는 진지한 아도르노에 가장 부합하는 해석처럼 보인다. 뒤에서 살펴볼 텔레비전의 계몽적 사용에 대해 언급하는 하얀 매체의 요청자 아도르노의 모습에서는 '계몽적 텔레비전 방송물'에 대한 라이너 에르트의 언급이 잘못된 것임이 밝혀질 것이다. 또 하얀 매체의 대한 아도르노의 언급들에서 함의되어 있는 매체 중립성의 시각에서 본다면 특정 영화나 방송이 '계몽적이다 / 계몽적이지 않다'와 문화 산업의 차별적 '변형이다 / 아니다'는 다른 판단의 카테고리다.

한편, 라이너 에르트가 주류로서 승인한 전통적 문화 산업의 틀 안에서 작동하는 '반계몽적인 영화나 방송'과 '계몽적인 영화

---

26) R. Erd, "Kulturgesellschaft oder Kulturindustrie?" in : *Kritische Theorie und Kultur*, R. Erd,/O. Jakobi, (Hg.) : Frankfurt a. M. 1989, 228쪽 이하.

나 방송'의 공존과 후자에 의한 전자에 영향력 행사도 매체 글로벌 시대에서는 자의적 해석이다. 세계의 디즈니랜드화, 맥도널드화, 코카콜라식민지화[27] 혹은 일률적으로 제공되는 "정신적 간이 속성 음식"[28]들에 대한 주장들은 반계몽적인 영화나 방송, 미디어의 의식 조작적 기능이 현격히 강화되었다는 전제에서 출발하기 때문이다.

또 다른 아도르노의 매체 비판에 대한 비판의 예를 하버마스에게서 찾을 수 있다. 하버마스는 먼저 복합적인 매스 미디어의 현상을 아도르노가 지나치게 단순화[29]시켰으며 경험적으로도 논증되기 어려운 것이라고 비판한다. 아도르노의 매체 철학은 비역사적이며 공론의 구조적 변화, 곧 국가별 정치적 문화의 상이성과 국가, 공법, 사적 영역에 의해 조직될 수 있는 각 매체의 상이한 조직 구조를 고려하지 않았다는 것이다.[30] 하버마스의

---

27) 참고, B. R. Barmer, *Coca Cola und Heiliger Krieg* (Berlin / München / Wien 1996). 기 소르망은 『열린 세계와 문화 창조』라는 책에서 미국 문화를 상징하는 맥도널드와 프랑스어로 세계를 의미하는 르 몽드(Le Monde)의 결합어인 맥몽드라는 신조어를 내놓고 있다. 그는 현재 전 세계가 개별성과 다양성을 무시한 채 획일적으로 미국적 사고 방식을 강요받는 '맥몽드'의 문화제국주의 시대로 규정한다(『중앙일보』, 1998. 2. 6).

28) P. Bourdieu, *Über das Fernsehen* (Frankfurt a. M. 1999), 40쪽.

29) 이 비판은 하버마스가 아도르노 철학 전반에 대한 평가할 때 즐겨 사용하는 화법이다. 하버마스의 아도르노 역사 철학 비판은 사물화 비판과 도구적 이성 비판을 문명화 과정의 카테고리로 지나치게 확장시켰다는 데 초점이 놓여 있다. 또한 아도르노의 문화 비판은 문화 사회적 근대성의 이중성을 파악하는 데 민감하지(unsensibel) 못하다고 간주한다. 여기에 대해서는 J. Habermas, *Theorie des kommunikativen Handelns* (Bd. 1, Frankfurt a. M. 1988), 489쪽 ; *Der philosophische Diskurs der Moderne* (Frankfurt a. M. 2001), 130쪽 이하.

30) J. Habermas, *Theorie des kommunikativen Handelns* (Bd .2, Frankfurt a. M. 1995), 572쪽.

비판은 아도르노가 1930~1960년대의 매스 미디어, 특히 미국 매스 미디어의 이데올로기적 기능에 초점을 두고 자신의 매체 철학을 전개한다는 측면에서 정당한 비판이다. 하버마스의 아도르노 매체 비판의 '지나친 단순화'의 다른 비판의 모멘트는 아도르노가 매스 미디어의 다양한 기능을 의식 조작적 기능으로 축소하고 이해한다는 데 있다. 하버마스의 논거를 요약하면, ① 매체의 의도된 의미가 특정한 문화적 배경의 수용 조건 아래에서 매체 의도와 다르게 혹은 반대로 나타날 수 있다.[31] ② 매스 미디어를 통해 수동적으로 수용되는 정보가 생활 세계에서 일상적으로 행해지는 의사 소통 행위, 이를 통한 의사 형성과 그것의 고유한 의미를 넘어서지 못하는 것으로 본다. ③ 전자적 매체의 기술적 발전이 필연적으로 네트워크의 집중화로 진행되지 않는다. ④ 대부분의 경우 방송물이 대중 문화의 척도에 맞추어진다고 할 수 없고, 비판적 메시지도 전달한다.[32]

하버마스는 이런 이유로 아도르노의 마르크스주의적 기능주의 매체 비판이 유지될 수 없는 테제라고 단정한다. 그렇다면 하버마스의 아도르노 비판의 출발인 '지나치게 단순화되지 않은 복합적인 매스 미디어 현상'이란 무엇인가? 하버마스는 매체를 생활 세계의 하위 체계로부터 분리된 통제 매체(Steurungsmedien)와 생활 세계의 문맥에 천착되어 있는 의사 소통의 일반화된 형식으로서

---

31) 같은 책, 574쪽 그로스는 같은 맥락에서 글로벌 매체의 문화 상품들이 다양한 문화 콘텍스트에 따라 다른 방식으로 수용된다고 주장한다. 그로스는 MTV에서 마돈나가 개인과 사회 문화적 조건에 따라 어떻게 수용되는지를 논증한다. 이에 대해서는 T. Gross. *Berühmtheit als Kunstform* (in : *Die Zeit*, 21. 09. 2000) 참조.

32) 같은 책, 574-575쪽.

의 매체로 구분한다. 흥미롭게도 하버마스는 매체를 두 번째 유형에 속하는 것으로 간주하고 매체 자체에 권위적 잠재력과 해방적 잠재력이 동시에 상존한다고 보고 있다. 이러한 상존이 하버마스 자신의 역사적 고찰에서 쉽게 발견되지 않는다.

하버마스의 공론에 대한 분석은 오히려 공론의 파괴를 규범적인 시각에서 비판적으로 본다.[33] 하버마스의 공론 비판은 그가 비판한 아도르노와 유사한 목소리로 "권력화되고 대중 매체에 지배된 공론"[34]을 말한다. 또한 "정치적 공론이 독일에 존재하지 않으며 (…) 정치적 의지의 형성이 탈정치화된 공론의 장 위에서 수행된다"[35]고 비판한다. 탈정치화의 주범으로 하버마스는 "객관적인 문제의 개인화, 정보와 오락의 혼합, 에피소드 식 가공, 연관 관계의 단편화"[36]를 들고 있다. 나의 시각에서 하버마스의 탈공론화 테제의 중요 논거들은 그가 "가장 검은 책"[37]이라고 언급한 『계몽의 변증법』의 '문화 산업' 장 중 대중 매체 비판의 특징들을 공유, 변형시키는 것처럼 보인다.

하버마스에 의해 '지나친 단순화', '지나친 강조와 과장'으로 인해 다시 쓰여야 할 것으로 이해되었던 아도르노의 매체 비판은 하버마스의 그것에 대한 '지나친 단순화'나 '(논증) 전략적 단순화' 또는 내재적 이해의 빈곤으로 인해 왜곡된 측면이 있다. 위에

---

33) J. Habermas, *Strukturwandel der Öffentlichkeit* (Frankfurt a. M. 1990), 28쪽 이하.

34) J. Habermas, *Faktizität und Geltung* (Frankfurt a. M. 1992), 458쪽.

35) J. Habermas, *Kleine politische Schriften I-V* (Frankfurt a. M. 1981), 245쪽.

36) J. Habermas, *Faktizität und Geltung* (Frankfurt a. M. 1992), 455쪽 이하.

37) J. Habermas, *Der philosophische Diskurs der Moderne* (Frankfurt a. M. 2001), 130쪽.

서 언급한 하버마스 매체 개념의 이중적 성격의 한 측면만이 아도르노의 검은 매체 비판과 일정하게 관련있는 것만은 아니다. 하얀 색의 흔적들 단락은 하버마스가 말하는 매체의 비판적, 해방적 잠재력 역시 이미 아도르노가 '계몽적 매체'의 가능성을 선취적으로 파악하고 있었다는 것을 간접적으로 증명하는 성격을 갖는다. 양자의 차이는 매체의 활용 측면에서 설명되거나 소통 이론적으로 근거짓는 데 있다.

4. 하얀 색의 흔적들

앞서 살펴본 바와 같이 아도르노는 매체의 전면적이고 빈틈없는 의식 조작 앞에 매체 수용자는 아무런 방어 기제 없이 놓여 있으며 매체에 의해 완전히 통제된다고 지적한다. 그런데 이러한 매체의 절대적 조작 능력과 대중의 수용 태도는 아도르노에게 일관되게 주장되는지 묻지 않을 수 없다. 그에 대한 입장의 변화가 있다면 이것을 어떻게 해석할 수 있을까? 이것은 아도르노 매체 비판의 전회를 의미하는가? 이러한 전회의 철학 내적 혹은 외적 계기는 무엇인가? 전회와 아도르노 전 철학 체계의 연관 문맥은 무엇인가? 혹은 영화나 텔레비전에 대한 아도르노의 긍정적 언급들이 반드시 인식의 전회로 이해되어야 하는가? 우선 텔레비전의 예에서 텔레비전(의식 조작자)-시청자(의식 조작 대상) 관계에 대한 아도르노의 인식 변화를 읽을 수 있다. 아도르노는 네덜란드의 공주 베아트릭과 독일의 젊은 외교관 클라우스 폰 암스베르크의 결혼에 대한 경험적 연구를 언급하며 비판 이론적 사유가 경험적 사회 연구에서 무엇을 배울 수 있는지 묻고 있다. 경험적 사회 연구가 보여주고 있는 것은 대중의 "이중화된 의식"[38]이다. 대중은 이 사건을 '지금 여기'의 일회적 사건으로 즐기며 소비한다. 이것은 아도르노에게 놀라운 것이 아니며 기대되던 반응 양식이다. 문제는 이 사건의 정치적 의미가 무엇인가 하고 물었을 때 대중의 반응이다. 대중은 이 결혼 사건을 정치적 사건으로 해석하려는 매체의 보도 방향에 비판적 반응을 나타냈다. 이러한 대중의 반응은 아도르노로 하여금 대중이 매체의 의도에 수동적으로 반응하고 수용하거나 어떤 경우에는 비판하거나 거부한다는 것을 자각하게 했다.

> "많은 사람들이 갑자기 아주 현실적인 태도를 취했다 그리고 그 사건의 정치적 사회적 중요성을 (…) 비판적으로 평가했다. (…) 의식과 여가의 통합은 명백히 완전히 성공하지 못했다. 개체의 현실적 이해들이 총체적인 올가미에 저항할 수 있을 만큼 충분히 강하다. 이것은 하나의 사회가 그 사회에 수반되는 모순을 순화하지 않은 채로 지속되며, 한편으로 (대중의) 의식에서도 완전히 통합되지 않는다는 사회적 진단과도 일맥 상통한 것이다."[39]

텔레비전에 의한 의식 조작의 대상인 시청자에 대한 아도르노의 새로운 인식은 텔레비전의 이데올로기적 작용을 계몽하는 희망까지 말하게 한다. 아도르노는 심지어 이러한 시도가 그렇게

---

38) GS10.2, 654쪽.

39) 같은 쪽.

유토피아적이지 않다고 주장한다. 그에 따르면, 경제적인 이해관심이 직접적으로 방송물을 통제하지 않는 독일 같은 경우 이것에 대한 공개적인 저항 의지를 형성시킬 수 있다고 본다.

텔레비전에 의해 유포되고 그와 친족 관계에 있는 이데올로기에 대항하는 방어 방식을 생각해볼 수 있다는 것이다. 아도르노가 제안하는 것이 방송 제작과 관련된 하나의 '사회 심리적 규범'을 만들어내는 것이다. 이것은 일종의 방송 제작에 대한 실천 강령을 의미하는 것으로, 방송 제작자들이 자체 통제 기구의 자극이나 지시에 의해 방송이 미치는 심리적, 이데올로기적(작용과) 부작용을 임의 판단하는 것이 아니라 독립적이고 책임 있는 사회학자, 심리학자, 교육자 등으로 구성된 위원회의 판단에 따라 이것을 방송 제작에 반영하는 방식이다. 한편, 아도르노는 방송 제작 규범이나 강령이 방송 제작의 자율성을 침해할 것으로 우려해 '사회 심리적 규범'이 텔레비전이 무엇을 해야 하는지 미리 규정할 수 없다고 주장한다. 아도르노가 1953년에 제안한 추상적인 '사회 심리적 규범'은 오래 전에 제도화된 것이며, 이것이 아도르노가 기대한 만큼 실효성이 있는지 아도르노 이후의 매체 비평가들에 의해 의심되어온 것이다.

영화의 경우에도 검은 색의 영화 매체 비판과 상반되는 것으로 보이는 아도르노의 영화에 대한 긍정적 희망, 하얀 매체로서의 영화의 가능성에 대한 언급을 찾아볼 수 있다. 아도르노는 먼저 상업 영화의 원리로서 사업성을 지적하면서 어떻게 자본의 논리가 다양한 영화 장르의 내용과 구성에 관여하는가를 『계몽의 변증법』의 '문화 산업' 장과 한스 아이슬러와 1947년에 공동

집필한 『영화를 위한 작곡』에서 서술하면서, 영화는 예술이 될 수 없다는 테제를 내세웠다. 그런데 예기치 않게 아도르노는 영화의 예술적 잠재력에 대해 분명히 언급한다. 그에 따르면, 센세이션은 영화의 생명적 요소다. 이것은 단지 취미와 예술적 척도의 부재로서 부정적으로만 평가될 수 없고 예술적 창조를 통해 영화 소비자에게 충격을 주는 것은 긍정적이라는 것이다. 아도르노에 따르면 단지 충격을 통해 영화는 경험적 삶을 낯설게 만들고 모사 현실적인 표면 뒤에 본질적인 것이 진행됨을 인식하게 한다. 서술적으로 보고된 삶은 일반적이고 평균적인 삶의 화면에 숨겨진 긴장을 인식하게 하는 센세이션을 통해서만 드라마틱하게 된다. 영화는 센세이션을 통해 모든 표준들을 흔들고 세련된 문학이나 회화와 같은 방식으로 접근할 수 없는 집단적 에너지와 관계를 가질 수 있게 한다.[40] 이 밖에 영화가 설명적인 리얼리즘을 넘어서 내적 독백의 객관화된 재생산에 이른다면 영화는 예술이 될 수 있다.[41]

영화의 예술성에 대한 아도르노의 이러한 언급은 영화 일반에 대한 이데올로기적 비판에서 일정 부분 예술로서의 영화의 가능성을 인정하는 것이다. 영화 음악은 단지 영화를 위한 장식에 그치지 않고 장면과 음악의 의미 있는 맞물림을 통해 관객을 비판적 의식으로 고양시키기도 한다.[42] 더욱 흥미로운 것은 아도르노가 영화에서 미메시스적인 태도를 볼 수 있다고 주장하는 데

40) GS15, 42쪽 참조.
41) GS10.1, 355쪽.
42) GS15, 32쪽 이하 참조.

있다. 영화에서 미메시스적인 능력을 아도르노는 채플린이 실현하는 크라운-미학의 선언어적인 차원, 독특한 표현 형식에서 보고 있다. 같은 시각에서 아도르노는 "계몽적인 의도에 봉사하는"[43] 영화, 다시 말하면 해방적 기능을 수행하는 영화를 요구하기도 한다. 또 한 가지 주의할 것은, 아도르노는 영화적 현실 복제에 의한 사이비 리얼리즘과 관련하여 검은 매체 영화에 대한 자신의 서술, 곧 영화적 복제의 기만성과 조응하기 어려운 언급을 하고 있다.

> "영화는 모든 사람들이 영화에서처럼 행동한다고 계속해서 강요하지만, 실제 그 누구도 영화에서처럼 그렇게 말하지 않으며 그렇게 움직이지도 않는다."[44]

영화에 대한 아도르노의 이와 같은 놀라운 주장은 유감스럽게도 다음과 같은 질문들, ① 이것이 이데올로기적 영화 비판과 어떻게 매개될 수 있는가 ② 어떻게 영화가 문화 산업의 논리, 특히 자본의 논리에 저항하며 미메시스적 요소를 담아내고, 어떻게 기존 지배 사회에 대항하면서 해방적 잠재력을 담지할 수 있는가 ③ 어떻게 영화 생산과 수용의 관계가 다양한 질적 차이를 갖는 문맥에서 설정될 수 있는가에 대해 많은 것을 말해주지 못한다. 아도르노는 많은 경우에서 그러하듯 여기서도 단편적으로 시사할 뿐이다. 그러나 분명한 것은 아도르노가 검은 색의 영화

---

43) 같은 책, 359쪽.

44) GS4, 162쪽.

매체만을 말하지 않고 위에서 보듯 하얀 색의 영화 매체도 말하고 있다는 사실이다.

이제 나는 지금까지 서술된 텔레비전과 영화에 대한 아도르노의 긍정적 언급들을 어떻게 이해해야만 하는지 입장을 밝혀야 한다. 우선 아도르노의 매체에 대한 상이한 언급들이 매체 중립성에 대한 인식을 어느 정도 그 바탕에 깔고 있다는 것을 지적해야 한다. 다음으로 아도르노의 매체 중립적인 언급, 매체 긍정적 언급들을 그의 검은 매체 비판을 스스로 부정할 만큼 확고한 것인지도 따져봐야 한다. 이런 이유로 아도르노가 교육 행위에서 텔레비전의 역할과 관련된 언급들이 중요하다. 아도르노는 텔레비전의 이데올로기적 기능이 사실이라 믿고 있지만, "텔레비전 자체에 대한 반대자"[45]는 아니라고 말한다. 아도르노에게 문제는 "텔레비전이 가지는 계몽적 교육 기능"[46]과 반계몽적 기능이다. 다시 말하면 텔레비전의 교육적 효과를 극대화하고, 피할 수 없는 텔레비전의 부정적 영향을 최소화할 수 있는가가 주제화되어야 한다는 것이다.

텔레비전의 계몽적 교육 기능이란 아도르노에 따르면, ① 비판 능력을 향상시키고 ② 이데올로기를 점검하고 ③ 잘못되고 문제적인 동일화 앞에서 자신을 지키며 ④ 기존 사회를 옹호하는 일반 선전에 빠지지 않게 자신을 보호하는 것을 말한다.[47] 아도르노가 텔레비전의 계몽적 기능의 예로 드는 것이 베케트의

---

45) Adorno, *Erziehung zur Mündigkeit* (Frankfurt a. M. 1970), 54쪽.

46) 같은 책, 55쪽.

47) 같은 책, 56쪽 이하 참조.

「마지막 굴레」다. 그에 따르면 "이 방송물은 전통적인 텔레비전 방송물의 최고 형태들을 넘어서는 것으로서 인간의 의식을 변화시키는 데 기여할 수 있기 때문이다."[48] 아도르노에게 중요한 것은 텔레비전의 교육적 기능과 비교육적 기능, 더 정확히 말하면 이데올로기 기능을 구분하는 방송의 "내용성"[49]이다. 그럼에도 불구하고 아도르노의 텔레비전의 계몽적 가능성과 앞서 서술한 예술로서의 영화의 가능성이 함의하는 매체 중립성이 두 매체에 대한 그의 근본적인 의구심을 거두어들인다는 것을 의미하지는 않는다.

이러한 사실에 입각해 나는 "1960년대 들어와서 아도르노의 매체에 대한 인식이 긍정적으로 선회했다"[50]는 미리엄 한센의 주장이 전혀 텍스트적 사실에 근거하지 않은 시적 상상력에 기인한 것임을 지적하고 싶다. 또한 더글라스 켈른어가 주장하는 매체의 일면적 의식 조작 기능에 대한 아도르노의 '뒤늦은 정리'[51] 역시 틀린 주장이다. 그 이유는 두 가지 측면에서 제시할 수 있다. 첫째로, 미리엄 한센이 주장하는 '인식 전환'이 1960년대에 발생하지 않았다. 다음의 논거들은 아도르노가 1960년대, 정확히 말하면 그의 죽음 전까지 여전히 매체에 대한 부정적 평가를 보여준다. ① 1963년에 출판된 *Eingriffe*에 수록된 '텔레비전

---

48) 같은 책, 59쪽.

49) 같은 책, 61쪽.

50) 이병창, 「논평 : 검은 매체, 하얀 매체 혹은 회색 매체」(제17회 한국철학자대회 대회보 2), 478쪽.

51) D. Kellner, "Kulturindustrie und Massenkommunikation" (in : *Sozialforschung als Kritik*, A. Honneth, / W. Bonß, (Hg.) : Frankfurt a. M. 1982, 508쪽.

서설', '이데올로기로서의 텔레비전'(이것들은 아도르노가 1952~1953년 하커재단의 연구 책임자로서 수행한 연구에 기초한 것이다)도 그 중심에 이데올로기적 매체 비판을 수행했다. ② 1967년에 쓰인 '문화 산업 결산'에서 아도르노는 1947년에 『계몽의 변증법』의 '문화 산업' 장에서 문화 산업의 테제들을 다시 한 번 반복 주장한다. ③ 아도르노의 검은 문화 산업, 검은 매체의 테제들은 계속해서 1969년에 출판된 *Stichworte*의 '여가'나 '미국에서의 학문적 경험'에도 1947년의 주장들이 나타난다. ④ 아도르노의 유작인 『미적 이론』의 도처에서도 예술의 종말 테제의 문맥 아래 1947년에 제기된 테제들을 쉽게 발견할 수 있다.

둘째로, 이들이 주장하는 '긍정적 매체 인식'과 '뒤늦은 정리'가 아도르노에게서 1960년대를 기점으로 발생한 것이 아니라 1947년의 『계몽의 변증법』과, 같은 해에 뉴욕에서 출판된 아이슬러와의 공동 저작인 『영화를 위한 작곡』에서 발견된다는 사실이다. 이미 인용한 바와 같이 여기에서는 예술로서의 영화 가능성의 인정뿐만 아니라 영화 음악의 예술적 가치도 인정한다. 아도르노가 열거하는 예술적 영화 음악의 대표적 사례 중에 하나가 빅터 트라바스의 1930년 영화 「Niemandsland」다. 이 영화에서 특정 장면의 영화 음악은 아도르노에게 영화의 영화적 장식이 아니라 의미의 '본질적 운반자'로 이해된다. 아도르노의 이 관점은 1968년에 『슈피겔』지와의 인터뷰에서 자신의 음악 스승인 알반 베르크의 희망이었던 오페라 「Wozzeck」의 영화화를 상기하면서 텔레비전에서의 음악적 예술성의 특수한 실현 가능성에 대한 인정으로 나타나기도 한다.[52]

텔레비전과 영화 매체에 대한 아도르노의 중립적, 긍정적 인식의 단면은 또 다른 소통 매체인 '전화'에 대한 긍정적 인식에서도 찾을 수 있다. 아도르노는 1947년 『계몽의 변증법』에서 전화에서 라디오로의 발전에 대해 간단히 언급한다. 아도르노에게 전화는 참여자로 하여금 주체로서 역할을 하게 한다는 의미에서 "자유주의적" 매체다. 이에 반해 라디오 매체는 청취자를 수동적으로 만든다는 의미에서 "민주적"이라고 한다.[53]

5. 나오는 말

아도르노가 바라보는 매체에 대한 세 가지 시각을 보여줌으로써 대표적인 부정적 매체 비판가로만 알려진 아도르노에 대한 오해를 벗기는 데 이 논문의 의의가 있다. 그러나 동시에 이 의의는 '아도르노 매체 철학 다시 보여주기'라는 소극적, 방어적 논의의 한계를 가지는 데에 만족해야 한다. 아도르노는 자신의 세 가지 매체 시각을 체계적으로 구성하지 않고 부정적 매체 비판의 틀 안에서 불균형적으로 서술했다. 여기로부터 어떤 의미를 찾

52) GS19, 560쪽.

53) GS3, 143쪽. 음악 매체의 하나인 레코드 음악에 대한 아도르노의 인식에서 소위 '매체 인식적 전회'가 일어난다. 아도르노는 1934년에 "Die Form der Schallplatte"에서 레코드판의 음악은 고유한 자기 형식을 갖지 못하는 형식 없는 음악(Nicht-Form-Musik), 즉 예술적 음악을 담아낼 수 없는 매체로 평가했다(GS19, 530쪽). 반면 1968년에 "Oper und Langspielplatte"에서는 공연장에서의 오페라 공연보다 오히려 장시간 오페라 레코드가 더 완벽하게 살아 있는 공연을 제공할 수 있다고 보았다(GS19, 557쪽).

아낼 수 있는가? 아도르노가 지적하는 영화의 예술성, 영화 음악, 텔레비전, 텔레비전 음악(그 외 전화 와 레코드 음악)의 예술적 가치의 실현 가능성과 이 매체가 갖는 계몽 가능성은 이중적 의미를 갖는다.

그가 영화와 텔레비전 매체에 관련해서 매체 중립성(회색 매체)[54]을 단편적으로 서술하고 있지만, 아도르노는 매체 중립성에 대한 암묵적 전제 아래 지금 현실에 작용하는 이데올로기적 검은 매체 기능과 '반드시 그렇지 않은' '비판적 의식을 지양'하는 하얀 매체를 동시에 눈앞에 두고 있다. 이것이 의미하는 것은 현재의 지배적인 이데올로기적 기제로서 매체의 기능을 비판하면서 동시에 '이성적인 사회의 건설'을 위해 매체의 긍정적 기능을 요청하는 것이다. 이 요청의 성격은 지금 기존 사회의 재생산에 기여하는 지배적인 검은 매체에 대한 적극적 비판인 셈이다. 아도르노에게 가해질 수 있는 비판인 그 자신의 세 가지 각각 다른 매체를 바라보는 시각의 문맥적 연관성, 체계적 이론화의 결여도 이런 관점에서 이해될 수 있다. 아도르노에게서 매체의 속성, 매체의 기술적 측면에 근거한 매체 비판이 부족하다는 지적 역시 '지금' '여기'에 작용하는 매체의 역할 비판에 일차적 관심을 갖는 아도르노 매체 비판의 '비내재적 형식 비판'으로 이해할 수 있다.

---

54) 이러한 시각은 아도르노의 중립적 기술 개념에 의해 더 잘 드러날 수 있다. 아도르노의 기술에 대한 이해도 기술적대주의라는 오해를 받고 있다. 나는 이와 같은 일반적 오해에 반대해 아도르노의 가치 중립적 기술에 대해 논한 바 있다. 여기에 대해서는 Lee, jong-ha, *Die gesellschaftliche Physiognomie der Kultur* (Berlin 2004), 191쪽 이하.

제6장

나치 분석의 문화철학적 함의*

1. 들어가는 말

아도르노와 카시러는 동시대인으로서 다른 철학적 전통 위에서 자신들의 철학을 전개해왔다. 그러나 두 철학자는 나치 시대를 경험하면서 철학자로서만이 아니라 한 유대인으로서의 삶을 강요받게 된다. 아도르노의 삶의 여정은 그 스스로 유대인이라는 의식을 가져본 적이 없음에도 불구하고 혈통적으로 반유대인(Halbjude)의 삶을 나치에 의해 경험한다. 아도르노의 『최소 도덕』의 부제인 '상처받은 삶으로부터의 성찰'은 조국에서 국외자로서의 삶과 독일계 미국 망명 지식인이라는 '이중적 국외자'로서의 자신의 삶에 대한 적절한 표제어라 할 수 있겠다. 반유대인으로서의 강요된 자신의 삶에 대한 아도르노의 자의식은 나치의 반유대주의 근원적 설명 방식으로 심리주의와 부수적 관계를 갖는 역사 철학적 설명 방식을 지향한다. 두비엘은 아도르노를 포함한 프랑크프르트학파의 1930~1945년 사이의 철학을 자신들이 경험한 정치-역사적인 경험의 이론적 반성[1]이었다는 주장을 한다. 이 주장은 카시러의 경우에도 틀린 말이 아니다.

독일계 유대인 철학자로서 아도르노와 마찬가지로 '강요된 국외자의 삶'의 궤적을 가진 카시러에게서도 나치에 대한 철학적 분석을 볼 수 있다.[2] 카시러는 인식론 연구자로 출발해 문화철학자, 말년에 사회철학자로의 변화 과정 속에서 유대인 학자로서의 삶의 굴곡을 경험했다. 카시러는 본격 철학자로서 명성을 얻기 이전에 이미 유대인으로서 혈통적 정체성을 강요받은 것으로 보인다. 카시러는 자신의 스승이자 유대인이었던 코헨의 강력한 권고에도 불구하고, 마브르크라는 작은 대학 도시의 잠복된 반유대주의에 두려움을 느낀 나머지 베를린에 머물면서 교수자격 논문을 작성했다.[3]

이러한 카시러의 경험은 철학자로서 인정을 받으면서부터 더 이상 경험하지 않아도 될 사건처럼 보였다. 1929년에 카시러는 독일 대학교 역사 이래 유대인 최초로 함브르크대 총장에 취임

* 이 글은 『헤겔 연구』 제17집, 한국헤겔학회, 349-380쪽에 게재됨.

1) H. Dubiel, Wissenschaftsorganisation und politische Erfahrung, *Studien zur frühen Kritischen Theorie* (Frankfurt a. M., 1978), 11쪽.

2) 아도르노나 카시러 이외에 파시즘에 대한 보편적 해석을 시도한 경우는 헬무트 프레스너(Die versätete Nation), 에른스트 블로흐(Erbschaft dieser Zeit), 게오르그 루카치(Die Zerstörung der Vernunft), 한나 아렌트(Elemente und Ursprüng totaler Herrschaft, Nach Ausschwitz. Essays und Kommentare) 등을 들 수 있다.

3) A. Graeser, *Ernst Cassirer* (München, 1994), 13쪽 참조.

한다. 그 후 지적으로나 지적 세계 밖에서나 행복했던 카시러의 함부르크 시절은 1933년에 막을 내리게 된다. 카시러는 그 해 4월 나치 정권 아래에서 더 이상 유대인 학자로서의 학문 활동과 대학 총장직을 수행할 수 없다고 판단, 조국 독일을 떠난다. 카시러는 영국을 거쳐 스웨덴, 말년에는 미국에서 망명 지식인으로서 삶을 살아가게 된다. 본 논문이 다루게 될 그의 유작 『국가의 신화』에서 카시러는 아도르노와 비교될 만한 나치에 대한 철학적 분석을 시도한다. 카시러의 이 유작은 그의 삶을 둘러싸던 나치 폭력에 대한 사상사적 기원을 해명하고자 하는 한 시대 증인의 철학적 작업으로 평가할 수 있다.

지금까지 아도르노나 카시러 연구사에서 두 철학자의 나치 분석을 다룬 논문이나 연구서는 존재하지 않는다. 가장 유사한 연구가 하인츠 페촐트의 논문 「국가의 신화와 계몽의 변증법(Ernst Cassirers 'The Myth of the State' und die 'Dialektik der Aufklärung' von Max Hotkheimer und Theodor W. Adorno)」이다. 이 논문에서 페촐트는 상징 형식의 실재성이라는 시각에서 두 철학자를 분석한다. 본 논문에서는 페촐트의 비교 연구와 달리 아도르노와 카시러의 나치 경험에 대한 이론화 작업과 반성을 조망하려는 것을 목적으로 하며 다음과 같은 것이 주제화된다. 첫째, 아도르노는 나치를 이성 비판의 입장에서 역사 철학적으로 해명하고자 하는 데 반해 카시러는 이성에 대한 강한 신뢰를 전제로 나치의 사상사적 발생학을 전개한다. 둘째, 아도르노와 카시러의 나치 분석에서 지배와 기술이 어떻게 다르게 나타나는지를 밝히고자 한다. 셋째, 아도르노와 카시러의 나치 분석에 대한 철학적 성격의 차이에도 불구하고 나치의 폭력성을 '차이에 대한 무반성적 태도'나 '가치 파괴의 기도'로 이해하는 공통점이 있음을 확인할 것이다.

2. 아도르노의 나치 분석

아도르노의 나치 분석[4]은 1947년에 그가 호르크하이머와 공동 집필[5]한 것으로 알려진 『계몽의 변증법』의 「반유대주의적 요소들」, 사회연구소의 중점 연구 과제의 일환으로 1950년에 출판된 『권위적 성격 연구(*Studien zum autoritären Charakter*)』, 논문 「프로이트 심리학과 파시스트 프로파간다의 유형(Freudian Theory and the Pattern of Fascist Propaganda)」, 「과거 청산 무엇을 의미하는가(Was bedeutet : Aufarbeitung der Vergangenheit)」, 그 외 호르크하이머와 마찬가지로 폴록으로부터 영향받은 국가

---

4) 아도르노는 『계몽의 변증법』이나 나치 관련 언급에서 나치즘이란 표현을 쓰지 않고 일관되게 파시즘을 사용한다. 뒤에 다룰 카시러의 경우도 사정은 마찬가지다. 아도르노의 경우, 추측컨대 나치즘을 독일적 파시즘으로 이해했으며 이때 파시즘은 독점 자본주의의 결과로서 광의의 파시즘 개념으로 이해한 것으로 보인다. 아도르노나 카시러에게는 파시즘 체제 간에 나타나는 지배 구조의 내적 구조, 형식과 내용 등의 질적 차이는 관심의 대상이 아니었다.

5) 『아도르노』의 저자 하르트 무트 사이블레는 "반유대주의 요소들"을 아도르노가 주로 쓴 것으로 주장(같은 책, 166쪽)하는데 이는 사실과 다른 잘못된 지적이다. 아도르노 자신의 고백과 뢰벤탈의 증언에 따르면 문장 하나하나를 두 사람이 의견을 나누면서 쓴 글이 「반유대주의 요소들」이다. 여기에 대해서는 GS 10.2, 721쪽 ; L. Lövental, Erinnerung an Theodor W. Adorno, in : Adorno-Konferenz 1983, hrsg. von J. Habermas & L. Freiedeburg (Frankfurt a. M., 1983), 397쪽.

자본주의 경제에 대한 단편적 언급 등을 들 수 있다.[6] 마지막 부분을 제외하고는 나치즘에 대한 아도르노 분석은 마틴 제이의 주장처럼 '사회 심리적인 가정'을 보여주지만, 마틴 제이가 이해하는 것과 같이 그것이 아도르노의 핵심적인 나치즘 연구 방법은 아니다.[7] 사회심리학이나 심리학적 방법이 채택될 때 아도르노에게 그것은 보충적인 학문으로(Ergängungswissenschaft) 간주된다.

아도르노가 반유대주의의 테제들 프로이트의 심리적 분석을 원용(아래의 테제 4, 5, 6의 경우)함에도 불구하고 아도르노는 심리주의적 분석 방법이 파시즘을 이해하는 데 한계를 가지고 있다고 본다. 왜냐하면 파시즘 자체가 '심리적 문제나 사건'이 아니기 때문이다.[8] 7개의 테제로 구성된 아도르노의 나치 분석은 경제적, 역사적, 종교사회적, 사회심리적, 정치적 분석들이 상호 유기적으로 결합되어 있다. 7개의 테제를 요약하면 다음과 같다. ① 자유주의와 파시즘은 왜곡된 질서의 반영으로서 반유대적이다. ② 민중

---

6) 아도르노는 폴록의 국가사회주의 경제 체제 이론을 충실히 받아들인다. 이 점은 국가 독점 자본주의를 기존 자본주의의 모순을 관리하고 자본주의 체제 유지를 강화하는 새로운 경제 질서로 이해한 폴록의 입장을 반복하는 데에서 확인된다. 폴록이 말하는 국가 독점 자본주의 아래에서 완전 고용은 아도르노에게서 "노동자 생존 보장"이라는 말로 재서술된다. 여기에 대해서는 아도르노 GS 8, 380쪽 참조. 호르크하이머 역시 1939년까지도 폴록의 입장을 대변했다. 1939년의 논문「유대인과 유럽」에서 호르크하이머는 유대인에 대한 체계적 폭력의 경제적 원인을 폴록의 분석에 입각해 자유주의적 자본주의에서 국가 자본주의로의 이행에서 찾는다.

7) 마틴 제이, 황재우 역,『변증법적 상상력』(서울 : 돌베게, 1981), 225쪽.

8) GS 8, 430쪽 참조. 아도르노는 심리주의적 방법론에 대한 유보적 태도와 함께 비판도 가하고 있다. 예술에 대한 심리주의적 해석에 대한 비판이 그 예다. 여기에 대해서는 GS 7, 19쪽 이하 참조.

운동으로서 반유대주의 토대는 동일화하기(Gleichmacherei)다. ③ 시민적 반유대주의는 특수한 경제적 이유에 기인한다. ④ 반유대주의의 종교적 근원은 기독교의 (예수의 살인자로서) 유대교 증오에 있다. ⑤ 반유대주는 금지된 자연성으로서 유대인에 대한 참을 수 없는 혐오다. ⑥ 반유대주의는 잘못된 투사(Falsche Projektion)의 결과다. ⑦ 반유대주의는 틀에 박힌 사고 형식(Ticketdenken)의 증거다. 비교 연구의 목적에 따라 이 글에서는 아도르노 「반유대주의적 요소들」의 7개 테제를 자세히 논의하지 않고 아도르노가 애초 의도한 '계몽된 문명이 야만으로 회귀'하는 현상으로서 나치의 반유대주의적 요소, 지배와 기술의 결합 및 반유대주의의 문화 철학적 함의를 다룬다.

아도르노의 역사 철학적 나치 분석은 합리적, 경제학적, 정치적 설명 모델이 갖는 단편적 설명의 한계[9]를 넘어서고자 하는 이성 비판에 기초한 철학적 메타 설명이다. 정확히 말하면 '반유대주의의 철학적 원역사'를 지향한다. 반유대적 나치즘은 아도르노에게 역사에서 '가장 참혹한 모습(Grauenvollstes Gesicht)'이자 체계화된 집단적 폭력으로서 서구 문명화에 대한 해부의 열쇠를 제공한다.[10] 아도르노의 역사 철학적 조명은 반유대적

9) 역사 철학적으로 정초된 아도르노의 반유대적 나치즘의 발생학(1947) 이전인 1938년에 에드워드 하이만에 의해 나치즘의 발생을 단지 사회 정치적 조건에서만 찾는 단편적 설명에 대한 반성이 이루어졌다. 그는 *Communism, Fascism or Democracy?* 에서 파시즘의 문화적 기원을 연구했다. 하이만은 파시즘의 기원은 오랫동안 지속된 지식인과 중산층에서의 진리와 정의에 대한 가치의 쇠락에 있으며 그 결과 반인본적인 파시즘을 커다란 저항 없이 받아들이게 되었다고 진단했다. 여기에 대해서는 V. Kruse, *Historisch- soziologische Zeitdiagnosen* (Frankfurt a. M., 1998), 50쪽 이하 참조.

10) G. S. Noerr, Die Emigration der Frankfurter Schule und die Kriese der

나치즘을 하나의 불행하고 특수한 독일적 단일 사건으로 보지 않을 뿐만 아니라 문명의 승전가도에서 발생하는 운행 사고(Betriebsunfall)로도 보지 않는다.[11] 반유대적 나치즘의 원인을 아도르노는 문명에 내재한 필연적 파괴의 경향성에서 찾는다. 그렇다면 이 파괴의 필연적 경향성은 어디서 오는가? 아도르노에 따르면 이 경향성은 자연 지배를 가능케 한 이성과 그러한 이성에 내재하는 이성 자체의 비합리성에서 유래한다. 비합리적 지배의 최정점이 바로 나치즘의 유대인 민족 학살인 것이다.

> "반유대주의의 비합리성은 지배적인 이성 자체의 본질과 그 이성의 이미지에 상응하는 세계의 본질로부터 추론된다."[12]

왜냐하면 반유대주의에 나타나 있는 정신이 아직 완전히 어둠 속에 놓여 있으며 무엇보다도 문명 속에 깊이 뿌리내리고 있는 고통의 근원에는 "지배와 연루된 합리성"[13]이 자리잡고 있기 때

Kritischen Theorie, in : ders., *Gesten aus Begriffen, Kostellation der Kritischen Theorie* (Frankfurt a. M., 1997), 128쪽.

11) 아도르노, 최문규 역, 『한 줌의 도덕』(서울 : 솔 1996), 329쪽.

12) 아도르노, 『계몽의 변증법』, 김유동 외 역(서울 : 문예출판사), 1996, 21쪽. 파울 로렌첸 역시 아도르노와 유사한 입장을 견지한다. 그는 나치즘을 수학적, 기술적 이성(mathematisch-technische Vernunft)의 필연적 결과로 이해한다. 파이어아벤트에게 나치즘은 이성파시즘(Ratiofaschismus)이며 리요타르는 나치즘이 '합리적 테러'나 다를 게 없는 것으로 파악한다. 푸코 또한 아도르노와 유사한 입장을 대변하고 있다. 푸코는 나치즘의 총체적 지배 체계와 그것의 억압적 폭력이 이성 자체에 내재한 폭력성에 근거한 것으로 보았다. 여기에 대해서는 M. Schäfer, Die Hegelsche Geschichtsphilosophie und die vernunftkritische Faschismustheorie der Kritischen Theorie, in : Hegel-Jahrbuch(Hamburg, 1995), 243쪽.

문이다.

아도르노의 관점은 자연 지배적 이성으로부터 야기되는 문명의 자기 파괴적 경향성과 나치의 폭력적 지배의 관계를 해명해야만 한다. 아도르노는 기술적 자연 지배에 의해 실현된 사회는 필연적으로 총체적인 지배의 형식으로 표현된다고 본다. 나치즘의 권력은 단지 자본주의적 사회 질서의 대변자가 아니라 "전체 생산에 대한 명령권의 집중을 통해 사회를 다시 직접적인 지배 단계로 되돌린다."[14] 나치주의자들은 자연 지배적, 도구적 이성의 대변자이자 동시에 믿음의 나머지 여백마저도 총체적 지배의 도구로 만드는 빈틈없이 계몽된 자(Aufgeklärten)다.

> "신화의 역설은 마침내 20세기의 신화라는 허황된 망상으로 변질되고 신앙의 비합리성은 남김없이 계몽된 자들의 손아귀 속에서 합리적인 장치로 만들어져 사회를 가공할 상태로 몰고 간다."[15]

아도르노에 의해 최고로 계몽되고 총체화된 억압 체계로 이해된 나치즘(반유대주의의 비합리성)은 어떻게 지배를 달성하는가? 나치는 위협적인 자연 앞에서 느끼는 인간의 공포를 사회적으로 재생산함으로써 지배에 성공한다. 나치 선동가들은 공포감을 불러일으키기 위해 공포스런 외침을 가동시키며 억압받는 자들이 '두려워하는 힘'을 재생산한다. 아도르노는 나치 선동가들의 행위를 주술적 단계에서 마법사들에게서 보이는 미메시스의

---

13) 『계몽의 변증법』, 233쪽.

14) 같은 책, 310쪽.

15) 같은 책, 48쪽.

조직적 숙달과 관련시킨다. 나치즘에 의한 "주술 행위에 대한 조직적인 모방으로서 미메시스의 미메시스"라는 의미는 나치적 미메시스의 기술 조작적 측면과 마술적 단계의 미메시스적 태도가 갖는 완전히 제어되지 않은 자연에 대한 공포를 다시 불러오는 측면을 의미한다. 나치에 의해 재생산되는 공포란, 공포스런 미메시스(Schrekenhafte Mimesis)의 기술적 조직화를 의미한다.

> "파시스트들의 구호나 의식(rituale disziplin), 훈련, 제복 등 언뜻 보기에는 비합리적으로 보이는 파시즘의 모든 장치들은 미메시스적 형태를 가능하게 하는 것이다. 정교하게 짜여진 상징들 — 모든 반혁명적인 운동이 갖고 있는 것이지만 — 해골과 복면, 야만적인 북소리, 어떤 말이나 제스처를 단조롭게 반복하는 것 등도 주술 행위에 대한 조직적인 모방으로서 미메시스의 미메시스다."[16)]

아도르노에 따르면 문명 과정에서 공포의 구도는 "직접적인 미메시스든 매개된 종합이든 맹목적인 삶 속에서 이루어지는 물화된 사물에의 동화든, 과학적인 개념 형성에 의해 이루어지는 사물 간의 비교든 간에"[17)] 지속성을 갖는다. 나치적 반유대주의

16) 같은 책, 251쪽.

17) 같은 책, 246쪽. 아도르노에게 문명화 과정은 미메시스(Mimiky)의 단계에 따라 구분된다. 이때 미메시스는 자연의 공포에 대한 인간의 반응 양식의 발전과 관련된다. 여기서 문명사는 지속적 공포 구도에 대한 인간의 자기 유지의 역사다. "타자(자연)에의 유기적인 순응"으로 정의되는 초기의 미메시스는 실제적인 미메시스적 태도로서 신체적인 미메시스적 태도다. 두 번째 단계의 미메시스는 마술적 단계에 나타나는 미메시스 단계다. 신체적 미메시스 단계가 자연의 위협적 공포에 대한 방어적 반응 양태인데 반해 이 단계에서는 마술사의 의식과 희생물을 통해 자연에 적극적인 영향력을 행사하려는 "미메시스의 조직화된 사용" 단계다. 이 단계는 대상화와 주체 형성의 경향성을 보여주지만 완전한 상태

에서 재생산되는 공포의 결과는 조직화된 학살 집단에 의한 유대인 민족 학살이다. 아도르노 시각에서 보면, 이것은 극복되었다고 믿었던 야만이 나치즘에 의해 마술적 단계로 회귀하는 "문명의 의식(Ritual der Zivilisation)"이자, 냉소적 의미의 "역동적 이상주의(Dynamischer Idealismus)"[18]일 뿐이다.

반유대주의의 철학적 원역사를 구성하려는 아도르노의 전략은 공포의 재생산을 통한 기술적 지배만을 언급하지 않는다. 또 다른 중요한 사실은 도구적 이성 자체의 비합리성에 연유한 반유대주의의 맹목적 폭력과 희생의 관계는 언제든지 뒤바뀔 수 있다는 아도르노의 주장이다.

> "제물은 상황에 따라 바뀔 수 있다. 집시도, 유대인도, 신교도도, 구교도도 제물이 될 수 있는 것이다. 그들 또한 자신의 명분을 밀고 나갈 힘이 있다면 피에 굶주린 눈먼 살인자가 될 수도 있을 것이다. 세상에는 순수한 반유대주의도 타고난 반유대주의도 없다."[19]

그 이유는 반유대주의는 주체성을 박탈당한 (사이비) 주체들이 주체로서 행위하는 상황 속에서 발생하는 것이며 "유대인의

가 아닌 과도기적 상태다. "유럽 문명화의 기본 텍스트"인 호머의 오디세우스의 단계에 해당된다. 마술적 미메시스는 "합리적 실천인 역사적 단계에서의 노동에 의해 대치"된다. 여기서 미메시스적 태도는 주체를 형성시키고 유지하는 데 기여하는 목적 합리적 태도다. 제어되지 않는 미메시스는 추방된다(위의 책, 245쪽 이하 참조).

18) 같은 책, 233쪽.

19) 같은 곳.

피를 달라고 외치는 것이 제2의 본성이 된 성인들은, 피를 흘려야 하는 젊은이들이 왜 그래야 하는지를 모르듯, 왜 그렇게 외쳐야 하는지"[20]를 모르기 때문이다. 아도르노에게 탈주체화는 문명화의 필연적 결과며, 탈주체화된 주체의 "맹목성이나 무의도성"의 행위에서 반유대주의는 많은 출구 중에 "하나의 출구"[21]로 이해될 뿐이다.

지금까지 논의는 반유대주의의 철학적 원역사에 대한 짧은 요약이었다. 이제 나는 나치적 반유대주의의 문화 철학적 함의를 들추어보고자 한다. 왜 '계몽된 문명이 야만으로 회귀'하는가 하는 아도르노 철학의 근본 물음은 '왜 유대의 해방을 약속했던 문화(계몽)가 유대인의 차이와 그들의 다르게 존재함을 인정하지 않고 아유슈비츠로 귀결되는가' 하는 물음으로 재정식화될 수 있다. 유대인 일반을 동일하게 만들어버리는 제어할 수 없는 무목적적 어두운 충동은 "약속의 땅을 상기시키는 낯선 것이나 성적인 것을 연상시키는 아름다움이나 잡혼을 상기시키는 동물이나 문명화의 고통스런 과정을 완성시킬 수 없는 문명인의 파괴욕구"[22]다. 이 파괴 욕구에 의해 "합리의 섬(Rationale Insel)을 뒤덮고 … 살아 있는 모든 것은, 어떤 무엇도 제동을 걸 수 없는 잔인한 과업을 수행하기 위한 재료가 된다."[23] 문화 비판적 시각에서 반유대주의는 모든 것을 동일하게 만들어버리려는 태도이자 동시에 용인할 수 없는 차이에 대한 집단적 폭력인 셈이다.

20) 같은 곳.
21) 같은 곳.
22) 같은 책, 235쪽.
23) 같은 책, 234쪽.

독일 기독교인들에게 '사랑의 종교'가 남긴 반유대주의의 내용도 그들의 "믿음에 동참하지 않은 자에 대한 증오"[24]다. 반유대주의에서 차이는 적이 되며 모든 존재하는 악의 원천으로 간주된다. 차이로서, 특수자로서 유대인에 대한 반유대주의의 표어는 따라서 "나는 너를 참을 수 없어. 이 사실을 잊지 마라"[25]다. 반유대주의는 어떠한 "차이에 대한 반성",[26] "개별자의 삶의 동등성에 대한 반성"[27]이 존재하지 않는 "차이에 대한 분노"[28]며 결국에는 탈주체화, 양심의 해체, 가치 획일화를 불러온다.

차이로 인한 증오와 폭력의 대상으로서 유대인은 검은 사람(Schwarzmann)의 기능을 수행했다. 검은 사람이라는 강요된 역할의 직업이나 사회적 역할에 있지 않으며 유대인의 존재 자체에서 주어진다.[29] 반유대주의는 이런 의미에서 반종족(Gegenrasse)에 대한 맹목적 폭력인 것이다.

> "파시즘에서 유대인은 단순한 소수파라기보다는 부정적인 원리로서 반종족을 의미한다. 세계의 행복이란 그들을 근절시킬 수 있는가의 여부에 달려 있다는 것이다."[30]

---

24) 같은 책, 240쪽.

25) 같은 책, 244쪽 재인용.

26) GS 6, 341쪽;『최소 도덕』, 155쪽.

27) 같은 책, 355쪽.

28)『계몽의 변증법』, 279쪽.

29) Adorno, *Studien zum autoritären Charakter* (Frankfurt a. M., 1973), 123쪽 참조.

30)『계몽의 변증법』, 229쪽.

이 차이에 대한 증오와 폭력적 태도를 아도르노는 "티켓적인 사고"의 산물이며 "반유대적인 티켓이 반유대주의를 초래한 것이 아니라 티켓적인 사고를 하는 심성 자체가 반유대적"[31]인 것으로 파악한다. 아도르노가 「반유대주의의 요소들」의 마지막 문장에서 강조하는 "자신을 자각하는 계몽만이 계몽의 한계를 분쇄한다"는 의미는 반유대주의의 "내용을 개념으로 끌어올려 그 무의미성을 자각"[32]하는 것을 말한다. 이는 티켓적인 사고가 지양된 해방 사회에 대한 묘사에서 그 의미가 더 분명해진다. 해방된 사회는 "차이가 제거(Ausmerzung der Differenz)"[33]된 사회가 아니라 '차이가 유지되고 화해되는 상태'다.

> "해방된 사회란 그 어떤 통일 국가가 아니라 차이의 화해 속에서 보편적인 것을 실현하는 것이리라. (…) 불안 없이 다양하게 존재할 수 있는 상태를 더 나은 상태로 파악해야 한다."[34]

3. 카시러의 나치 분석

1946년 카시러 사후에 출판된 『국가의 신화』는 카시러 자신의 나치 경험에서 동기가 된 시대 비판서[35]이자 나치를 개념적으로

---

31) 같은 책, 279쪽.

32) 같은 책, 244쪽.

33) 『최소 도덕』, 27쪽.

34) 같은 책, 147쪽.

35) H. Paetzold, Ernst Cassirers 'The Myth of the State' und die 'Dialektik

파악하고자 했던 저작이다. 카시러는 어떻게 신화적 사유가 나치-파시즘[36]에서 자신의 자리를 찾게 되는지를 해명하고자 한다. 이를 위해 카시러는 먼저 20세기 신화(나치-파시즘)의 세 가지 사상적 근원들을 검토한다. 카시러의 분석은 아도르노가 보여준 '반유대주의의 철학적 원역사'에 대한 역사 철학적 구성을 이성 비판적으로 수행하기보다는 나치의 사상사적 발생학과 더불어 '20세기 정치 신화의 기술학'에 우선적인 관심을 갖는다. 카시러의 나치 분석 특징은 아도르노처럼 나치를 자연 지배적 이성의 부정성으로서, 다시 말하면 합리성에 내재하는 비합리성으로 개념화하지 않는다. 카시러에게 나치는 이성의 어두운 측면이 아니라 그 자체 하나의 정동에 기초한 정치적 신화일 뿐이며 이성의 비판 능력이 "정치적 신화를 파괴"하지는 못할지라도 정치적 신화의 극복을 위한 전망을 열어놓을 수 있는 것으로 파악한다. 따라서 나치로 대표되는 20세기 정치적 신화의 기원, 성격, 구조, 기능, 영향을 이해할 필요가 있다.[37]

카시러의 나치 분석을 위한 문제 제기에서 보듯 그의 출발은 건전한 이성(Gesunde Vernunft)에 대한 신뢰에서 출발한다. 카시러의 이성에 대한 신뢰는 그가 인간 문화를 신화의 흑암과 싸

---

der Aufklärung' von Max Hotkheimer und Theodor W. Adorno, in : Semiotik, hrsg. von U. L. Figge (Bochum, 1989), 302쪽.

36) H. Lübbe, Cassirer und die Mythen des 20. Jahrhunders, in : Festvortrag anläßlich der Tagung "Symbolische Formen" gehalten am 20. 10. 1974 in Hamburg (Göttigen, 1975), 6쪽. Walter Rügge가 *The Myth of the State*의 독일어 판 서문에서 지적한 것처럼 카시러는 독일 국가사회주의를 세 번 이상 언급하지 않았으며 '파시즘'이나 '파시스트적'으로 표현한다. 여기에 관해서는 E. Cassirer, *Der Mythus des Staates* (Frankfurt a. M., 1985), 5쪽 이하 참조.

37) 에른스트 카시러, 최명관 역, 『국가의 신화』(서울 : 서광사, 1988), 20, 357쪽.

워내고 극복한 결과로서 이해하는 부분이나, 현대의 정치적 신화를 이성이 우리를 저버린 절망적인 상태에서 절망적인 수단으로 이해하는 부분에서 명확히 드러난다.[38)]

아도르노와 비교해 카시러의 신화적 사고와 이성적 사고의 개념에서는 '신화는 계몽이다'와 '계몽이 신화로 퇴행했다'는 계몽과 신화의 얽힘의 변증법[39)]을 찾아볼 수 없다. 카시러에게 신화는 계몽(이성)이 될 수 없으며 그 역도 성립하지 않는다. 그에게 신화적 사고와 이성적 사고는 엄격히 구분된다. 카시러가 말하는 신화의 이중적 성격은 계몽과의 관련성에서 파악되는 이중성이 아니라 역사 속에서 인간이 자신의 자유를 가지고 상징화하는 과정에서 파악된 신화적 특질과 정치적 신화의 발생학적 특질의 차이에서 비롯된다.[40)] 카시러는『상징 형식의 철학』2권에

---

38) 같은 책, 337, 359쪽 참조.

39) 이것이 아도르노 역사 철학적 문명 비판의 기본 구도다. 이 구도는 자기반성으로서 계몽의 자기 준거가 더 이상 실현되지 않는다는 인식에 바탕을 두면서 계몽과 신화의 역동적 관계를 설정한다. "신화가 계몽이다"라는 테제는 신화에서 동일성 원리와 도구적 사고 원형으로 대변되는 계몽적 의식의 맹아가 작동한다는 의미다. 아도르노가 논거로 제시하는 것이 신화 자체의 구성 요소에 대한 분석, 마법사의 주술 행위 의미, 오디세우스 분석 등이다. '계몽이 신화로의 퇴행'의 의미는 계몽이 신화적 구조를 재생산해낸다는 구조적 동일성을 해명해야 한다. 아도르노는 신화의 구조 양상인 주기, 운명 등이 계몽적 사고 법칙인 형식 논리(Formale Logik)에서 작동을 신화로의 퇴행의 주범으로 파악한다. 계몽적 이성에 내재한 사고 법칙의 전일화(도구적 이성)가 새로운 신화가 되는 셈이며 이 퇴행의 결과는 반성되지 않는 목적과 수단의 전도다.

40) 카시러가 신화를 이중적인 시각에서 파악하는 태도는 신화 자체를 보는, 대립되는 두 시각에 대한 비판에서도 찾아볼 수 있다. 카시러는 낭만주의 철학, 셸링, 프레이저나 타일러처럼 신화적 사고와 이성적 사고를 동일하게 보는 시각은 신화적 사고의 비이성적 요소와 정동적 배경을 간과하고 있다고 비판한다. 한편, 이들과 대립된 주장을 펴는 레비 브륄은 인간의 분류 본능이나 원시 언어에서 찾아볼 수 있는 일정한 논리적 구조, 미개인에게서 보이는 미미한 상태의

서 신화 세계의 가능 조건들에 대한 물음을 던지면서 신화적 세계 경험을 "'상모적 세계관', '생명 의식', '생명의 연대성', '공감적 사고', '탈바꿈의 법칙'"[41]으로 특징화하면서 긍정적으로 묘사한다. 그러나 『국가의 신화』에서 신화는 이성적 사고와 이항 대립을 이루는 부정적인 것으로 파악된다. 이것을 요약하면 다음과 같다.

	신화적 사고	이성적 사고
기 원	인간의 깊은 정동	이성 자체
사고 형식	선논리적-정동적	논리적-과학적 사고
사고 내용	인간의 세계 경험의 객관화	사적 경험의 객관화
배 경	정동적	합리적
정신 상태	미숙한 상태	합리적 정신 활동
언어와의 관계	언어의 다의성-동의성	명료성
해석의 코드	정동적 유대(유사 마술)	과학적 인과 관계
자연의 해석	생명적 통일성	물리적 법칙 세계

분석과 종합, 식별과 결합의 능력을 간과한다고 비판한다. 카시러의 입장은 이 두 시각을 결합할 때 신화적 사고의 성격을 명확히 파악할 수 있다는 것이다. 이러한 카시러의 입장은 그의 신화를 보는 이중적 태도에서 기인한 것으로 보면 될 것이다(『국가의 신화』, 20쪽 이하 참조). 카시러는 자신의 입장을 『인간이란 무엇인가』에서 다음과 같이 정식화한다. "신화는 이중의 얼굴을 가지고 있다. 그것은 한편으로는 우리에게 개념적 구조를 보여주고 다른 한편으로는 지각적 구조를 보여준다"(위의 책, 125쪽). 이에 앞서 카시러는 1923년의 논문인 「인문학적 구조 안에서 상징 형식 개념」에서 신화적 세계 해석과 과학적 세계 해석의 '차이와 같음'을 앞서 언급한 이중적인 태도에서 서술하고 있다. 여기에 대해서는 위의 책, 오향미 역(서울 : 책세상, 2002), 44쪽 이하 참조.

41) 신응철, 『문화철학과 문화 비평』(서울 : 철학과현실사, 2003), 116쪽 : A. Graeser, Ernst Cassirer(München, 1994), 62쪽 이하 참조.

위에서 본 것처럼 문화 철학이 아닌 사회 철학적 문맥에서 파악된 신화 개념은 부정적이며 이 부정성은 파시즘의 해부학을 자처하는 정치적 신화의 분석에서 연유한다. 카시러에게 중요한 문제는, 우리는 항상 이전의 신화적 사고의 "혼돈으로 돌연히 역행할 위험"[42] 속에 노출되어 있다는 사실이다. 아래의 인용문은 '계몽이 신화로 퇴보하였다'는 아도르노의 테제를 떠올리기에 충분하다.

> "인간의 실제 생활과 사회 생활에서는 이성적 사고의 패배가 완전하게 돌이킬 수 없는 지경에 이른 것 같다. 이 영역에서 현대인은 그가 그의 지적 생활의 발전에서 배운 모든 것을 망각한 듯싶다. 그는 인간 문화의 최초의 미개한 단계로 되돌아가라는 권고를 받고 있는 듯싶다. 여기서는 이성적 사고와 과학적 사고가 그 와해를 공공연히 고백한다."[43]

아도르노 식으로 표현하면, 카시러는 계몽 속에 내재하는 신화의 흔적이나 계몽이 신화로 퇴보하는 원인을 계몽 자체 안에서 보지 않는다. 카시러는 처음부터 '신화적 사고 대 이성적 사고의 이원론적 구도'로 이 문제에 접근한다. 다시 말하면 아도르노의 나치 분석이 이성적 사회의 건설이라는 이성 본래의 합리성과 자기 파괴적 문명사의 단서로서 이성 자체의 비합리성의 변

---

42) 『국가의 신화』, 355쪽.

43) 같은 책, 20쪽. 카시러의 현대 문화의 위기에 대한 진단은 비단 『국가의 신화』에서만 표명되지 않는다. 카시러는 1944년에 『인간이란 무엇인가』에서 인간의 자기 인식의 위기를 분석하고 있으며 멀리는 1916년에 출판된 *Freiheit und Form*에서도 국가주의로 인한 민주주의의 위기를 언급하고 있다.

증법을 핵심으로 한다면 카시러는 "인간의 세계 경험의 한 층위로서"[44] 완전히 파멸되지 않고 영속적인 신화적 경험 지각과 이것을 저지하고 진압하는 비판적 이성 간의 투쟁의 시각에서 나치를 이해한다.

> "신화적 괴물들은 완전히 파멸되지 않았다. 그것들은 새 우주의 창조에 사용되었고 또 아직도 이 우주 속에 살아남아 있다. 신화의 여러 가지 힘은 우월한 세력들에 의하여 저지되고 진압되었다. 이 지적, 윤리적 및 예술적 세력들이 충만한 힘을 가지고 있는 동안은 신화가 눌리고 진압된다. 그러나 일단 이것들이 그 힘을 잃기 시작하면 혼돈이 다시 온다. 이때 신화적 사고는 다시금 일어나 인간의 문화적 및 사회적 생활의 전면에 가득 차게 된다."[45]

신화와 이성의 투쟁의 장으로서의 역사라는 관점에서 카시러는 정치적 신화가 ① 위기 극복의 정상적 수단이 남아 있지 않은 경우 ② 추구하는 일이 위험하고 그 결과가 불확실할 때 ③ 신화적 상념들의 대두에 항거하는 이성적 세력들이 자기 자신에 대한 확신을 잃어버렸을 때[46] 발생하는 것으로 파악한다. 신화가 수행하는 일반적인 정치적 기능은 발생 조건에 내재한 신화적 에네르기, 즉 사회적 불안을 기술적으로 조직화하고 개인과 사회, 개인과 영웅의 일체감을 조장함으로써 "이성에 의해서 결정

---

44) H. Paetzold, Mythos und Moderne in der Kulturphilosophie Ernst Cassirers, in : Kulturkritik nach Ernst Cassirer hrsg. von E. Rudolpf (Hamburg : 1995), 171쪽.

45) 『국가의 신화』, 359쪽.

46) 같은 책, 336쪽 이하 참조.

된 도덕적인 의사 공동체(Willensgemeinschaft)가 아닌 정서적으로 지배된 감정 공동체(Gefühlsgemeinschaft)"[47]를 만들어내는 데 있다.

카시러는 정치적 신화로서 나치즘의 대두를 한편으로는 칼라일, 고비노, 헤겔에게서 나타나는 정치적 사고의 신화화[48]와 다른 한편으로는 나치 발생 전의 인플레이션과 실업에 따른 사회적 및 경제적 제도의 붕괴 위기에서 찾는다. 이제 우리의 논의와 관련하여 나치로 표방되는 20세기 정치적 신화의 특징들을 검토해보자. 아도르노가 반유대주의적 나치주의자들을 누구보다도 계몽된 자라고 말할 때, 그 의미는 나치주의자들이 도구적 이성을 폭력적 지배를 위해 가장 유용하게 사용한다는 것을 의미했다. 카시러의 경우에도 20세기 신화의 근본 특징을 지배와 기술의 결합에서 찾는다. "새로운 기술"의 "촉매 작용의 효과", 다시 말하면 나치즘은 "새로운 (지배) 기술적 도구의 능란한 사용 없이는 그 열매를 맺을 수 없었다."[49] 이런 의미에서 나치즘의 신화는 계획에 따라 만들어진 "매우 솜씨 있고 교묘한 기술자들이 만든 인공품이다."[50]

---

47) 하인츠 페촐트, 봉일원 역, 『카시러』(서울 : 인간사랑, 2000), 153쪽.

48) 『국가의 신화』 두 번째 부분은 사상사에서 나타난 신화의 패러다임이 '변화와 단절'이라는 관점에서 신화와의 논쟁의 역사를 재구성한 것이다. 정치적 신화에 결정적인 영향을 미친 것은 칼라일의 영웅숭배론, 고비노의 인종불평등론, 헤겔의 국가론인데, 카시러는 나치에의 직접적 영향력을 언급하지는 않는다. 비록 카시러가 이들의 사상에서 나치 발생의 토양을 끄집어내려 하지만 그의 독해 방식에서도 반드시 나치의 토양분이 될 수 없는 부분들이 있음을 언급한다.

49) 『국가의 신화』, 335쪽.

50) 같은 책, 341쪽.

그렇다면 20세기 정치적 신화에서 기술이 의미하는 것은 무엇인가? 카시러가 말하는 기술은 기술 자체를 의미하지 않는다. 또한 아도르노처럼 기술과 지배의 긴밀한 내적 연관성을 의미하지 않는다. 아도르노에서 「반유대주의적 요소들」의 기술 개념은 일반적 지배 개념, 엄밀히 말하면 기술적 성과에 기인한 넓은 의미의 억압 체계 자체로서의 지배 기술을 의미한다.51)

카시러의 나치 분석의 논의에서 기술의 의미는 아도르노와 달리 기능적 기술 개념이다. 다시 말하면, 여기서 기술이란 어떻게 나치가 효과적인 대중 지배의 기술을 동원하는가 하는 질문과 관련된다. 그렇다면 정치 기술로서 이해된 카시러 분석의 관심인 나치 지배의 기술적 내용은 무엇인가? 첫째로 언어에서 마법적 기능의 산출을 들 수 있다. 카시러는 언어에는 사물 또는 사물의 관계를 기술하는 어의적 기능과 마법사나 요술쟁이들이 사용하는 어떤 효과를 산출하는 마법적 기능이 있다고 본다. 나치의 정치적 신화는 언어의 감정적, 정서적 효과를 체계적으로 이용한다. 나치의 정치적 신화가 만들어낸 수없이 많은 새로운 낱말들의 특징은 그것들을 둘러싸고 있는 감정적 분위기에 있다. 언어의 정동적 효과 산출의 예로서 카시러는 『나치 독일어 : 현대 독일 관용어 소사전』에서 Siegfriede를 들고 있다. 그에 따르면

---

51) 에바 슈타인은 반유대주의의 7개 테제를 상술한 저작에서 반유대주의의 테제들이 특수한 지배 형식에 대한 비판을 다루지 않고 일반적 지배 이론을 다룬다고 주장한다. 여기에 대해서는 E. Stein, Subjektive Vernunft und Antisemitismus bei Horkheimer und Adorno (Oldenburg, 2002), 45쪽. 에바 슈터인의 주장은 비단 반유대주의의 테제들에만 국한되지 않는다. 아도르노의 지배 개념은 사회의 자기 유지, 기존 체제의 존속을 가능하게 하는 모든 것을 지배 개념에 포섭시키며 지배를 체계와 동일시하는 광의의 지배 개념이다.

'독일의 승리를 통한 평화'라는 이 단어는 당시 나치 신봉자들에게 격렬한 정치적 격정을 일으키는 데 충분했다고 한다. 둘째, 나치의 정치적 신화는 일상 생활의 의식화(Ritualisierung)와 수많은 정치적 의식의 수행을 강제함으로써 대중의 정치적 의식(Bewußtsein)을 기술적으로 관리한다. 일상적 생활의 의식화라는 것은 사적 영역을 배제시키고 집단적 주체와 집단적 책임 의식을 의식 행위 과정 속에 내면화시킴으로써 의식 수행자와 나치의 일체감을 만들어내는 데 목적이 있다.

> "우리의 모든 활동력, 판단력과 비판적 식별력을 잠들게 하고, 인격과 개인적 책임에 대한 우리의 감정을 제거하는 데는, 동일한 의식을 꾸준히, 일제히 또 언제나 한 가지 방식으로 행하는 것보다도 더 효과 있는 것은 없어보인다. 사실 의식의 실행에 의하여 지배되고 통치되는 모든 원시 사회에서는 개인적 책임이란 것이 무엇인가를 알지 못한다. 거기서 우리가 발견하는 것은 집단적 책임이다. 진정한 도덕적 주체는 개인이 아니라 집단이다."52)

셋째, 나치의 정치적 지도자는 원시 사회의 마법사와 같은 직무를 담당함으로써 기술적 지배에 도달할 수 있다. 나치의 정치적 지도자는 절대 권력을 가지며 모든 사회악을 치유하는 의사로서의 역할을 한다. 동시에 집단의 미래를 예견하고 행위 지침을 전달하는 예언자로서의 기능도 수행한다. 예언이나 비전 제시 능력이 정치적 신화의 지배 방식인 셈이다. 원시 사회의 마법사와 나치의 정치적 지도자와의 차이가 있다면, 양자간에 얼마

52) 『국가의 신화』, 343쪽.

만큼 세련되고 정교한 방법론을 가지고 있느냐의 차이 이상도 이하도 아니다.

앞서 나는 문화 비판적 시각에서 아도르노의 나치 분석을 '용인할 수 없는 차이에 대한 집단적 폭력'으로 요약한 바 있다. 카시러가 나치의 정치적 신화의 세 가지 자양분인 칼라일의 영웅 숭배론, 고비노의 인종불평등론, 헤겔의 국가관에서도 아도르노가 말하는 '차이에 대한 반성'은 이루어지지 않는다. 아도르노의 이러한 비판은 카시러의 정치 신화 비판에서 "다른 모든 가치를 파괴하려는 기도"[53]로 번역될 수 있다. 카시러가 분석하고 있는 위의 세 가지 자양분에서 '다른 모든 가치를 파괴하는 기도'는 어디에 존재하는지를 살펴보자. 이를 통해 카시러 나치 분석의 문화 철학적 함의가 도출될 것이다. 칼라일은 1840년 5월 22일에 행한 강연「영웅, 영웅 숭배 및 역사에서의 영웅적인 일에 관하여」에서 영웅 숭배라는 하나의 가치를 절대화한다. 칼라일은 "영웅 숭배가 인간의 본성 속에 근본적 본능"[54]이며 "영웅 숭배가 인간의 사회적, 문화적 생활에서 가장 오래된 그리고 가장 공고한 요소였다"[55]고 선언한다. 칼라일에게 영웅 숭배는 "세계 경영에 대한 유일한 희망"[56]으로서 "가장 고결하고 신에 가까운 사람에 대한 충성으로부터의 무한한 경배요 복종이요 열광이다."[57] 영웅 숭배라는 유일하고 고귀한 가치의 시각에서 역사를

53) 같은 책, 285쪽.
54) 같은 책, 267쪽.
55) 같은 책, 236쪽.
56) 같은 곳.
57) 같은 책, 238쪽.

본다면, 역사는 영웅들의 행위로서 성립하고, 역사의 과정이란 영웅들의 행적일 뿐이다. 이렇게 하여 칼라일은 역사와 영웅의 파노라마를 동일한 것으로 파악한다.[58] 칼라일의 영웅숭배론은 역사의 주체와 발전 원리를 오직 영웅에 귀속시킴으로써 역사에서 다른 모든 가치 요소를 배제하고 파괴를 기도하는 한 예가 된다. 따라서 칼라일의 영웅숭배론은 그가 원하든 원하지 않든 나치즘의 이데올로기에 일정한 책임이 있다.

『인종불평등론』의 '다른 모든 가치를 파괴하려는 기도'는 고비노 자신만이 파악했다고 하는 "모든 인류 역사에서 가장 중요한 것, 곧 본질적 요인"[59]인 인종론에 있다. 칼라일에게서 최고 유일의 가치가 영웅 숭배였다면 고비노에게 이것은 인종으로 대치된다. 왜냐하면 "인종이 역사적 세계의 유일한 주인이요 (…) 모든 것이다. 다른 모든 세력은 아무것도 아니다. 이것들은 독립적인 의미나 가치"[60]를 전혀 가지고 있지 않기 때문이다. 그런데 고비노의 인종론은 백인, 그 중에서도 아리안-유일가치론이다. 이것은 그의 핵심 테제 "백인종이 문화적 생활을 건설하는 의지와 힘을 가진 유일한 인종"[61]에서 잘 드러난다. 황인종이나 흑인종은 동일한 인간 가족으로 볼 수 없는 추악한 야만성과 흉악한 이기주의를 가지고 있으며, 문화 창조를 위한 어떠한 생명, 의지, 에네르기도 가지고 있지 못하다. 흑인종의 경우는 특정한 점에서는 동물보다도 훨씬 저급한 존재일 뿐이다.[62] 고비노는 실로

---

58) 같은 곳.

59) 같은 책, 277쪽.

60) 같은 책, 285쪽.

61) 같은 책, 279쪽.

그가 유일한 절대 가치로 믿은 백인지상주의를 위해 수많은 부당 전제와 순환 논법의 오류를 범하면서 다른 가치의 목록들을 자의적으로 왜곡하고 파괴한다. 다른 파괴된 가치들의 목록은 황인종과 백인종, 역사상 최고의 도착으로서 불교, 그리스의 애국심, 로마제국의 로마법 및 흑인에 유래한 유혹자 혹은 고급 창녀로서 예술에 대한 평가절하다.

카시러에 따르면 '다른 모든 가치를 파괴하려는 기도'는 헤겔의 국가관에서도 명백히 드러난다. 헤겔에게서 국가 이외의, 또 국가 이전의 역사적 생활에 대해 말할 수 없다. 가장 완전한 현실은 오직 국가 안에서 국가를 통해서만 실현된다. 참된 윤리적 질서나 실체도 인륜의 체계(System der Sittlichkeit)인 국가의 생활 속에서 실현될 수 있다. 따라서 국가는 역사적 생활의 본질이요 핵심이다. 이러한 국가는 세계 정신의 표현임과 동시에 지상에 존재하는 신적 이념이다.[63] 카시러의 시각에서 볼 때 헤겔의 새로운 유형의 국가절대주의는 비록 그가 "국가의 힘과 통일을 강화한다는 구실 아래 사회적 및 정치적 조직체 안에 있는 모든 차이를 폐지하는 것이 자유의 종말을 의미한다"[64]고 선언하였더라도 국가의 신성화와 국가 권력의 이상화 아래 '국가를 보는 다양한 시각', '국가 밖의 세계' 및 '국가 안의 가치 다양성과 가

---

62) 같은 책, 279, 287, 291쪽 참조.

63) 같은 책, 320쪽 이하 참조. 아도르노가 보여주고 있는 신화 개념과 거리를 두고 있는 카시러의 신화 개념은 그가 현대의 정치적 신화를 '특정 가치의 절대화'에서 파악하는 이 지점에서 아도르노와 만난다. "헤겔은 … 체계의 총체성이나 역사의 총체성을 … 절대화시킴으로써 … 그 자신 신화에 빠진다"(『계몽의 변증법』, 52쪽).

64) 같은 책, 334쪽.

치 균등성'에 대한 가치 파괴를 전제하고 있는 것이다. 한편, 카시러는 헤겔의 국가지상주의의 또 다른 위험성을 세계사적 이념이 나타나는 세계사적 개인에서 본다. 왜냐하면 헤겔에게는 '개인의 가치'가 아닌 오직 세계사적 개인의 가치만이 문제시되는데, 세계사적 개인은 칼라일적인 의미의 영웅 숭배와 다르지 않기 때문이다.[65] 제국주의, 제국주의적 식민지 정책에 이념적 준비를 제공했다고 의심받는 헤겔의 민족 정신에 대한 언급들도 카시러의 시각에서 보면, '민족들의 가치'가 아닌 세계 정신의 진정한 대표가 되는, 각 시대의 오직 한 민족의 가치만을 내세우는 가치 파괴적인 사고인 셈이다.

지금까지 나치에 영향을 미친 세 가지 자양분의 '다른 모든 가치를 파괴하려는 내용'에 대하여 살펴보았다. 카시러의 비판을 한마디로 요약하면 다음과 같다 : 다양한 경쟁하는 가치들을 한 가지 공통 분모로 환원시킬 수 없으며, 그러한 이론적 태도나 정치적 세력은 카시러의 의미에서 파쇼적인 것이다. 파괴되고 배제된 차이에 대한 반성이라는 관점에서 카시러는 아도르노와 호흡을 같이 하고 있다. 아도르노가 해방된 사회의 특징으로 파악한 '차이의 유지와 화해'를 연상케 하는『인간이란 무엇인가』의 마지막 단락은 카시러가 왜 '다른 모든 가치를 파괴하려는 기도'를 비판하는지 잘 보여준다.

> "철학은 인간의 갖가지 힘 사이의 긴장과 마찰, 강렬한 대립과 심각한 투쟁을 간과하지 않는다. 이것들은 하나의 공통 분모에 환원될

65) 같은 책, 324쪽.

수 없다. 이것들은 서로 다른 방향으로 나아가려 하며 또 서로 다른 원리를 따른다. 그러나 이 다양성과 이질성은 불화와 조화를 나타내는 것이 아니다. 이 모든 기능은 서로를 완전케 하고 보충한다. 그 하나하나가 새로운 시각을 열어주고 또 인간성의 새로운 측면을 우리에게 보여준다. 부조화는 그 자신과의 조화 속에 있으며, 반대물은 서로 배타적인 것이 아니라 상호 의존적인 것이다. 실로 그것은 악궁과 칠현금의 경우에서처럼 반대 속의 조화다."[66]

4. 아도르노와 카시러 나치 분석의 문제들

지금까지 논의는 아도르노와 카시러의 나치 분석의 '차이와 같음'의 내용을 살펴보았다. 여기서는 두 철학자의 나치 분석에서 발생하는 몇 가지 문제점을 살펴보고자 한다. 먼저 아도르노가 기획한 '반유대주의의 철학적 원역사'가 나치즘을 이해하는데 얼마만큼의 설명력을 갖는지 따져볼 필요가 있다. 슈네델바흐에 따르면 아도르노의 이성 비판은 내재적-규범적 이성 개념에 기초하고 있으며, 이것을 통해 비이성적 이성의 작용으로서의 도구적 이성을 비판할 수 있다고 믿는다. 이와 같은 관점으로부터 아도르노의 나치 비판은 이성의 기획인 계몽의 프로그램과 그 부정적 결과인 반유대주의적 나치즘을 기본 구도로 잡고, 이성 비판적 나치 비판을 수행한 것이다.[67]

---

66) 에른스트 카시러, 최명관 역, 『인간이란 무엇인가』(서울 : 서광사, 1988), 343쪽.
67) H. Schnädelbach, Rationalität und Normativität, in : Zur Rehabilitierung des *animal rationale* (Frankfurt a. M., 1992), 79쪽 이하 참조.

아도르노가 시도하는 나치즘의 철학적 설명력은 계몽과 반유대주의 사이의 공통의 경향성을 찾아낼 수 있는가에 달려 있다. 아도르노가 찾아낸 공통의 경향성은 앞서 지적한 바와 같이 이성 자체의 비합리성, 계몽의 자기 파괴로 요약된다. 바로 이 점에 착안하여 많은 비판이 제기되어 왔다.

아도르노는 신화, 종교, 전통으로부터 계산되고, 지배 가능한 합리화로 파악하는 베버의 탈마법화 개념을 『계몽의 변증법』에서 탈마법화된 이성 자체의 원리로 파악한다. 여기서 문제가 되는 것은 아도르노가 베버의 다양한 합리성유형론(Rationalitätstypologie)을 도구적 이성 개념으로 축소해버렸다는 것이다.[68] 내가 보기에 베버적 의미에서 아도르노의 동일성 사고 개념은 세계의 인식적 측면과 관련된 이론적 합리성으로서 아도르노의 이해처럼 도구적 이성으로 해석될 수 없다. 베버가 말하는 '목적-수단-관계'에서 수단의 합리화를 문제삼는 형식적 합리성이 도구적 이성 개념에 해당된다. 합리성 개념을 도구적 합리성으로 축소하고 문명사와 나치즘을 이 맥락에서 이해하려는 시도는 지나친

---

68) 베버는 합리성 개념을 실천적, 형식적, 가치 연관적, 이론적 합리성으로 구분한다. 여기에 대해서는 Thyen, A. : Negarive Dialektik und Erfahrung, Frankfurt a. M. 1989, 59쪽 이하 참조 ; G. S. Noerr, Die Emigration der Frankfurter Schule und die Kriese der Kritischen Theorie, in : Gesten aus Begriffen, Kostellation der Kritischen Theorie (Frankfurt a. M., 1997), 19쪽 이하 참조. 하버마스는 아도르노와 호르크하이머의 가차없는 이성에 대한 회의, 이성의 일면성만을 보고자 하는 시각 자체에 의심을 가할 수 있다고 주장한다. 그의 주장에 따르면, 아도르노와 호르크하이머는 문화적 현대의 이성적 내용(비판 능력 강화, 전문가 문화의 형성, 법과 도덕의 보편적 토대 성립 및 예술적 근본 경험의 생산성과 파괴력으로 오는 계몽적 효과)을 간과하고 있기 때문이다. 여기에 대해서는 J. Habermas, *Der philosophische Diskurs der Moderne* (Frankfurt a. M., 1985), 137쪽 이하 참조.

일반화 시도이자 합리성 개념에 대한 적절치 못한 개념적 구분이라고 평가할 수 있다. 아도르노의 지배와 합리성의 연관 관계에 대한 테제도 의심스러운 것이다. 슈네델바흐는 만약 이러한 연관 관계가 합리성 자체의 개념에서 필연적 관련성을 찾지 못하거나, 이성 자체에 지배-폭력 관계의 공고화에 대한 체계적인 저항의 가능성이 발견된다면 해방과 이성의 실현으로서의 계몽 개념이 다시 한 번 자신의 위상을 가질 것으로 판단한다.[69]

아도르노에서 '반유대주의의 철학적 원역사'의 설명력에 대한 회의의 선역사는 프랑크프르트학파의 주변 인물인 프란츠 노이만과 오토 키르히하이머에게서 이미 찾을 수 있다. 이들의 나치 분석은 아도르노처럼 도구적 이성 개념의 전일화와 그것의 정치적 폭력성과의 관련성으로부터 출발하지 않는다. 이들은 나치 현상을 (도구적) 합리성 개념으로 포섭할 때 반드시 더 많은 설명력을 갖는다고 여기지 않는다. 두 사람은 나치에 의한 사법적 전통과 공법 구조의 파괴에 대한 경험적 연구를 통해 나치의 폭력성이 '근대화 과정의 반자유주의적 변형'이자, 현대의 기획에 처음부터 저항하는 것으로 보았다. 어떤 의미에서 나치즘은 현대의 기획의 저항인가? 노이만의 경우, 베버의 카리스마스적 지배 개념을 받아들여 히틀러의 개인적 명령에 의한 법의 변형이라는 현상에 법은 이미 존재하지 않은 것으로 간주한다.

그는 나치에 의해 국가의 구조는 해체되고 단지 지배 그룹의 직접적 통제만이 존재한다고 비판한다. 오토 키리히하이머 역시 히

---

69) F. Rötzer,Denken, das an der Zeit ist. *Gespräche mit deutschen Philosophie* (Frankfurt a. M., 1987), 220쪽 참조.

틀러 체제 아래에서 통일적 형법 체계는 사라지고 권력 유지를 위한 봉사자로서의 형법 기능만 남게 되었다고 주장한다. 이 형법은 지배자의 자의성과 건전한 민족 정서(Gesundes Volksemfinden)에 의해 조종된다.[70] 노이만과 키리히하이머가 보여주는 회의는 결국 나치즘이 이성 자체의 비합리성의 역사적 전개로 파악될 수 없고, 이성에 반하는 반이성적, 반자유주의적 특수한 현상으로서 나치즘을 이해해야 한다는 가정으로부터 출발하는 것으로 보인다.

이제 나치의 정치적 신화의 발생학을 자처하는 카시러의 칼라일, 고비노, 헤겔의 국가론 분석에서 발견되는 난점들을 지적해 보자. 첫 번째로 부딪히는 문제는 칼라일에 대한 카시러의 이중적 입장이다. 카시러는 칼라일의 영웅숭배론이 "위험 천만한 폭발물"[71]을 내포하고 있다고 단정하면서, 동시에 칼라일의 사상을 그리어슨이나 세이예르처럼 나치의 정치적 신화에 끼친 영향을 지나치게 단순화해서는 안 된다고 강조한다. 나의 눈에는 카시러가 시도하고자 한 칼라일의 영웅숭배론에 대한 "완전하고 정확한"[72] 이해의 내용이 문제시된다. 카시러는 "칼라일이 '영웅주의' 혹은 '영도력'이란 말로 생각한 것은 결코 우리가 현대의 파시즘 이론에서 보는 것과 똑같은 것이 아니다"[73]라고 말한다. 칼라일이 내세우는 참 영웅의 기준인 "통찰력과 성실성", 영웅의

70) M. Schäfer, Die *Rationalität* des Nationalsozialismus(Weinheim, 1994), 169쪽 이하 참조; 마틴 제이, 황제우 역, 『변증법적 상상력』, 228쪽 이하 참조.
71) 『국가의 신화』, 236쪽.
72) 같은 책, 238쪽.
73) 같은 책, 267쪽.

최고의 힘인 "도덕적인 힘"은 나치의 정치적 신화에 위험 천만한 영향을 미치지 않았다고 보아야 타당할 것이다. 칼라일의 기준에서 히틀러는 영웅이 아니거나 기껏해야 '거짓 영웅'에 지나지 않는다.

그렇다면 영웅숭배론이 나치의 정치적 신화에 미친 영향의 내용이 무엇인가? 카시러는 왜 제목을 나치의 정치적 신화 「준비 : 칼라일」로 부쳤을까? 카시러는 이 영향 관계에 대한 아무런 경험적 증거도 제시하지 않으며, 영웅숭배론이 나치즘에 간접적이고 부정적인 영향을 미쳤다는 암시만 하고 있는 것처럼 보인다. 카시러에 따르면, 고비노의 인종숭배론은 "후에 나온 여러 전체주의 국가관으로의 길을 닦은 … 인종의 전체주의"[74]다. 동시에 카시러는 인종주의와 국가주의는 그 기원, 의도 및 경향에서 분명히 구분되며 고비노의 경우에도 사정은 마찬가지라고 주장한다. 이 주장은 고비노 텍스트 안에서는 옳은 주장이다. 왜냐하면 고비노에게 국가 제도, 종교, 법 등 모든 것이 인종적 상태에 기인하기 때문이다.[75] 그런데 카시러는 이러한 주장이 나치즘의 유대인 학살에도 적용되는지 아무런 명시적 언급이 없다. 카시러 주장의 타당성은 국가 체계로서의 나치즘과 유대인 학살의 필연적 관계가 없음을 증명할 때만 확보된다. 또한 카시러는 고비노의 인종적 전체주의와 나치즘의 유대인 학살에 영향 관계가 있음을 주장하지만, 여기서도 그는 영향 관계의 내용을 명확히 서술하지 않고 부정적 영향에 대한 암시만 주고 있다.

---

74) 같은 책, 285쪽.

75) 같은 책, 293쪽 이하 참조.

헤겔의 국가 이론과 나치즘의 관계에 대한 카시러의 입장 역시 이중적이다. 카시러는 헤겔의 국가 이론과 정치 이론이 “지금까지 그 어떤 정치적 및 철학적 저작가가 제창한 것보다 더 명료하고 더 무자비한 파시즘의 강령을 내포한다”[76]라고 주장한다. 그러면서도 카시러는 헤겔의 국가 이론과 정치 이론에 대한 오해를 벗기려는 태도를 취한다. 문제는 그가 칼라일, 고비노 이론 분석에서 보여준 ‘내재적, 중립적 독해’ 방식을 헤겔 분석에서는 제한적으로 적용하는 데 있다.

칼라일은 한편으로는 『법철학』을 인용하면서 타민족 지배의 정당성을 헤겔이 주장했다고 하며 다른 한편으로는 이 테제와 양립하기 어려운 테제, 곧 한 국가의 영토 확장은 파멸의 시초라는 『대논리학』에서의 헤겔의 주장을 끌어들인다. 계속해서 카시러는 헤겔의 국가지상주의와 현대의 전체주의적 국가관은 그 내용에서 분명한 차이가 있다고 주장한다. 카시러는 한 발 더 나아가, 헤겔은 아마도 전체주의 국가의 획일화를 자유의 종말로 이해할 것이며 현대의 전체주의 국가관을 거부하고 증오했을 것으로 단정한다.[77]

나의 시각에서 헤겔에 대한 책임 혐의와 구제를 동시에 시도하는 카시러의 ‘내재적, 중립적 헤겔 독해’는 절반의 헤겔 독해로밖에 보이지 않는다. 국가절대주의, 국가 권력의 이상화, 신성화 등의 반복적인 표현에도 불구하고 카시러는 놀랍게도(추측컨대 의도적으로) 왜 헤겔이 국가를 그렇게 이해하고 있는지에 대한

---

76) 같은 책, 324쪽.

77) 같은 책, 331쪽 이하 참조.

'내재적, 중립적 독해'를 수행하지 않고 있다. 헤겔이 유독 국가를 강조하는 것은 욕망의 체계로서의 시민사회에 대한 부정적 인식에서 비롯된다. 욕망의 체계로서의 시민사회는 만인의 만인에 대한 사적 이익의 투쟁의 장으로서 진정한 자유의 실현과 인륜적 실체를 구현할 수 없다. 헤겔에 의하면 이러한 것은 오직 인륜 공동체인 국가 안에서, 국가에 의해 실현되는 것으로 본다.[78] 만약 앞서 언급한 방식처럼 헤겔 국가 이론의 정당한 이해를 이 대목에서도 시도했다면 나치의 자양분으로 간주된 헤겔의 국가 이론이 카시러의 논증 체계에서 얼마만큼의 논증의 힘을 가질지 의심스럽다.

5. 결론을 대신하여

아도르노와 카시러가 연구 대상으로 삼았던 나치즘은 이미 역사의 뒤안길로 사라진 지 오래다. 이미 60년이 지나버린 두 철학자의 나치즘 분석과 그들이 보여준 이론적 난점에도 불구하고 우리는 두 철학자가 보여준 철학적 나치즘 이해에서 어떤 현재적 의의를 찾아낼 수 있으며 무엇을 배울 수 있는가에 대한 질문을 던져야 한다. 아도르노 나치 분석의 현재적 의의는 그가 이성의 비합리성의 정점으로 이해한 나치의 야만적 폭력[79]이 오늘날

---

78) 만프레트 리델, 황태연 역, 『헤겔의 사회철학』(서울 : 중원문화, 1983), 27쪽 이하 참조.

79) 아도르노는 야만을 주관적이고 심리적인 측면과 객관적인 측면으로 구분한다. 주관적이고 심리적인 야만의 양태인 "규율, 직접적 충동의 저지, 조소적 회

에도 계속되고 있다는 사실에서 찾을 수 있다. 1990년대 중반에 발생한 코소보 사태에서 나타난 민족 학살이나 세계 평화의 이름으로 자행되는 미국 주도의 이라크에 대한 불법적 점령, 종교의 이름으로 행해지는 지구촌 곳곳의 야만적 사건들은 아도르노의 의미에서 여전히 나치의 폭력에서 드러난 야만적 폭력의 원역사 아래 재구성될 수 있다.

카시러의 나치 분석의 현재적 의의는 인간의 세계 경험에서 이성적, 합리적 층위와 함께 정동적 혹은 신화적 지각의 층위를 가지고 있다는 주장의 유효성이다. 이것은 9·11 테러 사건에 대한 수많은 '이성적' 유럽 시민들의 광범위한 정서적 반응, 다이아나 전 영국 황태자비의 터널 교통사고 사망 후, 그녀에 대한 놀랄 만한 추모 행렬에서 확인될 수 있다. 한국의 경우 박정희 향수, 탄핵 사태 저지 운동과 그 여파로 인한 총선에서의 열린우리당의 득세, 각종 배제적 문화 현상 등이 정동적 사고 및 신화적 지

의, 맹목적 명령 요구"는 문화적으로 재생산되는 억압자들이 갖는 야만성이다. 아도르노는 직접적인 야만적 심리로 "공격욕, 원시적 증오, 파괴 충동"과 "광적인 편견"을 말한다. 객관적 야만은 "억압, 민족 학살, 고문"을 가리킨다. 이러한 야만의 발생 조건은 보편적인 것에 개별적인 특수성을 구조적으로 억압, 지배하려는 사회와 모순된 사회 체계에 있다. 넓은 의미의 객관적 야만은 "사회 질서, 권위, 견고한 권력과 법령의 이름으로" 행해지는 모든 것을 의미하기도 한다. 다시 말하면 아도르노의 지배나 이데올로기 개념처럼 야만 개념은 기존 사회를 지탱하는 그것을 위해 봉사하는 각각의 것들이 갖는 강제력과 폭력성을 포함하는 포괄적인 개념이다. 한편, 아도르노는 야만을 물리적 폭력과 상호 연관 속에서 설명하기도 한다. 사회의 이성적 목적에 대한 전망 가능한 연관성이 존재하지 않고 물리적 폭력으로 퇴락이 발생하는 곳, 물리적 폭력과 동일시가 발생하는 도처에 야만은 이미 상존하는 것으로 간주된다. 이 대목에서 아도르노는 반유대주위와 야만(Barbarei)을 동일시한다. 여기에 대해서는 GS 4, 207쪽 ; GS 10.2 507쪽 ; Adorno, *Erziehung zur Mündigkeit*, Frankfurt a. M. 1970, 126, 130쪽 참조.

각의 예들로 보인다. 영호남 대결사라고 볼 수 있는 한국 현대 정치 문화사의 경우, 부연 설명이 필요 없이도 카시러가 말하는 신화적 지각과 사고의 현재진행형이라 말할 수 있다. 카시러가 지적하고 있는 현대의 정치적 신화의 근본 특징인 정치적 신화와 기술과의 결합의 양태들은 오늘날 부도덕하고 정당성이 결여된 정부가 존재하는 모든 곳에서 관찰된다. 그곳에서는 나치의 정치적 기술의 요소인 마법사, 의사 및 예언자로서의 기능이 나치 당시보다 오히려 더 세련되고 정교화되었다고 말할 수 있다.

우리가 아도르노와 카시러에게 배울 것은 무엇보다도 그들 자신의 나치 경험과 시대 경험을 자신들의 철학적 언어로 개념화를 시도하는 비판적 지식인의 태도와 그들 철학의 체계 안에서 나치 분석을 위치지으려는 이론가적 태도다. 이 점은 장기간에 군부 독재 경험을 한 한국 철학도들의 이론적 작업과 견주어볼 때 참으로 시사하는 바가 크다. 아도르노나 카시러에게 배울 수 있는 또 다른 점은 나치의 폭력성을 차이에 대한 증오나 다른 가치에 대한 파괴로 이해한다는 점이다. 아도르노나 카시러가 보여주고 있는 차이에 대한 철학적 반성은 차이를 인정하지 않는 한, 다른 가치를 인정하는 관용적 태도가 인식적, 실천적 영역에서 자리를 잡지 않는 한 여전히 유효한 철학적 반성이다. 이 두 철학자들의 의미에서 차이를 거부하고 하나의 우월한 세력과 가치에 귀속시키려는 이른바 파쇼적 태도는 오늘날에도 어느 사회를 막론하고 사회적 편견, 지역적 편견, 관습적 편견 등의 정서적 차원에서 뿐만 아니라 엄연히 구별되는 정책적 차별이나 정책 운용상의 차별에서도 많은 경험적 목록을 만들 수 있다. 한국의 정치, 사회, 경제 및 문화 생활에서 일상적으로 작용하는 가치 서열화 의식과 행위로서 실행되는 계몽되지 않은 많은 한국인의 특정 가치의 절대화와 가치 획일화는 '다른 가치를 파괴하는 폭력성'이나 '가치 다원화 사회'의 담론을 무색하게 하는 현실 지표들이라 할 수 있다.[80]

80) 한국인의 가치의 획일화와 서열화에 대한 주장은 일반적으로 동의할 수 있는 주장이며, 특정한 사회 계층을 중심으로 가치의 분화와 다양성이 현실적으로 이루어지고 있는 것도 사실이다. 이 계층은 획일화되고 서열화된 가치를 스스로 실현할 수 있는 여러 조건들을 가진 계층으로서 자신과 구별되는 타자에 대해 서열화된 가치를 강요하면서도 동시에 가치 서열 체계로부터 상대적으로 자유로운 계층이다.

제7장

반교육 비판*

1. 들어가는 말

아도르노의 철학 안에서, 넓게 보면 프랑크프르트학파에서 교육(Bildung)[1] 개념이나 교육에 대한 철학적 분석이 그들의 중심

---

* 이 글은 『시대와 철학』 제16권 2호, 한국철학사상연구회, 185-210쪽에 게재됨.

1) 교육(Bildung) 개념의 철학적 사용은 사실 인본주의적이고 교육학적인 의미에 기원을 두지 않고 있다. 처음에 사용된 교육 개념은 신비학적-신학적, 자연철학적-사변적인 의미 층위을 갖는다. 오늘날 의미의 교육 개념은 신인본주의자인 훔볼트의 교육 개념에 연유한다. 아도르노는 자신의 저작에서 도야와 교육(Bildung und Erziehung)을 개념적으로 정의하거나 의식적으로 구분하여 사용하지 않는다. 그는 주체의 형성 맥락에서는 Bildung 개념을 사용하지만 그 밖의 경우에는 두 개념을 혼용한다. 그러나 엄밀한 의미에서 보면 두 개념은 개념적인 차이를 가지고 있다. Erziehung이 미성숙한 상태, 인간의 인간에 대한 행위능력, 행위 범주와 관련된 것이라면, Bildung은 자기 인식, 세계 이해, 자아동일성 형성, 자아 발전, 삶의 조건에 대한 적극적인 정신적 태도, 인격의 규범적

적인 이론적 테마가 아니라는 것은 잘 알려진 사실이다. 본 논문에서 다루고자 하는 교육 현실에 대한 아도르노의 비판은 독자적인 연구 영역이라기보다는 그의 사회 비판적 논의나 기존 권력과 사회 구조의 재생산 논의에서 주제화되었다.[2] 아도르노의 교육 관련 단편들은 대부분 아도르노가 「오늘날의 교육 문제」라는 헷센방송국의 방송물에 1956~1969년 동안 매년 한 번 꼴로 초대되어 한 연설이나 인터뷰로 구성된 것이다.[3] 논의의 주된 특징은 교육학의 특정 분과로서의 교육 철학이나 경험적 교육사회학 이론들이 갖는 특성보다는 사회 이론의 토대 위에서 수행되는, 전체 사회의 문맥 안에서 교육의 가치 지향과 현재적 역할에 대한 사회 이론적 교육 비판 이론이다.[4]

이상과 관계한다. 이에 대해서는 Bernhard, Armin : *Bildung*, in : ders., Lutz Rothermel (Hg.) : *Handbuch kritische Pädagogik*, Weinheim 1997, 62쪽 ; *Historisches Wörterbuch der Philosophie*, Ritter, J (Hg.), Bd.1, 922쪽 이하 ; *Handbuch pädagogischer Grundbegriffe*, Speck, J / Wehle, G. (Hg.), Bd. 1, München 1998.

Bildung이 교양이나 도야로 번역되고 있는데, 아도르노의 Bildung 개념은 '자기 형성'과 관련되므로 기존의 번역어를 사용하는 데 무리가 따른다. 아울러 이 글에서 다루고자 하는 주제에 대한 한국 학자의 선행 연구가 없었음을 밝혀둔다. 독일 철학자들에 의한 선행 연구도 지극히 제한적인데, 이들의 특징은 이 글의 주요 텍스트 중에 하나로 사용된 *Erziehung zur Mündigkeit*를 거의 다루고 있지 않다.

2) 아도르노의 사회 이론적 교육 비판에 영향을 받은 교육학파가 소위 Mollenhauer, Klafki 등으로 대표되는 비판적 교육학파며, 이들이 1960대 중반에서 1970년 중반까지 독일의 주류 교육학파였다.

3) Adorno, *Erziehung zur Mündigkeit*, Frankfurt a. M. 1970, 8쪽.

4) 이러한 시각은 로저 베렌스의 *Zur Theorie der Halbbildung, heute* 에서 잘 드러나는데, 그에게 아도르노의 교육이란 무엇인가 하는 물음은 사회란 무엇인가 하는 질문과 같은 의미로 이해된다(같은 책, 136쪽 이하). 베렌스의 주장은 사실 새롭거나 놀라운 주장은 아니다. 아도르노는 교육 문제뿐만 아니라 음악을

사회 이론으로서 이해된 아도르노의 교육 현실 비판은 교육이 기존 사회의 재생산을 위한 체제 적응과 통합의 기제로서 얼마만큼 기능하는지의 문제와, 진정한 주체 형성과 이를 통한 해방된 사회의 실현 가능성에 우선적인 관심을 교육 내적 문제에서만 찾지 않고 절반의 교육을 가능케 하는 사회 구조의 연관 관계 안에서 수행된다. 이런 이유로 아도르노는 자신의 교육 개념과 일반 교육 개념의 전개에 별다른 무게를 두고 있지 않으며 교육에 대한 다층적인 개념적 구분에도 별 관심이 없다. 본 논문은 아도르노가 파악한 '이미 보편적 현상이 되어버린 절반의 교육'의 현실 분석과 이에 대한 아도르노의 비판, 해방된 사회의 건설을 위해 교육 계몽을 요구하는 아도르노 자신의 교육의 이념과 내용을 그의 교육 비판 관련 저작과 사회 비판의 문맥에서 재구성하고 비판하는 것을 목적으로 한다.

2. 절반의 교육 비판

아도르노가 1963년에 파악한 교육 현실은 '절반의 교육(Bildung)'이었다. 그에 따르면 "오늘날 교육은 절반이 되어버렸다."[5] 이 테제의 함의를 밝혀내기 위해 먼저 아도르노가 절반의 교육을 어떻게 정의하고 있으며 그가 절반의 교육 비판을 위해 끌어들

포함한 개별 문화 영역들도 일관되게 사회 이론적 문맥에서 분석하고 있기 때문이다.

5) GS8, 574쪽.

이고 있는 이른바 무교육(Unbildung), 곧 빌둥되지 않은 상태의 의미를 알아보자. 아도르노의 절반의 교육은 교육 목적의 절반의 실현을 의미하거나 '교육되지 않은 상태'를 의미하지 않는다.[6] 아도르노는 교육의 이념이 실현되지 않는 교육, 교육 이념의 자기 부정을 절반의 교육으로 개념화한다. 절반의 교육 개념과 구분되는 교육되지 않은 상태를 의미하는 무교육이란 "단순한 소박함과 무지로서 대상에 대한 직접적 관계가 설정되고 그것의 완전히 길들여지지 않은 속성인 회의, 익살, 아이러니에 힘입어 비판적 의식"[7]으로 발전될 수 있는 경우를 말한다. 이에 반하여 절반의 교육 상태란 각각의 임의적인 대상에 대해 사태에 대한 이해 없이 "평균적인 가치"[8]를 주장하는 상태를 의미하며 이러한 주장에는 개별적 이해 관심이 숨겨져 있기도 하다. 이런 까닭에 교육되지 않은 상태는 오히려 절반의 교육 상태보다 더 교육으로의 발전 개연성을 가지고 있다고 보인다. 이에 반해 절반의 교육은 '주체 없는 교육'으로서 집단적인 나르시스를 통

6) 이런 의미에서 절반의 교육을 '어설픈 교양'으로 번역하는 것은 적절하지 못하다. 김유동 · 주경식 · 이상훈이 번역한 『계몽의 변증법』에는 Halbbildung은 어설픈 교양으로, Bildung은 교양으로 일관되게 번역한다. 예를 들면 209, 219, 266, 267쪽을 들 수 있다. 한국 교육학계에 아도르노의 교육 철학을 소개하는 데 기여한 고경화의 번역어는 탈야만 교육의 대칭 개념, 교육의 적으로 규정하는 반교육 개념으로서 Halbbildun의 의미가 명확히 드러나지 않는다. 우리말로 '어설픈 교양'으로 번역하는 데 적절한 개념을 제공한 최초의 교육학자는 파울센이다. 그는 1905년에 Halbbildung을 '내적으로 완성되지 않는 교양'으로 정의하면서 '참을성 없는', '폭력적', '아양피우고', '허영에 찬' 성질을 특징으로 한다고 밝히고 있다(Paulsen, F.,'Bildung', in : Pädagogische Korrespondenz 9/1991, 99).

7) GS8, 104쪽 이하.

8) GS10.2, 587쪽.

해 주체 없는 의식의 '비밀 왕국'을 만든다.[9)]

아도르노에 따르면 오늘날 대중 의식으로서 지배적으로 자리 잡은 절반의 교육(Halbbildung)은 일반 대중에게나 상류 계층의 낡은 교육에서도 나타난다.[10)] 아도르노의 눈에 인식된 절반의 교육 상태는 그 원인이 "불안전한 교육 체계"나 "교육 방법" 또는 "(사회적 환경으로부터) 고립된 부분적인 교육 개혁"[11)]에 있지 않다. 또한 그 원인이 교수법에 있는 것도 아니다. 아도르노의 이 말은 교육 문제에서 교육 내적 위기와 모순을 간과하고 있다기보다는 교육의 사회적 연관 문맥을 강조하는 것이며, "단지 교육만으로 이성적인 사회를 보장할 수 없다"[12)]는 그의 말과 궤를 같이하는 것이다. 여기서 확인할 수 있는 것은 아도르노가 교육 문제를 전체 사회와의 연관 속에서만 해명될 수 있으며, 교육 문제를 단지 교육 내재적 방식으로 해결할 수 있다는 시각에 회의적이라는 것이다.

아도르노의 교육 현실 비판은 교육 내적 비판과 사회 비판을 동시에 수행하려는 시도로 이해되어야 한다. 먼저 아도르노의 교육에 대한 메타 비판으로서 "보편화된 절반의 교육"[13)]에 대한

---

9) GS8, 114쪽 참조.

10) 같은 책, 110쪽.

11) 같은 책, 93쪽. 이러한 문제 의식에서 아도르노는, 교육이 어디로 가야만 하는가의 질문이 개별적인 교육 문제나 교육 수단에 대한 토론에 앞서 교육의 목표에 대한 질문이 선행되어야 하며 교육 목표가 외부적인 영향에 의해 방향이 설정되어서는 안 된다는 것을 강조한다. 이에 대해서는 Adorno, *Erziehung zur Müdigkeit*, Frankfurt a. M. 1970, 110쪽 이하 참조.

12) GS, 98쪽.

13) 같은 책, 575쪽.

그의 진단을 검토해보자. 보편화된 절반의 교육의 원인은 어디에 있는가? 아도르노는 한 개인의 내적 완성만을 목적으로 하는 순수 교육으로서의 교육 이념의 축소와 교육의 사회화에서 답을 찾고 있다. 아도르노가 순수 교육화의 문제를 비판하면서 비판의 근거인 자신의 교육과 교육 이념을 구체적으로 전개하고 있지는 않다. 하지만 그는 18세기에 지배적이었던 시민적인 교육 개념, 헤르더, 쉴러, 훔볼트,[14] 독일 관념론자들에 의해 대변된 '자기 규정적 주체의 형성'을 충실히 따르는 듯 보인다. 이 대목은 아도르노가 사회적 목적에 상응하는 변질된 교육 개념인 절반의 교육 개념의 안티 테제로서 그 자신 비판의 여지가 있는 전통적 교육 개념을 끌어들일 때도 확인된다.[15]

아도르노는 자신의 성향과 능력을 자기 규정적으로 형성해내는 독자적인 자의식의 인간 형성(Selbstbestimmung)을 교육의 개념으로 이해한다. 절반의 교육의 비판의 근거인 자기 규정성으로서 교육 개념은 절반의 교육의 자아 없는 자기 유지(Selbstbehauptung ohne Selbst)를 비판하면서 동시에 주체의

---

14) 이 시기에 개체의 일회성, 유일성, 자기 실현을 강조하는 현대적인 의미의 교육 개념이 발생한다고 볼 수 있다. 헤르더는 인간이 그 자신의 창조자며 동시에 창조물임을 강조한다. 훔볼트는 개인의 완벽한 자기 실현과 인간 종의 완전성으로의 도달을 교육의 사명으로 간주한다. 쉴러의 경우는 미적 교육을 강조함으로써 이성과 감성의 칸트적 긴장을 지양하고자 한다. 아도르노가 전통적 교육 이념을 따르고 있다는 주장은 알프레드 쉐퍼도 하고 있다(Theodor W. Adorno: *Ein pädagogisches Porträt*, Basel / Berlin / Weinheim 2004, 37쪽). 아도르노에게 영향받은 비판적 교육학의 대표자 중에 한 사람인 Wolfgang Klafki는 전통적 교육 개념에 대해 자기 규정성, 공동 의사 결정력, 연대 능력이라는 세 가지 의미층을 가지고 있다고 분석한다.

15) GS8, 102쪽.

혁명(Revolution des Subjekts)[16]으로서 교육 개념을 내세운다.

"교육의 이념은 시민사회와 더불어 실현된다. (…) 교육의 실현은 자유와 평등의 시민사회 이념에 조응해야 한다. 동시에 교육은 칸트의 미학에서 근본적으로 요구한 목적 없는 목적성과 마찬가지로 교육의 목적들과 그것의 현실적인 기능들로부터 작별한다. 교육은 자기 정신의 주체로서 자유롭고, 자기 의식을 정초해가며, 또한 사회에서도 지속적으로 작용하고 자신의 욕망을 승화시키는 주체에 합당한 것이다."

"내가 교육 일반을 이해하는 것은 소위 인간 만들기가 아니다. 그 이유는 그 누구도 외부로부터 인간을 만들 권리를 가지지 않기 때문이다. 또한 단순한 지식의 전달과 그것의 무의미성과 사물적 성격은 자주 그리고 충분히 서술되어온 까닭에서다."[17]

그런데 교육이 그 자체로 목적이 되거나 정신의 형성으로만 이해된다면 그러한 교육은 아도르노에게 순수 교육에 지나지 않는다. 여기에 시민적 교육 개념에 대한 그의 비판이 자리잡는다.

"모든 철학에서 교육은 내재적이었다. 이러한 교육의 내재성은 이 사유의 정초자인 훔볼트와 슐라이허마허에게 그러한 학교 체계에 대한 이론들을 산출케 했다. 뿐만 아니라 사변적 관념론의 핵심, 즉 단순한 심리적 개인을 넘어서 정신의 특성을 다루는 객관적 정신론에서

---

16) Behrens, R. : *Zur Theorie der Halbbildung, heute* 그의 책 *Verstummen über Adorno*, Laatzen 2004, 143쪽.

17) Adorno, *Erziehung zur Mündigkeit*, Frankfurt a. M. 1970, 112쪽.

도 교육의 원리는 동시에 정신의 원리였다."[18]

아도르노는 순수 교육으로 축소되고 환원된 '병든 교육'이 절반의 교육이며 사회의 '객관적 정신'이 되었다고 단정한다.[19] 순수 교육화에 대한 비판적 의도에서 아도르노가 철학적 교육의 이념을 되돌아보려는 이유가 여기에 있다. 왜냐하면 철학적 교육의 이념은 앞서 언급한 바와 같이 자기 규정적 주체의 형성이며 이것은 동시에 사회 질서로의 주체의 무조건적 순응과 통합에 저항하려는 내재적 속성이 있기 때문이다.

"철학적 교육의 이념은 그것의 정점에서 자연적인 현존재를 보호하면서 형성하려 한다. 이것은 적응을 통해 동물적 인간을 제어하고, 인간에 의해 만들어진 사회 질서에서 발생하는 억압에 대한 저항에 인간의 자연성을 구제하는 두 의미를 갖는다."[20]

절반의 교육이 실패한 또 다른 원인인 교육의 사회화를 살펴보자. 교육의 사회화는 아도르노에게 개인의 사회화 과정에서 교육의 역할뿐만 아니라 사회 자본화된 교육 문제까지를 포함한다. 우선 아도르노가 문제삼는 것은 오직 사회에 대한 순응을 목

18) GS8, 106쪽.

19) 아도르노는 계몽의 변증법의 반유태주의적 요소들에서 후기 자본주의의 객관적 정신으로서 절반의 교육과 나치의 반유태주의의 내적 연관성을 언급한다. "지배가 총체화되는 국면이 오면 이러한 절반의 교육은 편협한 정치 협잡꾼들과 함께 최후의 비상 수단으로서 광기의 체계를 불러들이며, 문화 산업에 의해 이미 시들해져 관리되는 다수에게 그러한 비상 조치를 강요한다"(GS3, 221). 아도르노는 여기서 반유태주의적 편집증을 절반의 교육의 징후로 간주한다.

20) GS8, 95쪽.

표로 하는 교육 행위와 교육의 역할이다. 교육이나 교육은 그 내용과 역할이 개인으로 하여금 "사회와의 차이 없는 동일성"[21)]을 매개하고 통합시키는 것을 목적으로 한다는 것이다. 교육과 교육이 사회적 요구와 수요만을 따르는 한 그것은 그 자체로 교환 가능한 것, 상품 가치화하는 것이다.[22)] 이때 사회적 요구란 사회 순응과 적응 및 사회의 자기 유지에 필요한 요구로 자격 능력, 현장 활용 능력, 직무 수행 능력 등 사회의 교육에 대한 산업적, 경제적 요구로 이해할 수 있다. 아도르노가 지적하는 교육의 사회화 현상의 또 다른 모습은 교육이 단지 "문화 상품"이나 "소유"로서 하나의 특권이 되고, "교육받지 않은 사람들의 점증하는 고통"과 함께 "사회적 지위나 (교육으로 인한) 과도한 혜택"[23)]을 반영한다는 사실에서다.

교육 독점 현상에 대한 아도르노의 비판을 들어보자. 그에 따르면 근대 시민사회에서 교육받지 않은 시민이 사업가나 중개업자, 공무원이 될 수가 없었다. 이 사정은 프롤레타리아트에서도 남다른 것이 아니다. 아도르노는, 적어도 내 시각에서는 좀 의심스러운 주장인 듯하지만, 사회주의자들이 그들의 역사적인 핵심 지위를 자신들의 정신적 성과에서 비롯된 것이 아니라 그들의 객관적인 경제적인 지위에서 이끌어진 것으로 확신한다.

아도르노의 눈에는 이른바 모든 국민 대중 교육이라는 것도 '사회적으로 규정된 교육으로부터 시민의 배제를 단순한 교육에

---

21) 같은 책, 121쪽.

22) 같은 책, 115쪽.

23) 같은 책, 97쪽.

의해 대치될 수 있다'는 망상에 병들어 있는 것과 다르지 않다.[24] 아도르노가 여기서 강조하고자 하는 것은 부와 교육 독점의 연관성이다. 이와 유사한 주장은 이미 베버에게서도 제기되었다. 베버는 19~20세기 독일에서의 인문 교육이 사회적 차이와 배제의 근거로 도구화되었다고 진단한다. 19세기 독일에서 인문 교육은 대학 교육의 전제로서 이미 기대되는 사회적 상위 지위의 시발인 셈이다. 당시 노동자 계층 자녀들의 교육 기회는 극히 제한되어 있었으며, 이들은 교육을 받은 후 공무원 신분으로 진출할 수 있었다.[25] 아도르노의 교육 독점 테제는 또한 부르디외가 자본의 구조(나 자본의 크기)와 경제적, 문화적, 사회적 자본 간의 긴밀한 상호 연관성을 해명함으로써 좀더 세련된 형태로 나타난다.[26] 여기서는 더 이상 그의 논의를 전개시키지 않고 우리의 논의로 되돌아가기로 하자.

사회적 자본으로서 교육 독점 현상에 대한 아도르노의 비판은 서양에서 뿐만 아니라 특히 한국의 교육 현실에서 정당한 것이다. 교육이 지위 상징으로 그 역할을 하는 것은 경제적 자본에서 기인한 것인데, 이에 대한 아도르노의 지적은 해방 이후 한국의 국가 형성 시기와 자본주의 경제 시스템의 발전 과정 속에 형성된 특수한 한국 사회 구조에서는 제한적 타당성을 갖지만,[27] 오

---

24) GS8, 98쪽 아래 참조.

25) Weber, M. : *Wirtschaft und Gesellschaft*, Berlin, 1964.

26) 이에 대해서는 부르디외가 세 부류의 소시민층, 즉 하강하는 행정 관련, 새로운 소시민층의 분석을 통해 잘 보여주고 있다. Bourdieu, P. : *Die feinen Unterschiede*, Frankfurt a. M. 1987, 541쪽 이하 참조.

27) 이 제한적 타당성은 한국인의 독특하고 왜곡된 교육열과, 일반적 상황은 아니지만 성실과 노력을 전제로 한 학력에 의한 신분 상승의 기회가 현재와 비

늘날 강남 '교육 블랙홀 현상'만큼 그의 테제를 지지하는 적절한 예도 드문 듯하다.

이상에서 살펴본 절반의 교육의 원인으로서 순수 교육 이념과 교육의 사회화 양상들은 "정신적인 독립에 대한 기억"[28]이나 "올바른 의식의 형성"[29]을 불가능하게 만든다. 교육의 고유한 목적을 상실한 현재적 교육 현실은 아도르노에게 "교육의 전 단계가 아니라 교육의 위협적인 적"[30]인 것이다.

3. 절반의 교육의 문화 산업적 원인

사회 비판의 문맥에서 전개되는 아도르노의 교육 현실 비판은 순수 교육의 교육 이념 비판과 교육의 사회화에 대한 추상적 비판에 머무르지 않는다. 아도르노는 절반의 교육 현실과 문화 산업의 연관성에 주목함으로써 논의를 구체화한다. 아도르노의 원인 연구에서는 구체적인 학교 교육 과정이나 내용에서보다 오히려 문화 산업에 더 많은 책임의 혐의를 부여한다.[31] 다음의 인용문들이 이를 잘 말해준다.

교해 상대적으로 많았다는 사실과 관계한다.

28) GS8, 575쪽.

29) Adorno, *Erziehung zur Mündigkeit*, Frankfurt a. M. 1970, 112쪽.

30) GS8, 111쪽.

31) 아도르노의 교육 철학의 중요 논거는 그를 전통적인 의미의 교육학자로 분류하기 어렵게 만든다. 다른 한편으로 그의 분석의 초점은 교육과 미디어, 교육에서의 미디어 활용에 대한 의미 있는 단서를 제공하는 것이기도 하다.

"농촌 지역들은 오늘날 절반의 교육의 부화장이다. 특히 대중 미디어인 라디오와 텔레비전 덕택에 전 시민사회적이고 본질적으로 전통적인 종교에 붙들려 있던 관념의 세계가 파괴되었다. 이것은 문화 산업의 정신에 의해 함락되었다."[32)]

"『성경』의 권위 자리에 운동장의 권위, 텔레비전의 권위가 들어선다."[33)]

이 인용구는 대중의 의식 형성에 텔레비전을 포함한 대중 매체가 얼마나 큰 영향을 미치는가를 잘 보여주고 있다. 아도르노가 절반의 교육 현실을 야기한 문화 산업에 책임을 물을 때 텔레비전의 중립적 사용과 순기능적 측면을 강조하지만, 텔레비전은 아도르노에게 교육적 기능보다는 정보적 기능을 담당하는 매체로 파악된다. 이는 텔레비전의 정보에 의해 대중의 비판적 자의식 형성이나 교양 교육이 대체될 수 없다는 의미와 함께 매체의 정보적 기능의 부정성도 함의하는 것이다. 정보의 민주적 공유와 문화 상품의 대중적 접근이 일반화되었다는 것이 아도르노에게는 역설적인 의미를 갖는다.

"헐값의 대량 판매가 교양이라는 특권을 폐기시켰다는 것은 대중에게 예전에는 접근이 거부되었던 영역을 열어주는 것이 아니라, 적어도 (문화 산업이 영향력이 지배적인) 현재의 사회 조건 아래서는 교양의 상실과 야만적인 무질서의 증가를 의미한다."[34)]

---

32) GS 8, 99쪽.
33) 같은 곳.

아도르노가 "신선하고 즐거운 교육의 확산"을 말할 때, 그 가능성을 문화 산업의 부정적 교육 효과의 "전멸과 직접적으로 하나의 같은 문제"[35]로 보는 이유가 여기에 있다. 문화 산업의 또 다른 반교육적 기능은 "절반의 욕구"[36]뿐만 아니라 마치 자유롭고 자기 규정적으로 실현된 듯한 '사이비 개성'을 조장하는 데 있다. 아도르노가 교육의 이념을 '비판적 의식을 가진 주체의 자각, 주체의 혁명'으로 이해할 때 문화 산업이 조장하는 사이비 개성은 실로 반교육적인 것이다. 사이비 개성은 개인으로 하여금 진정한 개인이 아니라 보편적 경향들이 만나는 단순한 정류장이 됨으로써 무리 없이 보편성 속으로 흡수되는 것이다. 이를 통해 사회와 주체의 "잘못된 동일화"[37]가 만들어진다.

아도르노가 문화 산업의 책임의 한 예로 드는 출판 문화 산업에서 고전의 상품화 현상을 살펴보자. 그에 따르면 이미 19세기부터 고전적 작품들의 출판은 출판사의 이해와 의심스러운 사회적인 선택 메커니즘에 복속되어 있었다. 아도르노에게 문제는 바로 이와 같은 조건 아래에서 고전 작품들이 교육 상품으로 전락하는 데 있다. 그 결과 고전 작품이 인식의 지평을 열어주고 규범을 제공해준다는 믿음이 사라짐으로써 종국에는 고전의 진리성 자체도 파괴된다는 것이다. 왜냐하면 수용자들은 더 이상 고전들의 내재적 기준들에 관심이 없으며 단지 '이것으로부터 내가 무엇을 가졌다'고 믿는 데 있기 때문이다. 교환 법칙 아래에 편입된 고전적 작품은

34) GS3, 183쪽.
35) GS8, 110쪽.
36) 같은 곳.
37) 같은 책, 103쪽.

교육 상품 그 이상도 이하도 아니게 된 것이다.

문화 산업이 교육에 미치는 부정적 영향력은 정신뿐만 아니라 감각적 삶도 왜곡시킨다.[38] 문화 산업은 아도르노에게 살아 있는 경험의 파괴라는 대가 위에 절반의 교육을 유포한다는 의심을 받는다. 문화 산업이 제공하는 '대체 경험'의 일방적 수용은 감성과 "상상력의 빈곤화"[39]를 초래한다. 수많은 채널들에 의해 예전에 상류 계층이나 누렸던 교육 상품들이 대중에게 제공되지만 이것이 교육 자체의 전제인 살아 있는 경험에 얼마만큼 기여하는지 의심스러운 것이다. 아도르노는 주체의 "살아 있는 경험"[40] 능력과 교육에서 경험의 감각적 차원의 중요성을 달팽이 비유를 통해 보여준다. 아도르노에게서 '자신의 갈 길을 만지고 냄새맡는 달팽이의 더듬이'는 새로운 것, 지적 욕구의 '진정한 표시'며 우둔함은 이것에 가해진 상처로 이해한다.

> "우둔함은 상처 자국이다. 그것은 많은 것 중의 하나의 활동에서 혹은 실제적이든 정신적인 것이든 모든 활동에 관계된다. 한 인간의 어떤 부분에서 멍청함은 그 부분의 근육 활동이 성장시 촉진되지 않고 지장을 받았다는 것을 말한다. (…) 아이들이 경험이 풍부해진다는 말은 거꾸로 아이들이 욕구를 실현했던 그 자리에는 쉽사리 보이지 않는 칙칙하게 굳은 상처가 남게 된다. (…) 금지된 모방, 금지된 눈물, 금지된 무모한 장난도 그러한 상처를 만들 수 있다."[41]

---

38) 같은 책, 108쪽.

39) GS3, 53쪽.

40) GS 8, 575쪽 ; Adorno, *Erziehung zur Mündigkeit*, Frankfurt a. M. 1970, 120쪽.

41) GS3, 295쪽.

아도르노에 의하면 우둔함은 억압된 경험의 결과물이다. 상처 입은 달팽이는 지성과 경험 영역의 분리를 전제로 하며, 지성적 경험의 빈곤함도 초래한다.

"쉼 없는 진보에 의한 계속되는 퇴행은 신체를 매개로 이루어지는 감각적인 세계에 대한 경험뿐만 아니라 감각적인 경험을 굴복시키면서 이로부터 분리된 자기 찬미적인 지성에게도 해가된다. 감각의 지배를 위해 지성 기능을 통일시키는 것, 즉 사유가 일관성의 수립으로 퇴보하는 것은 사유의 빈곤뿐만 아니라 경험의 빈곤을 의미한다. 두 영역의 분리는 사유와 경험 양자 모두를 훼손된 영역으로 만든다."[42)]

경험 능력의 왜곡은 방해된 경험의 경험을 의미하며 경험 능력의 상실을 초래한다. 여기서 경험 능력의 회복에 대한 질문을 자연스럽게 던질 수 있다. 아도르노에게는 이 문제 해결이 간단한 것이 아니다. 왜냐하면 "경험 능력의 회복은 반성 수준의 고양을 전제로 해야 하는데, 경험 능력 없이 어떠한 공인된 반성의 수준"[43)]이라는 게 있을 수 없기 때문이다. 따라서 이 문제는 "본질적으로 의식화에 달려 있고 이를 가지고 인간 자신과 인간의 경험 능력과 연결되어 있는 억압의 메커니즘과 반응 형성을 분쇄하는 데 있다."[44)]

---

42) 같은 책, 아도르노에게 『부정의 변증법』은 『계몽의 변증법』에서 보여준 개념적 사유에 대한 단편적 비판의 자기 주석서라 볼 수 있다. 위에 인용된 문장들은 부정의 변증법에서 인식의 유토피아 테제와 연관되며 동일성과 비동일성의 변증법 해석의 중요한 단초라 할 수 있다.

43) Adorno, *Erziehung zur Mündigkeit*, Frankfurt a. M. 1970, 121쪽.

44) 같은 책, 120쪽.

지금까지 논의한 절반의 교육의 문화 산업적 원인을 한마디로 요약한다면 문화 산업이 절반의 교육을 양산한다는 것이다. 문화 산업에 의해 양산된 절반의 교육소유자(Halbgebildete)는 문화 산업의 논리에 완전히 편입되어 어떠한 탈출구도 찾을 수 없다는 것이 아도르노의 결론이다. 획일화된 사고와 취향으로부터 아도르노의 교육 개념인 주체의 자각으로 나아가는 통로가 문화 산업론에서는 발견되지 않는다. 그렇다면 절반의 교육 상태를 지양하는 교육적 통로로서 해방의 교육 이념과 방법론은 없는 것인지 물어볼 필요가 있다.

4. 해방의 교육 이념

아도르노는 오늘날과 같이 가정을 포함한 사회 전 영역이 획일화한 상황에서는 학교 교육의 개혁, 수업 방법, 교과 과정 개편, 교수법에 의해 절반의 교육 현실이 변화될 수 있다고 믿지 않는다. 오히려 "체제에의 순응보다는 저항을 강화하는 것"[45]이 교육의 진정한 목적이 되어야 한다고 강조한다. 아도르노의 해방 교육 이념은 현재의 교육-사회적 여러 조건 아래에서 저항의 어려움 속의 저항, 주체되기 어려움 속의 주체되게 하는 교육 이념을 의미한다. 이를 위해서는 '성숙을 위한 교육'과 '탈야만화를 위한 교육'이 그 중심을 차지해야 한다. 아도르노는 교육의 정치적 의미를 민주주의의 실현 조건에서 찾는다. 그 이유는 "작동되

45) 같은 책, 115쪽.

는 것뿐만 아니라 그것의 개념에 맞게 실행되어야만 하는 민주주의는 성숙한 인간을 요구"[46]하기 때문이다. 실현된 민주주의는 성숙한 사람들의 사회로 생각될 수 있다. 아도르노는 성숙한 사람을 칸트의 정의에 따라 스스로 책임이 있는 미성숙한 상태에서 자신의 지성을 용기와 능력을 가지고 사용하는 사람으로 규정한다.[47] '성숙함을 위한 교육'을 주장할 때 성숙함의 의미는 다양한 측면에서 분석된다. 아도르노는 성숙함을 하나의 "존재 상태"로 이해하지 않고 하나의 역동적인 카테고리, 곧 "됨의 과정"[48]으로 이해한다. 이 됨의 과정은 "묘사할 수 없는 수많은 저항들"에 부딪히기도 함으로써 "변화에의 의지"[49]가 필수적인 것이다. 이런 까닭에 아도르노는 우리가 지금 계몽된 시대에 살고 있는가 하는 칸트의 질문에, "아니다, 확실히 우리는 계몽의 시대에 살고 있다"[50]라고 말할 수 있었다.

성숙을 위한 교육 논의에서 주목할 만한 것은 아도르노가 권위에의 저항이나, 권위로부터의 단절을 성숙의 조건으로 보지 않는 데 있다. 오히려 권위와 성숙의 긴밀한 상호 연관성이 주제화된다. 아도르노에 따르면 권위의 계기는 성숙함에 이르는 과정에서

---

46) 같은 책, 112, 140쪽.

47) Adorno, *Erziehung zur Mündigkeit*, Frankfurt a. M. 1970, 140쪽 참조. 이 정의와 관련되어 흥미로운 것은, 아도르노가 구체적 논거 없이 기독교인들에게 자율적 인간에 대한 관념을 이해하기 어려울 것으로 간주하며 그럼에도 불구하고 오늘날 신학적 해석은 칸트가 이해한 성숙의 개념과 유사한 이해를 하고 있다고 확언한다는 사실이다.

48) 같은 책, 151쪽.

49) 같은 책, 155쪽.

50) 같은 책, 151쪽.

의 발생적(Genetisch) 계기로 이해해야 한다. 프로이트를 원용하는 아도르노는 아이들이 권위와 동일시되는 '아버지의 전형'을 내재화하고, 자기 것으로 만드는 과정 속에서 자기의 이상으로 여겼던 아버지로부터 체득한 것이 더 이상 맞지 않을 때, 그러한 계기를 통해 아버지의 권위로부터 벗어나는 것을 성숙한 사람이 되는 것이라고 주장한다. 아도르노가 보여주는 성숙함의 발전적 계기로서 권위나 그가 인용하는 Else Frenkel-Brunswick의 경험적 연구는 성숙함에 이르는 과정에서 권위로부터의 단절이 필연적이며, 동시에 자아정체성의 발견은 어떤 권위와의 관련을 전제하지 않고서는 불가능하다는 것을 말해준다.

다른 한편으로 아도르노가 강조하는 것은 성숙됨의 의미가 사회심리적으로 축소되어서는 안 되며 사회적 문맥 안에서 규정되어야 한다는 것이다. 여기서 말하는 사회적 문맥은 "우리가 살고 있는 사회적 제도에서 어떤 인간도 실제로 고유한 자기 규정에 따라 존재하기 어려운"[51] 모순된 사회 상황을 의미한다. '늘 위험 속에 있는 성숙함의 어려움'을 타개하기 위한 "유일한 구체적인 방법은 사람들이 모든 에너지를 가지고 문제 제기와 저항을 위한 교육이 되도록 노력하는 것이다."[52]

성숙을 위한 교육과 함께 중요한 것이 탈야만화 교육이다. 아도르노 철학과 그의 사회 이론은 "왜 인류는 진정한 인간적인 상태에 들어서기보다 새로운 종류의 야만 상태에 빠졌는가"[53]

---

51) 같은 책, 152쪽.

52) Adorno, *Erziehung zur Mündigkeit*, Frankfurt a. M. 1970, 153쪽.

53) GS3, 11쪽.

하는 문제 인식에서 출발한다. 아도르노가 주장하는 해방을 위한 교육 이념은 야만 상태에 빠진 인간의 현재적 상황을 어떻게 교육을 통해서 변화시킬 수 있는가 하는 질문에 답해야 한다. 이 대답의 중요성은 아도르노가 야만이 지속적으로 재생산되고 있고 "새로운 야만의 현상에 대한 이해"[54] 필요성을 제기하는 데 있다. 또한 아도르노는 드라마틱하게 인류의 생존을 위해 야만의 극복이 결정적인 것이라고 서술하고 있다.[55] 아도르노의 과장된 표현은 우리 모두가 같은 체계의 책임 관계에 붙들려 있기 때문에 누구도 이 야만적 특성들로부터 자유로울 수 없다는 인식에 바탕을 두고 있다.[56] 이런 문제 인식에서 탈야만화를 위한 교육을 "교육의 중요한 목적 중 하나"[57]며 '교육의 새로운 정언명법'으로 간주하는 것은 당연하다.

아도르노는 먼저 야만 상태에 대한 분석을 시도한다. 아도르노는 야만을 주관적이고 심리적인 측면과 객관적인 측면으로 구분한다. 주관적이고 심리적인 야만의 양태인 "규율, 직접적 충동의 저지, 조소적 회의, 맹목적 명령 요구"[58]는 문화적으로 재생산되는 억압자들이 갖는 야만성이다. 아도르노는 직접적인 야만적 심리로 "공격욕, 원시적 증오, 파괴 충동"[59]과 "광적인 편견"[60]을 말한다. 객관적 야만은 "억압, 민족 학살, 고문"[61]을 가

54) GS10.2, 597쪽.

55) Adorno, *Erziehung zur Mündigkeit*, Frankfurt a. M. 1970, 127쪽.

56) 같은 책, 29쪽.

57) GS10.2, 680쪽.

58) GS4, 207쪽.

59) Adorno, *Erziehung zur Mündigkeit*, Frankfurt a. M. 1970, 126쪽.

60) GS10.2, 597쪽.

리킨다. 이러한 야만의 발생 조건은 보편적인 것에 개별적인 특수성을 구조적으로 억압, 지배하려는 사회와 모순된 사회 체계에 있다. 넓은 의미의 객관적 야만은 "사회 질서, 권위, 견고한 권력과 법령의 이름으로"[62] 행해지는 모든 것을 의미하기도 한다. 다시 말하면 야만 개념은 아도르노의 지배나 이데올로기 개념[63]처럼 기존 사회를 지탱하는 그것을 위해 봉사하는 각각의 것들이 갖는 강제력과 폭력성을 포함하는 포괄적인 개념이다. 한편, 아도르노는 야만을 물리적 폭력과 상호 연관 속에서 설명하기도 한다. 사회의 이성적 목적에 대한 전망 가능한 연관성이 존재하지 않고 물리적 폭력으로 퇴락이 발생하는 곳, 물리적 폭력과 동일시가 발생하는 도처에 야만은 이미 상존하는 것으로 간주된다.

탈야만을 위한 교육은 도처에 상존하는 야만성에 대한 추상적 반성을 거부한다. 그것은 전망 가능하고 인간적인 목적에 근거한 탈야만을 위한 교육적 반성을 지향한다.[64] 해방을 위한 교육은 "(물리적) 야만에 대한 혐오"[65]를 가르치는 교육이어야 한다. 이 혐오에 대한 교육은 동시에 야만의 최고 정점이었던 아우슈비츠가 다시 한 번 발생하지 않도록 하는 적극적인 교육 행위를 모든 교육의 우선적 가치로 둘 것을 요구한다.[66] 1966년 아도르노의 교육에

---

61) 같은 곳.

62) Adorno, *Erziehung zur Mündigkeit*, Frankfurt a. M. 1970, 130쪽.

63) 아도르노의 지배 개념의 다의성과 확장된 이데올로기 개념에 대해서는 Jong-Ha Lee, *Die gesellschaftliche Physiognomie der Kultur*, Berlin 2004, 24, 109쪽 이하 참조.

64) Adorno, *Erziehung zur Mündigkeit*, Frankfurt a. M. 1970, 131쪽.

65) 같은 책, 136쪽.

66) GS10.2, 674쪽.

대한 이 요구는 앞서 언급한 바와 같이 아우슈비츠를 가능하게 했던 사회 구조의 야만적 측면이 여전히 있다는 인식에서 비롯된 것이다. 해방의 교육을 지향하는 '구체적 반성'으로서 탈야만화 교육은 "반성을 위한 힘, 자기 규정을 위한 힘, 야만 행위에 동참하지 않으려는 힘"[67]을 배가하는 교육 이념을 갖는다.

5. 해방 교육을 위한 대안들

지금까지 우리는 절반의 교육을 극복하기 위한 아도르노의 해방 교육 이념을 고찰했다. 이 고찰 과정에서 우리는 이상적이고 가치 지향적인 아도르노의 교육 이념을 만날 수 있었고 한편으론 해방 교육을 위한 구체적 고민과 반성을 요구하는 아도르노를 만날 수 있었다. 앞서 나는 사회 비판적 교육 비판은 사회 비판과 교육 내적 비판을 동시에 수행해야 한다고 지적했다. 이제 아도르노 자신이 제안한 구체적 교육적 반성의 내용과 제안이 무엇이며 그것이 얼마나 그의 요구처럼 구체적인지 검토해보아야 한다.

아도르노는 많은 곳에서 유아 교육의 중요성에 대해 지적하고 있다. 아도르노는 해방 교육을 위해 유아기가 의식 형성의 시작이므로 유아 교육 단계부터 현실 인식 능력과 현실 비판 능력에 대한 교육이 시작되어야 한다고 말한다. 이론과 실천의 관계에 대한 문제와 밀접한 이 과제는 대학 수준에서 다루어질 수 있는 것이 아니라 유아 교육부터 시작해 평생 교육에 의해 전 삶에

67) 같은 책, 679쪽.

거쳐 수행되어야만 한다는 것을 강조한다.[68] 유아 교육은 절반의 교육이 야기한 "주체 없는 교육"을 해방된 교육의 지향점인 "주체 있는 교육", "주체를 만드는 교육"의 출발로 이해된다. 이를 위해 아이들에게 나타나는 "언어와 자기 표현의 빈곤"은 "경험을 위한 교육", "상상력 교육"으로 전환되어야 한다. 이 맥락에서 아도르노는 몬테 소리 교육 운동을 비판한다. 아도르노가 몬테 소리 교육과 상상력의 관계를 논증하고 있지 않지만, 몬테 소리 교육은 기본적으로 상상력에 반하는 교육으로 간주된다. 아도르노는 몬테 소리 교육이 아이들을 공허하고 멍청하게 만들 뿐이라고 주장한다.[69]

해방 교육을 위한 중요한 전제 중에 유아 교육에서 담당해야 될 또 다른 과제는 권위의 실체가 불분명한 모든 종류의 권위를 해체하는 것이다. 확실한 권위의 현상은 폭력의 원리를 따르는 것이 아니라 의식적인 것이며, 그러한 권위가 아이들 자신들에게 전망의 계기를 가질 때 그 권위는 기존의 권위 작용과 전혀 다른 의미를 갖게 된다.[70] 여기서 아도르노가 강조하는 것은 유아 교육이 부정적 의미의 권위에 의해서가 아니라 계몽된 권위에 의해 이루어져야 한다는 것이다.

유아 교육의 중요성과 더불어 해방 교육을 위한 대안은 경쟁 교육 체제의 지양이다. 아도르노에게 경쟁(체계)은 기본적으로 인간 교육에 반하는 원리다. 비인간적 형식에서 행해지는 수업

68) Adorno, *Erziehung zur Mündigkeit*, Frankfurt a. M. 1970, 116쪽 이하 참조.
69) 같은 책, 122쪽.
70) Adorno, *Erziehung zur Mündigkeit*, Frankfurt a. M. 1970, 138쪽 참조.

은 경쟁 본능을 강화하는 것을 벗어나지 못한다. 거기에서는 기껏해야 운동 선수를 길러낼 수 는 있어도 탈야만적 인간을 길러낼 수는 없다. 아도르노는 능력의 향상을 위한 수단으로 간주되는 경쟁의 과도한 피해에 대해 말하고자 하지 않는다. 영국 교육 시스템에 대한 그의 평가는 정상적이고 건전한 경쟁의 가능성에 근본적인 의심을 전제로 한 것이다. 아도르노가 페어플레이의 이념을 가르치는 교육이 건전한 성공 의지에 대한 회의를 의미한다는 지적이 이를 말해준다. 아도르노의 경쟁 교육 체제에 대한 부정은 프로 스포츠의 특수성을 고려하지 않으면서 "프로 스포츠에서 놀이의 우선성"을 급진적으로 주장하는 대목에서도 찾아볼 수 있다. 아도르노에게 놀이 우선성의 확립은 육체적 훈련의 영역에서 "인간적인 전환"[71]을 의미하는 것이다. 경쟁 체계 극복을 위한 이념적 지향은 옳은 것이라 평가할 수 있으나 아도르노가 제안한 구체성에 대한 모색, 곧 교육 정책적 대안에 대해 아도르노는 '구체적'이지 않다.

해방 교육 이념은 해방 교육을 위한 가치 지향의 내용뿐 아니라 그 해방을 위한 구체적인 교육 모델이나 교수법 등을 제시해야만 한다. 그런데 왜 아도르노 교육 모델, 교육 방식, 특히 교수법에 대해 말하고 있지 않은가? 아도르노가 의구심을 갖는 것은 수업의 대상과 방법을 결정하고 효과적 교육 행위와 교육 효과를 목적으로 하는 교수법 자체다. 그는 교수법이 작용하지 않는 교육 행위가 교육 참여자의 의식 조작과 가능한 인식 지평의 축소를 막는 데 유효한 방법으로 인식한다. 비판적 교수법에 대한

71) 같은 책, 133-134쪽.

무관심도 이런 맥락에서 제한적인 설명력을 갖는다. 교수법은 "교육학의 내재적 비진리성의 문제"[72]인 셈이다.

한 걸음 더 나아가 아도르노는 "고답적이고 권위적인 교사의 태도", "교사 직업에 대한 마술적 숭배"를 비판하고 "교사의 변화된 태도", "교사 양성시 심리 분석의 필요성" 등을 제기한다. 해방을 위한 교육을 위해서는 "교사 자신의 자기 계몽뿐만 아니라 학부모, 가능하다면 학생들까지 포함하는 전면적인 계몽이 필연적"[73]인 것이다. 아도르노가 제기하는 해방의 교육 모델, 교육 방식, 교수법 등은 결국 교육 현장의 제 관련 주체들의 전면적 계몽 가운데 그 모습을 드러낼 것이다. 아도르노의 '전면적 교육 계몽에 대한 요청'은 그 가능성의 확신에서 오는 요청이 아니다. 오히려 교육 계몽의 어려움에서 제기된 요청의 성격을 갖는다.

6. 비 판

순수 교육과 기존 지배 체제의 순응 기제로서 교육, 그 결과물로서의 "소외된 정신"을 어떻게 극복할 수 있을까? 이 질문에 대한 대답은 간단치 않다. 그 이유는 아도르노가 사용하는 교육의 최종 목적인 해방 개념의 모호성에서 찾을 수 있다. 적어도 내 눈에는 아도르노의 해방 개념은 ① 자기 형성을 수행하는 과정 개념으로서 사용되고 있는지 ② 자기 형성의 결과로서 해방

72) GS10.2, 661쪽.

73) 같은 책, 661, 671쪽 이하.

을 지시하는지 ③ 사회 해방의 결과에 수반되는 해방인지가 분명하게 진술되어 있지 않다. 아도르노가 교육 이념이나 성숙을 설명할 때의 해방의 의미는 과정 개념으로서의 해방을 의미한다. 그런데 그가 해방 교육의 가능성을 말할 때는 늘 사회 해방을 필연적으로 전제한다. 이때 해방은 수반의 의미를 갖는다. 또 아도르노가 해방의 과정적 성격을 강조할 때 동시에 그것의 어려움을 지적하는데, 이러한 지적은 역설적으로 자기 형성을 통한 해방의 사실성을 서술하는 것이 아니라 자기 형성의 과정 중에 있는 사실, 다시 말하면 실패로 끝날 가능성도 있는 자기 형성의 과정을 함의하기도 하는 것이다.

다른 한편으로는 언제 어디서 얼마만큼의 해방 교육이 실현될 수 있는지 아도르노는 그 조건들에 대한 규범적 내용이 아닌 구체적인 실현 모델들을 제시해야만 한다. 아도르노의 사회 이론적 교육 비판은 비판된 교육, 교육 현실의 지속적인 비판에 머물러 있으며, 새로운 대안적 교육 모델, 방법론에 대한 구체적인 내용성이 결여되어 있다. 이런 의미에서 불프가 지적한 구조적 비판의 전형을 보여주지 못하고 있다는 비판[74]은 옳은 것이다. 동시에 이러한 실천적 대안들은 "총체적인 억압 체제"인 기존 사회에 대항하는 새로운 해방 사회의 대안 모델의 연관 속에서 제시되어야 한다. 왜냐하면 아도르노에 따르면 해방된 교육은 이에 조응하는 사회 구조를 가져야만 하기 때문이다. 분명한 것은 아도르노가 해방된 사회를 위한 총체적 설계도 역시 보여주

74) Wulf, C. : *Theorie und Konzepte der Erziehungswissenschaft*, München 1983, 169쪽 이하.

고 있지 않다. 아도르노가 메타포하게 그리고 있는 해방된 사회 모습은, "그 어떤 규정이나 실현 없이 존재하는 것, 오로지 그것만의 상태",[75] "자신과 이질적 것 양자를 넘어선 상태",[76] "비합리성을 넘어선 상태", "이용의 목적-수단-합리성을 넘어선 상태"[77]다. 아도르노 철학 체계에서 본다면 이러한 해방된 사회의 모습은 야만화된 문명의 근본 원리인 자연 지배의 논리를 넘어서는 사회로 요약될 수 있다.

언뜻 보면 아도르노가 범한 것처럼 보이는 구조적 비판의 결여는 자못 타당한 비판이라 할 수 있다. 사랑, 가족, 여성의 해방에 대해 말할 때도 체계로서의 철학 이념을 좇는 사람에게 아도르노는 체계와 구조를 보여주지 못하는 사람으로 가볍게 비판받는다. 그런데 그는 왜 이러한 예상되는 손쉬운 비판 앞에 그 자신을 놓아두고 있는가? 아도르노가 의식적으로 수행하는 '반체계의 체계'에는 유대교 전통에서 기인한 것으로 알려진 '구체적인 상들에 대한 금지'가 자리잡고 있다. 이 구체적인 상들에 대한 금지는 단지 구체적인 진술의 금지뿐 아니라 상징적이고 형이상학적 관념들에 대한 금지도 동시에 포함된다. 왜 아도르노는 더 나은 세계, 이성적 사회 질서의 건설, 화해의 상태, 계몽의 교육 이념을 말하면서 그것에 대한 구체적인 진실이나 관념을 그려나가는 것을 스스로 거부하는가? 아도르노는 '구체적 상'의 선취가 비화해의 상태(인간과 자연, 인간과 인간, 남성과 여성, 인간과

75) GS4, 179쪽.
76) GS6, 192쪽.
77) GS7, 338쪽.

동물, 특수와 보편, 개체와 사회 등)나 사회적 모순을 거짓 설명하고 확정하거나 또 잘못된 목적에 사용될 위험이 있음을 간파한다. 이런 이유로 아도르노는 특정적 부정의 원형인 '구체적 상의 금지'를 다음과 같이 말하는 것이다.

> "선취적 지에 대한 자기 만족이나 구제를 위한 부정성의 거짓 설명은 기만에 대항하는 저항의 비진리적 형식이다. 구체적 상의 권리는 그러한 금지가 성실하게 지켜질 때 구제된다."[78]

> "단지 구체적 상이 없을 때 대상이 완전히 사유될 수 있다."[79]

짧게 서술한 '구체적 상'에 대한 아도르노의 철학적 입장이 구조적 비판에 대한 얼마만큼의 방어력을 가질지는 여기서 쉽게 판단할 수 없다. 내가 보기엔 무엇보다 아도르노의 교육 비판에서 구체적 상의 금지가 가지는 구조적 지위가 해명되어야 할 것이다. 단지 말할 수 있는 것은 아도르노가 해방의 교육 이념과 그 대안들과 관련하여 교육적 가치 지향을 제시할 뿐이며 대안의 방향만을 제시하고 있다는 사실이다.

마지막으로 아도르노의 교육 철학에서 반복해서 요청된 해방을 지향하는 자기 규정적 주체의 형성과 그의 전체 철학 문맥 안에서 주장된 주체의 종말 테제 간의 긴장을 어떻게 해소할 수 있을까에 대한 질문을 던질 수 있다. 아도르노는 자신의 저작 곳곳에서 개체와 사회와의 긴장, 추상적으로는 특수와 보편의 긴

78) GS3, 40쪽.

79) GS6, 207쪽 ; GS8, 456쪽.

장이 사라지는 사태를 '개체의 죽음과 종말의 테제'로 개념화한다. 아도르노에 따르면 개체는 객관적인 사회의 기능 연관 체계에서 "탈인격화",[80] "무화(Eigene Nichtigkeit)"[81]되어버렸다. 개체에게 어떤 고유의 공간도 허용하지 않는 사회에의 총체적인 통일은 개체 "무력감의 내재화"[82]를 의미할 뿐이다. 이러한 상태에서 개체는 자율성이나 자발성, 자유를 상실하게 된다.[83]

아도르노는 같은 맥락에서 개체의 종말을 가져오는 사회 전체(das Ganze)가 비진리(das Unwahre)인 이상 개체의 옳은 삶(das Richtige Leben)은 불가능하다고 단언한다.[84] '개체의 죽음'의 테제와 아도르노의 교육적 성찰에서 제기된 해방의 교육을 위한 가치 지향, 계몽된 교육의 요청, "절반의 교육에 대한 비판적 자기 반성"[85]의 내적 긴장을 어떻게 이해할 수 있을까? 브룬크호르스트는 아도르노의 비판처럼 전체가 비진리라면 아도르노는 내적 비판의 준거를 제시할 수 없다고 비판한다.[86] 그의 비판은 아도르노의 교육 철학 문맥에서 보편화된 절반의 교육과 그 결과로서 소외된 의식의 자기 반성이 내적으로 가능한가라는 비판으로 전환될 수 있겠다. 내 눈에는 브룬크호르스트의 이 비

80) GS6, 276, 309쪽 참조 ; GS3, 53쪽 이하.

81) GS3, 176쪽.

82) GS4, 55쪽.

83) GS8, 31쪽.

84) GS4, 43, 27쪽 이하 참조.

85) GS8, 121쪽.

86) Brunkhorst, H. : Mehr als eine Flaschenpost. Kritische Theorie und Sozialwissenschaften, in : Habermas / Friedeburg(Hg.) : Adorno-Konferenz, Frankfurt a. M. 1983, 314쪽 이하.

판은 아도르노의 '어두운' 철학의 한 면만을 보여주고 있을 뿐이다. 아도르노 식으로 표현하자면 실패된 교육의 현실은 기존까지의 모든 철학적 시도가 그러하듯 "구제의 관점에서 서술", 곧 해방의 교육 이념의 관점에서 서술되어야 한다. 왜냐하면 지금의 실패한 교육이 "그러한 인식을 부르며 또한 한 번 완전히 포착된 완전한 부정성은 그 반대편에 비쳐진 글씨와 잘 맞추어지기 때문이다."[87]

아도르노에게 중요한 문제는 해방의 교육 이념이 실현되는가 실현되지 않는가가 제일의 질문이 될 수 없으며 오히려 가능한 해방, 계몽된 교육을 위해 그 불가능까지도 파악해야만 하는 것이 우선 질문되어야 한다. 실패된 교육에 대한 부정적 인식은 결국, 브룬크호르스트가 이해한 것처럼 실패한 교육에 대한 반성의 불가능성이나 해방 교육의 불가능성을 말하고자 하는 것이 아니다. 오히려 표면적으로 실재하는 내적 긴장과 해방적 교육 이념 실현의 어려움을 부정적 교육 현실 비판으로 드러내면서 구제의 관점을 요청하는 것으로 봐야 한다.

7. 나오는 말

아도르노의 절반의 교육에 대한 비판은 교육의 자기 운명적 카테고리, 곧 자기 형성과 기존 사회에의 순응의 두 계기의 긴장이 순응으로 수렴되는 데 초점이 맞추어졌다. 교육학적 사실로

87) GS4, 283쪽.

서의 절반의 교육에 대한 사회 이론적 분석은 전통적 의미의 교육 내재적 대안을 제시하지 못하며, 절반의 교육이 어떻게 계몽화된 교육을 통해 해방의 교육에 도달할 수 있는가 하는 해방의 가치와 이념만을 제시할 수 있었다. 이런 의미에서 아도르노의 교육에 관한 성찰은 해방 지향적 가치교육론이라 불릴 수 있다. 한편, 아도르노의 교육 구조적 분석의 불안전성에도 불구하고 그의 사회 이론적 교육 비판은 사회 연관 문맥에서 교육 문제가 갖는 (논의) 지위를 누구보다 잘 보여주고 있다고 할 수 있다. 특히 사회 문제를 교육 문제로 환원하려는 소박한 태도에 반성의 계기를 제공하는 것이기도 하다. 절반의 교육으로 개념화된 교육 현실이 극복되지 않는 한 아도르노의 해방 교육 이념은 여전히 현재성을 가지고 있는 것이다. 왜냐하면 아도르노의 교육 이념은 자신의 고유한 삶을 형성하고자 하는, 미성숙한 사회에서 성숙한 삶의 기획을 시도하는 주체의 끊임없는 자기 형성의 노력이자 동시에 절반의 교육 이념에 저항하는 반성적 사회 실천이기 때문이다.

참고 문헌

1 아도르노 원전

Adorno, Theodor W. (GS) 1997 : *Gesammelte Schriften*, hrsg. von Rolf Tiedemann, Frankfurt a. M, Schurkamp (Taschenbuchausgabe), 1977.

GS1, *Philosophische Früschriften.*

GS3, *Dialektik der Auklärung* (김유동 · 주경식 · 이상훈 역, 문예출판사, 1995).

GS4, *Minima Moralia* (최문규 역, 솔, 1995).

GS5, *Metakritik der Erkenntnistheorie, Drei Studien zu Hegel.*

GS6, *Negative Dialektik* (홍승용 역, 한길사, 1999), Jargon der Eigentlichkeit.

GS7, *Ästhetische Theorie* (홍승역 역, 문학과지성사, 1997).

GS8, *Soziologische Schriften I.*

GS9, *Soziologische Schriften II*, 1/2.

GS10,1 *Kulturkritik und Gesellschaft I*, Prismen, Ohne Leitbild.

GS10.2 *Kulturkritik und Gesellschaft II*, Eingriffe, Stichworte.

GS11, *Noten zur Literatur.*

GS15. *Kompositionen für den Film*, Dergetreue Korepetitor.

GS20.1 *Vermischte Schriften I.*
GS20.2 *Vermischte Schriften II.*

Adorno, Theodor W., *Problem der Moralpjilosophie*, Frankfurt a. M, 1996.
__________________, *Vorlesung über Negative Dialektik*, Frankfurt a. M, 2003.
__________________, *Zur Lehre von der Geschichte und der Freiheit*, Frankfurt a. M, 2001.
__________________, *Metaphysik, Begriffe*, Problem Frankfurt a. M, 1998.
__________________, *Erziehung zur Mündigkeit*, Frankfurt a. M. 1970.
__________________, *Soziologische Exkurse*, Frankfurt a. M. 1956.
__________________, *Studium zum autoritären Charakter*, Frankfurt a. M. 1973.

② 2차 문헌

[제1장]

Holert, T., *Bewegung der Suspension. Zum Verältnis von Welt und Film bei Gilles Deleuze*, in : Vogl, J. / Balke, F.(Hg.), Gilles Deleuze-Fluchtlinien der Philosophie, München, 1996.
Jong-Ha Lee, *Die gesellschaftliche Physiognomie der Kultur*, Berlin, 2004.
Marcuse H., *Der eindimensionale Mensch*, Herbert Marcuse Schriften 7, Frankfurt a. M., 1987.
Marcuse, H., *Triebstruktur und Gesellschaft*. Herbert Marcuse Schriften 7, Frankfurt a. M., 1987.
Marx, K., *Kapital I, MEW*, Bd. 23, Berlin, 1964.
김선욱, 「웰빙 라이프의 정치적 구조」, 『철학연구』 제95집, 2005, 1-20쪽.
문성원, 「웰빙에서 윤리로」, 『철학연구』 제95집, 2005, 93-110쪽.
소병철, 「'노동 종말' 시대의 노동」, 『철학』 제73집, 2002, 213-234쪽.
앙드레 고르, 「노동 사회에서 문화 사회로의 이행 : 노동 시간의 단축 — 쟁점과 정책」, 『문화 사회를 위하여』, 문화과학사, 1999.
울리히 벡, 홍윤기 역, 『아름답고 새로운 노동 세계』, 생각의나무, 1999.

이훈, 「노동과 여가」, 『철학연구』 제22집, 1987, 83-96쪽.
제레미 리프킨, 이영호 역, 『노동의 종말』, 민음사, 2005.
칼 마르크스, 김호균 역, 『정치경제학 비판 요강』, 백의, 2000.
헤르바르트 마르쿠제, 김택 역, 『해방론』, 울력, 2004.

[제2장]

Alpern, K. D., Ingenieure als moralische Handeln, in : Lenk, H. / Rophl, G. (Hg.), *Technik und Ethik*, Stuttgar 1999.

Biervert, B. / Monse, K., “Technik und Alltag als Interferenzproblem”, Joerges, B.(Hg.), *Technik im Alltag*, Frankfurt a. M. 1988.

Habermas, J., *Die Zukunft der menschlichen Natur*, Frankfurt a. M. 2001.

Habermas, J., *Texte und Kontexte*, Frankfurt a. M. 1996.

Habermas, J., *Texte und Kontexte*, Frankfurt a. M. 1996.

Hastedt, H., *Aufklärung und Technik*, Frankfurt a. M. 1994.

Horkheimer, M., *Eclipse of Reason*, New York 1947.

__________, *Zur Kritik der instrumentellen Vernunft*, Frankfurt a. M. 1967.

Kapp, E., *Grundlinien einer Philosophie der Technik*, Braunschweig 1877, Nachdr. 1978.

Lenk, H., *Zwischen Wissenschaft und Ethik*, Frankfurt a. M 1992.

Lenk, H. / Ropohl, G.(Hg.), *Technik und Ethik*, Stuttgart, 1993.

Lenk, H. / Ropohl, G., “Technik zwischen Können und Sollen”, in : Lenk, H. / Ropohl, G.(Hg.), *Technik und Ethik*, Stuttgart, 1993.

Linder, B., “Il faut etre absolument moderne” Adornos Ästhetik : Ihr konstruktionsprinzip und ihre Historizität, in : Linder, B. / Lüdke, M. (Hg.) : *Materialien zur ästhetischen Theorie*, Frankfurt a. M. 1980.

Lutz, B., Das Ende des Technikdeterminismus, in : Lutz, B. (Hg.), *Technik und sozialer Wandel*, Frankfurt a. M., 1987.

MacKenzie, D. / Wajcman, J., 「무엇이 기술을 형성하는가」, 송성수 편저, 『우리에게 기술이란 무엇인가』, 녹두, 1995.

Marcuse, H., *Triebstruktur und Gesellschaft*, Herbert Marcuse Schriften 7, Frankfurt a. M. 1987.

__________, *Der eindimensionale Mensch*, Herbert Marcuse Schriften 7,

Frankfurt a. M. 1987.
Marx, K., *Das Kapital. Kritik der politischen Ökonomie*, Bd. 1(MEW 23), Berlin 1967.
Rohbeck, J., In einer Welt von Mitteln, in : Ders, *Technologische Urteilskraft*, Frankfurt a. M., 1998, 124-136쪽.
Rohbeck, J., *Technologische Urteilskraft*, Frankfurt a. M., 1993.
Ropohl, G., *Die unvollkommene Technik*, Frankfurt a. M., 1990.
_________, *Ethik und Technikbewertung*, Frankfurt a. M. 1996.
_________, *Technologische Aufklärung*, Frankfurt a. M. 1991.
Schachtner, C., *Technik und Subjektivität*, Frankfurt a. M., 1997.
Schmid Norerr, G., Technik und Technikkritik im Denken Max Horkheimers, in : Böhme, G. / Manzei, A., *Kritische Theorie derTechnik und der Natur*, München 2003, 55-67쪽.
_______________, Technik und Technikkritik im Denken Max Horkheimers, in : Böhme, G. / Manzei, A., *Kritische Theorie derTechnik und der Natur*, München 2003.
Sölter, A. A., *Moderne und Kulturkritik*, Bonn 1996.
Spengler, O., *Der Mensch und die Technik*, Müchen 1931.
Ullrich, O., *Technik und Herrschaft*, Frankfurt a. M. 1997.
랭던 워너, 강정인 역, 『자율적 테크놀로지와 정치철학』, 아카넷, 2000.
손화철, 「사회구성주의와 기술의 민주화에 대한 비판적 고찰」, 『철학』 제76집, 한국철학회, 2003.
송성수 편저, 『과학 기술은 사회적으로 어떻게 구성되는가』, 새물결, 1999.
이종하, 「검은 매체, 하얀 매체 혹은 회색 매체」, 『철학연구』 제95집, 2005.
_____, 「문화 사회에서 노동과 여가 : 아도르노와 마르쿠제 '노동과 여가' 논의의 현재성과 한계」, 『철학과 현상학 연구』 제29집, 2006, 159-160쪽.
_____, 「아도르노와 카시러의 나치 분석」, 『헤겔연구』 제17집, 2005.
장 이브 고피, 황수영 역, 『기술 철학』, 한길사, 2003.

[제3장]
Engels, F., *Der Ursprung der Familie, des Privateigentum und des Staats*, MEW, Bd21, Berlin, 1981 : K. Marx / F. Engels, *Deutsche Ideologie*, MEW, Bd 3,Berlin, 1981, 22 ; 31-32쪽

Fraser, N., “Was ist kritisch an der Kritischen Theorie? Habermas und die Geschlechterfrage”, in : Oster, I. / Lichtblau, K.(Hg.), *Feministische Vernunftkritik*, Frankfurt a. M. / New York, 1992.

Gudrun-Axeli, K., “Tradition-Brüche : Kritische Theorie in der feministischen Rezeption”, E. Scheich(Hg.), *Vermittelte Weiblichkeit*, Hamburg 1996, 113-124쪽.

Klinger, C., “Das Bild der Frau in der Philosophie und die Reflexion von Frauen auf die Philosophie”, in : Hausen, K. / Helga, N., *Wie männlich ist die Wissenschaft?*, Frankfurt a. M. 1986.

Konnertz, U., *Die Philosophin*, in : Die Philosophin 2, 1990.

L. C. Dunn / N. A. Jones(Ed), Embodied Voices : Representing Fermale Vocality in Western Culture, London : Cambridge University Press, 1994.

Lissner, A. / Rita, S. / Karin, W., *Frauenlexikon*, Feiburg, 1988.

Lukàcs, *Theorie des Romans*, Neuwied, 1962.

Nagl-Decekal, H.(Hg.), *Feministische Philosophie*, München / Wien, 1990.

Sommerbauer, J., *Differenzen zwischen Frauen*, Münster, 2003.

Stefan, Müller-Doohm, *Adorno*, Frankfurt a. M. 2003.

Wiggerhaur, R., “Antagonistische Gesellschaft und Naturverhältnis”, *Zeitschrift für Kritische Theorie*, 3 / 1996.

구인회, 「여성주의 철학의 제 문제」, 『철학과 현실』 제58집, 2002.

노성숙, 「근대적 자아와 다중심적 자아」, 『철학연구』 제65집, 2003.

마가렛 L. 앤더슨, 이동원 · 김미숙 역, 『성의 사회학』, 이화여대 출판부, 1987.

마르쿠제, 「여성 해방 운동과 사회철학」, 『여성사회철학』, 이화여대 출판부, 1980.

백승균 역, 『마르쿠제와의 대화』, 이문출판사, 1984.

시몬느 드 보봐르, 강명희 역, 『제2의 성』, 하서, 1996.

[제4장]

Beck, U., *Was ist Globalisierung?*, Frankfurt / M. 1997.

Albrow, M., *Abschied vom Nationalstaat*, Frankfurt / M, 1998.

Appadurai, A., “Globale ethische Räume”, in : U. Beck(Hg.), *Perspekiven der Weltgesellschaft*, Frankfurt / M. 1998.

Arndt, A., *Dialektik und Reflexion*, Hamburg 1994.

Barber, B. R., *Coca Cola und Heiliger Krieg*, Berlin / Muenchen / Wien 1996.

__________, *Die Zeit*, 1994. 10. 14.

Bourdieu, P., *Gegenfeuer 2*, Konstanz 2001.

Eco, U., *Apokalyptiker und Integrierte. Zur kritischen Kritik der Massenkultur*, Fankfurt / M. 1984.

Filgerstein, N., "Verursacht Globalisierung die Krise des Wohlfahrtsstaates?", in : *Berliner Journal für Soziologie*, Band 10, 2000.

Giddens, A., *Konsequenzen der Moderne*, Frankfurt / M. 1998.

Gross, "Berümtheit als Kunstform", *Die Zeit*, 2000.

Guzzoni U., *Identität oder nicht*, Freiburg / München 1981.

Habermas, J., "Jenseits des Nationalstaats?", in : U. Beck(Hg.), *Politik der Globalisierung*, Frankfurt / M. 1998.

__________, *Die postnationale Konstellation und die Zukunft der Demokratie*, Frankfurt / M. 2001.

Lyotard, J. F., *Postmoderne Moralität*, Wien 1998.

Martin, H. P. / Schumann, H., *Die Globalisierungsgalle*, Hamburg 1996.

Münch, M., "Zwischen affirmation und Subversion", in : C. Winter / C. Y. Robertson(Hg.), *Kulturwandel und Globalisierung*, Baden-Baden 2000.

Robertson, R,. "Globalisierung ; Homogenität und Heterogenität in Raum und Zeit", in : U. Beck(Hg.), *Perspekiven der Weltgesellschaft*, Frankfurt / M. 1998.

Willke, J., "Internationale Werbe und Media-Agenturen als Aktuere der Globalisierung", in : P. Donges(Hg.), *Globalisierung der Medien*, Opladen 1999.

Zürn, M., *Regieren jenseits des Nationalstaats. Globalisierung und Denationalisierung als Chance*, Frankfurt / M, 1998.

강윤주, 「영화를 통한 정치 교육의 가능성 2004」, 『지식의 사회 문화의 시대』, 경북대 출판부, 2004.

김소영, 「한국 영화 편당 최소 상영 일수를 제도화하자」, 『시네21』 제325호, 2001.

김정탁 · 염성원, 『기호의 광고학』, 커뮤니케이션북스, 2000.

마정미, 「오늘날의 신화는 광고에서 시작된다」, 『대중 문화 낯설게 읽기』, 문학과경계사, 2003.

『매일경제』(2005년 5월 25일자 A34).

맥그류, 「전 지구 사회?」, 『모더니티의 미래』, 전효관 외 역, 현실문화연구, 2000.

스튜어트 홀, 「문화적 정체성의 문제」, 『모더니티의 미래』, 전효관 외 역, 현실문화연구, 2000.

안드레아 L. 프레스, 「문화적 수용의 사회학」, 『문화사회학』, 고영복 편, 사회문화연구소, 1997.

안병영, 「세계화와 신자유주의 : 충격과 대응」, 안병영 · 임혁배 편, 『세계화와 신자유주의』, 나남출판, 2000.

이상화, 「세계화와 다원주의」, 『다원주의, 축복인가 재앙인가』, 철학과현실사, 2003, 13-44.

이유선, 「자문화 중심주의와 문화적 정체성」, 『세계화와 자아정체성』, 이학사, 2001.

이정우, 『가로지르기 : 문화적 모순과 반담론』, 민음사, 1997.

이효인, 『영화로 읽는 한국의 사회문화사』, 개마고원, 2003.

장-피에르 바르니에, 『문화의 세계화』, 주형일 역, 문예출판사, 1999.

__________________________, 『문화의 세계화』, 한울, 2000.

톰린슨, 『문화제국주의』, 강대인 역, 나남, 1994.

홍윤기, 「지구화 조건 안에서 본 문화 정체성과 주체성」, 『세계화와 자아정체성』, 이학사, 2001.

[제5장]

Anders, G., *Die Antiquiertheit des Menschen 1*, München 1987.

Barmer, B. R., *Coca Cola und Heiliger Krieg*, Berlin / München / Wien 1996.

Bourdieu, P., *Über das Fernsehen*, Frankfurt a. M. 1999.

__________, *Die feinen Unterschiede*, Frankfurt a. M. 1987.

Erd, R., "Kulturgesellschaft oder Kulturindustrie?", Erd, R. / Jakobi, O. (Hg.) : *Kritische Theorie und Kultur*, Frankfurt a. M. 1989, 216-235쪽.

Fahle, O., "Die Zwang zur Ähnlichkeit", *Zeitschrift für Kritische Theorie* 11 / 2000, 103-126쪽.

Geyer, C. F., *Einführung in die Philosophie der Kultur*, Darmstadt 1994.

Gross. T., *Berühmtheit als Kunstform*, Die Zeit, 21. 09. 2000.

Habermas, J., *Faktizität und Geltung*, Frankfurt a. M. 1992.

__________, *Theorie des kommunikativen Handelns*, Bd. 1.2, Frankfurt a. M. 1988.

__________, *Strukturwandel der Öffentlichkeit*, Frankfurt a. M. 1990.
__________, *Kleine politische Schriften I-V*, Frankfurt a. M. 1981.
__________, *Der philosophische Diskurs der Moderne*, Frankfurt a. M. 2001.
Hartmann, F., *Medienphilosophie*, Wien 2000.
Kausch, M., *Kulturindustrie und Populärkultur*, Frankfurt a. M. 1988.
Kellner, D., "Kulturindustrie und Massenkommunikation", Honneth, A./Bonß, W.(Hg.) : *Sozialforschung als Kritik*, Frankfurt a. M. 1982, 482-515쪽.
Lee, Jong-Ha., *Die gesellschaftliche Physiognomie der Kultur*, Berlin 2004.
Linder, B., "Technische Reproduzierbarkeit und Kulturindustrie", ders. *Walter Benjamin im Kontext*, Frankfurt a. M. 1978.
Marcuse, H., *Der eindimensionale Mensch*, Neuwied/Berlin.
Prokop, D., *Kritische Kommunikatonsforschung*, München 1953.
Quareisesima, L., "Geil und gähnend. Der Schriftsteller als Filmzuschauer", Schenk, I (Hg.) : *Erlebnisort*, Marburg 2000, 51-64쪽.
Steinert, H., *Die Entdeckung der Kulturindustrie*, Wien 1992.
Wellmer, A., *Zur Dialektik von Moderne und Postmoderne*, Frankfurt a. M. 1985.
Winter, R., *Filmsoziologie*, München 1992.
Wuss, P., *Kunstwert des Films und Massencharakter des Mediums*, Berlin 1990.
이병창, 「논평 : 검은 매체, 하얀 매체 혹은 회색 매체」(제17회 한국철학자대회 대회보 2), 477-479쪽.
이종하, 「소외된 교육과 해방의 교육 : 아도르노의 교육에 대한 사회 이론적 성찰」, 한국철학사상연구 10월 9일 월례발표회 발표문.
『중앙일보』(1998년 2월 6일자).

[제6장]

Cassirer, E., *Der Mythus des Staates* (최명관 역), Frankfurt a. M. 1985.
______, 오향미 역, 『인문학의 구조 내에서 상징 형식 개념』, 책세상, 2002.
______, 최명관 역, 『인간이란 무엇인가』, 서광사, 1988.
Dubiel, H., Wissenschaftsorganisation und politische Erfahrung, *Studien zur*

frühen Kritischen Theorie, Frankfurt a. M. 1978.
Graeser, A., *Ernst Cassirer*, München, 1994.
Habermas, J., *Der philosophische Diskurs der Moderne*, Frankfurt a. M. 1985, 130-157쪽.
Kruse, V., *Historisch- soziologische Zeitdiagnosen*, Frankfurt a. M. 1998.
Lövental, L., *Erinnerung an Theodor W. Adorno*, in : Adorno-Konferenz 1983, hrsg. von J. Habermas&L. v. Freiedeburg, Frankfurt a. M. 1983, 388-402쪽.
Lübbe, H., Cassirer und die Mythen des 20. Jahrhunders, in : Festvortrag anläßlich der Tagung "Symbolische Formen" gehalten am 20. 10. 1974 in Hamburg. Göttingen, 1975.
Noerr, G. S., Die Emigration der Frankfurter Schule und die Kriese der Kritischen Theorie. Gesten aus Begriffen, Kostellation der Kritischen Theorie, Frankfurt a. M. 1997.
Paetzold, H., Ernst Cassirers 'The Myth of the State' und die 'Dialektik der Aufklärung' von Max Hotkheimer und Theodor W. Adorno, in : Semiotik, hrsg. von U. L. Figge, Bochum, 1989, 301-349쪽.
_________, Mythos und Moderne in der Kulturphilosophie Ernst Cassirers, in : Kulturkritik nach Ernst Cassirer, hrsg. von E. Rudolpf, Hamburg, 1995, 159-176쪽.
Rötzer, F., Denken, das an der Zeit ist. Gespräche mit deutschen Philosophie, Frankfurt a. M. 1987.
Schäfer, M., Die Hegelsche Geschichtsphilosophie und die vernunftkritische Faschismustheorie der Kritischen Theorie, in : Hegel-Jahrbuch, Hamburg, 1995, 243-247쪽.
Schnädelbach, H., Rationalität und Normativität, in : Zur Rehabilitierung des *animal rationale*, Frankfurt a. M. 1992, 79-103쪽.
Stein, E., Subjektive Vernunft und Antisemitismus bei Horkheimer und Adorno, Oldenburg, 2002.
Thyen, A., *Negarive Dialektik und Erfahrung*, Frankfurt a. M. 1989.
만프레트 리델, 황태연 역, 『헤겔의 사회철학』, 중원문화, 1983.
신응철, 『문화철학과 문화 비평』, 철학과현실사, 2003.
하인츠 페촐트, 봉일원 역, 『카시러』, 인간사랑, 2000.

[제7장]

Schäfer, A., *Theodor W. Adorno: Ein pädagogisches Porträt*, Basel / Berlin / Weinheim 2004.

Adorno, *Erziehung zur Mündigkeit*, Frankfurt a. M. 1970.

Behrens, R., "Zur Theorie der Halbbildung, heute", in: *Verstummen über Adorno*, Laatzen 2004, 136-149쪽.

Benner, D., *Wilhelm von Humboldts Bildungstheorie*, Weinheim / München 1990.

Bernhard, Armin., "Bildung", in: ders., Lutz Rothermel (Hg.): *Handbuch kritische Pädagogik*, Weinheim 1997, 62-74쪽.

Bourdieu, P., *Die feinen Unterschiede*, Frankfurt a. M. 1987.

Brunkhorst, H., "Mehr als eine Flaschenpost. Kritische Theorie und Sozialwissenschaften", in: Habermas / Friedeburg(Hg.): *Adorno-Konferenz 1983*, Frankfurt a. M. 1983, 314-326쪽.

Buck, G., *Rückwege aus der Entfremdung. Studien zur Entwicklung der deutschen humanistischen Bildungsphilosophie*, München 1984.

Gruschka, A., *Negative Pädagogik. Einführung in die Pädagogik mit Kritischer Theorie*, Wetzler 1988.

Jong-Ha Lee, *Die gesellschaftliche Physiognomie der Kultur*, Berlin 2004.

Mollenhauer, K., *Erziehung ud Emanzipation*, München 1968.

Ritter, J (Hg.), *Historisches Wörterbuch der Philosophie*, Bd.1. Basel / Stuttgart 1971, 921-938쪽.

Schweppenhäuser, G., *Ethik nach Ausschwitz*, Hamburg 1993.

Weber, M., *Wirtschaft und Gesellschaft*, Berlin, 1964.

Wulf, C., *Theorie und Konzepte der Erziehungswissenschaft*, München 1983.

ㅁ지은이 / 이종하

한남대 철학과를 졸업하고 독일 베를린자유대에서 철학과 교육철학, 문화사회학을 공부한 뒤 석사 학위를 받았으며, 같은 대학원에서 아도르노에 관한 논문으로 박사 학위를 받았다. 연세대 철학연구소 전문 연구원으로 있으면서 한남대와 경인교대, 상명대 등에 강의를 나가고 있다. 주요 저서로는 *Die gesellschaftliche Physiognomie der Kultur*(2004), 『문화와 인간』(공저), 『여가! 와 문화』(공저), 『축제와 문화 콘텐츠』(공저)가 있으며, 주요 논문으로는 「아도르노의 기술 이해와 기술 비판」, 「문화 사회에서 노동과 여가」, 「남성적 계몽의 해석학」, 「세계화 시대 문화 획일화 비판과 반비판」, 「소외된 교육과 해방의 교육」, 「'문화간 이해 교육'의 교육 이론적 개념과 그 실천적 함의」, 「대중 문화에 나타난 패러디 양상 분석」 등이 있다.

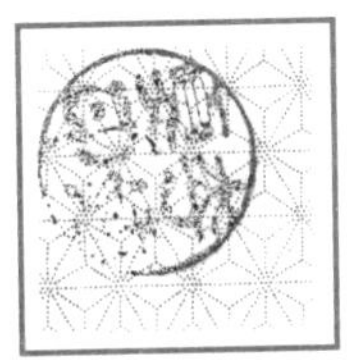

아도르노의 문화철학

초판 1쇄 인쇄 / 2007년 5월 15일
초판 1쇄 발행 / 2007년 5월 20일

■

지은이 / 이 종 하
펴낸이 / 전 춘 호
펴낸곳 / 철학과현실사
서울특별시 서초구 양재동 338의 10호
전화 579—5908~9

■

등록일자 / 1987년 12월 15일(등록번호 : 제1—583호)

■

ISBN 978-89-7775-627-7 03130
*잘못된 책은 바꾸어 드립니다.

값 12,000원